JN046212

戦後沖縄の政治と社会

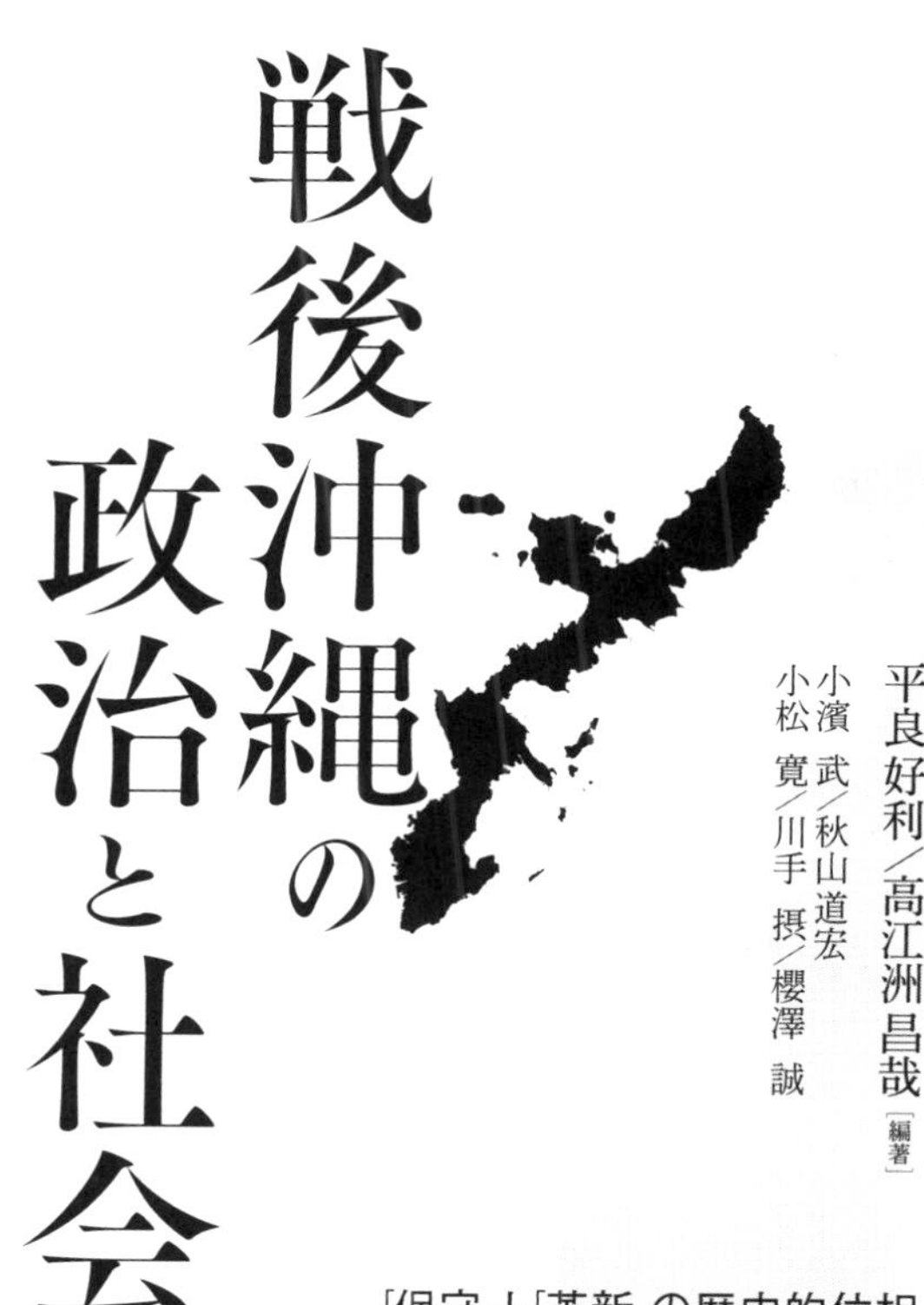

平良好利／高江洲昌哉［編著］
小濱　武／秋山道宏
小松　寛／川手　摂／櫻澤　誠

「保守」と「革新」の歴史的位相

POLITICS AND SOCIETY IN POSTWAR OKINAWA

吉田書店

戦後沖縄の政治と社会
――「保守」と「革新」の歴史的位相

目次

＊各章での史料の引用においては、中略箇所は「……」で表記した。また、〔　〕は引用者による補注である。

序――私たちはどれだけ戦後沖縄を知っているか

平良 好利

今年（二〇二二年）は沖縄の日本復帰五〇年という節目の年である。アメリカ統治時代が二七年間であったことを考えれば、復帰後はその倍近くの年月が経っているのである。これは決して短い時間とはいえないだろう。では、この日本復帰以後の沖縄の歩みを、いや復帰後も含めた七七年に及ぶ沖縄の戦後の歩みを、私たちはいったいどれだけ知っているのだろうか。

アメリカ統治時代やその起点となる沖縄戦に関しては、研究蓄積も多く、いまも活発に研究が続けられていることから、その実態解明はかなりの程度進んでいるといえる。しかし、それに比して日本復帰以後の研究は、その五〇年に及ぶ歴史があるにもかかわらず、それほど進んでいるとはいえない状況にある。もちろん、復帰後の米軍基地問題に関しては、その重要さと関心の高さもあって、それなりに研究は進められている。しかし、それ以外の領域に関しては、それほど研究が進んでいないというのが現状なのである。

本書は、アメリカ統治時代を主に研究してきた研究者たちが、復帰後の〝未知の領域〟におそるおそる足を踏み入れて、実態解明にチャレンジした書だといえる。また、復帰後の展開および現代的意義も念頭に置いた上で、アメリカ統治時代をいま一度再考した書だともいえる。

巻末の執筆者紹介をみてもわかるとおり、執筆陣の専門分野は多岐にわたっている。アメリカ統治時代を一次資料に基づき実証研究してきたという点では皆共通しているが、そのアプローチの仕方自体は政治学、経済学、社会学、行政学、歴史学と、実に多様である。その異なる専門分野の研究者が戦後七七年に及ぶ沖縄の実態を、とりわけ日本復帰から今日に至るまでの実像を、それぞれの専門領域から大きく摑みとろうというのが、本書である。しかも歴史研究においては分析期間を短く設定し、その短い期間内の出来事を細かく叙述するのが一般的なやり方だが、それに対して本書は各章とも分析時期を長く設定し、やや大胆に、歴史の大きな流れを摑みとることを重視している。微視的ではなく鳥瞰的に分析することによって、その時代時代の大きな特徴や構図を抽出することができ、また問題の所在もより明確に捕捉できると考えたからである。

こうした狙いのもと各章では様々な分析が行われているが、奇しくもそこから浮かび上がってくるものは、本書のサブタイトルにもなっている、沖縄における「保守と革新」というテーマである。この「保守と革新」については各章で論じ方は様々だが、それが本書全体を貫く一つのキーワードになっていることは間違いない。

一般的に「保守と革新」とは冷戦的文脈のなかで使われてきたものだが、その担い手に注目してあえて単純化して言えば、次のように理解されてきたといえよう。すなわち、保守勢力とは、自由主義体制・資本主義体制を擁護し、親米でかつ日米安保条約と自衛隊を支持し、憲法改正をめざす勢力のことを指し、政党としては自民党がこれを担ってきたといえる。一方革新勢力とは、共産主義または社会主義体制を擁護し、反米で反安保、反自衛隊、護憲の立場をとる勢力を指し、政党としては社会党と共産党がこれを担ってきたといえる。

ポスト冷戦期の今日においては、本土ではこの「保守と革新」という枠組みは衰退し、代わって「保守とリベラル」という枠組みが一般的になってきている面はあるが、沖縄ではいまでも「保守と革新」という枠組みで語られることも多く、本土とはある種異なった空間をかたちづくっているといえる。

では、こうした「保守と革新」というものは沖縄ではどう歴史的に現れてきたのか、またその実態はどうであったのか、さらに現在その内実はどうなっているのか、等々を様々な角度から考えてみようというのが、本書の狙いでもある。

本書の構成を簡単に述べれば、次のとおりである。まず第1章は、アメリカ統治時代に活躍した沖縄人民党という政党に関心が注がれる。瀬長亀次郎が率いた同党は、日本復帰後は日本共産党沖縄県委員会となり、現在でもその存在感を示し続けている。第1章では、そもそもその沖縄人民党がなぜ「反共」を柱としていたアメリカ統治下で存続することができたのか、また沖縄住民はいかに同党を支持したのか、ということが考察されている。別の角度から言えば、米軍支配下の沖縄における反共社会とは一体どのようなものであったのかを、共産党の存在自体が認められなかった韓国や台湾の反共社会や、あるいは共産党が合法的に認められた日本の反共社会との違いを念頭に置きつつ、考察している。このことは、「反共」を掲げていた沖縄の保守勢力が、なぜ反共社会であった沖縄において圧倒的な強さをもっていなかったのか、また復帰後も本土と比べて自民党は強くなかったのかを考える、糸口を与えるものだといえる。

続く第2章と第3章は、その沖縄の保守と経済開発に焦点があてられる。まず第2章では、アメリカ統治時代に推し進められた外資すなわち日本資本を含む外国資本の導入政策に注目して、当時の経済開発の実態が考察されている。沖縄では一九五〇年代末にいち早く外資の導入が決定され、経済の「自由化」が進められていくが、その内実は外資を選別して地元資本を保護するという、いわば保護主義的な側面を多分に持つものであった。同章は、沖縄の統治者であった米軍（米国民政府）と琉球政府の双方が、いったいどのような論理でもってこの外資を選別したのかを明らかにしている。そしてまた、当時保守政権ともいえた琉球政府が必ずしも米軍に追従するだけの存在ではなかったことも示されている。

次いで第3章は、日本復帰以後の一九七〇年代後半に、沖縄県民の復帰への評価が肯定的なものに大きく変化したことに注目して、西銘県政期の「保守化」の内実を、経済社会環境の変化や保守論壇の動向などを手掛かりに考察している。復帰後は政府の「沖縄振興開発計画」に基づいて経済開発が進められていくが、その柱となったのは道路などのインフラ整備である。同章は、復帰後そのインフラ整備によって道路が沖縄全域に張り巡らされたことや、それを基盤にスーパーマーケットやコンビニなども普及していったこと、そしてそれによって人々の生活や消費のありようも変化していったことなどを考察した上で、それらが県民の復帰評価を変えた背景にあるのではないか、と指摘している。そして経済的な「豊かさ」を県民が実感し始めた一九七〇年代後半から八〇年代にかけて、沖縄の保守系総合雑誌がその「豊かさ」をどう論じていたのかを分析している。

続く第4章では、日本復帰前後から二〇〇〇年代に入るまでのおよそ三〇年間にわたる沖縄県の自治体外交が扱われている。ここで注目されるのは、沖縄県と地理的にも歴史的にも深い関係をもつ中国、台湾との外交関係である。具体的には、一九七〇年代の中国訪問団の動き、八〇年代の県台湾事務所の設置、そして九〇年代の中国福建省との友好提携などが取り上げられている。同章は、屋良革新県政と大田革新県政が中国との関係強化を重視し、また西銘保守県政が台湾との関係強化を重視したことを明らかにし、「県政の党派性が自治体外交にも影響を与えていた」のをあぶり出している。また、この党派性の奥には各県政とも琉球王国時代の繁栄した記憶があり、それが「自治体外交を推進する際の象徴として機能していた」と指摘している。

続く第5章は、沖縄県の自治体外交にも影響を与えたこの保革の県政交代が、ほかならぬ沖縄県庁の幹部人事にいかなる影響を及ぼしたのかを考察している。ここでは、日本復帰時の屋良県政から、最近の翁長県政までのおよそ五〇年にわたる幹部人事の詳細が描かれている。復帰前の琉球政府時代には、行政主席が各局の局長を任命していたが、復帰によって琉球政府が廃止され沖縄県庁が新しく発足すると、各部長は地方公務員法の適用を受け、知事による任命に一定の制約がかかるようになる。同章は、復帰から徐々に時が経つにつれて組織としての県庁が独自の「行政の論理」を確立していき、それに基づいて人事を行うようになる一方、保革の県政交代があるがゆえに、その政治的影響も受けたのではないか、という仮説を提示し、それぞれの県政における幹部人事の特質を検証している。

最後に第6章と第7章は、ともに日本復帰から今日に至るまでの沖縄県の政治を考察している。まず第6章では、同県における政党政治の展開が中央の政治とどのように絡み合っていたのかが考察されている。復帰後の沖縄県の政治を鳥瞰すると、保守勢力と革新勢力がともに県民の支持を二分し、その両者が対決し、県政を交互に担当してきたのが特徴の一つとして挙げられる。つまり、権力の移動を伴う政党政治が活発に展開されてきたのである。しかし、自民党にせよ革新政党にせよ、沖縄県における政党は、一方では地域の民意を代表するものとして存在するが、他方では全国政党の地方支部として、党本部の意向を踏まえなければならない存在でもある。同章は、その政党の本部・支部間で政策に違いが出た場合、とくにみずからの政党が政権に就き、それによって「国家の利益」と「地方の利益」が衝突した場合、沖縄県の政治がいかなる姿をみせてきたのかを考察している。

この第6章が保革の対立に焦点を当てたのに対し、その保革対立の奥にあって両者を結びつける基盤に着目して戦後沖縄政治の大きな構造変化を考察したものが、第7章である。同章は、保革を超えて沖縄が「島ぐるみ」でまとまれることを可能にした要素として「経済構想」「基地認識」「帰属・アイデンティティ」「沖縄戦」の四つを挙げ、それが一九九〇年代以降にどのように変容していったのかを明らかにしている。戦後の沖縄には保革対立の奥に両者間で共通しうる構想や認識などがあったが、それが九〇年代以降に徐々に掘り崩されていき、新たな潮流が生み出されていった、というのである。そしてそれが明瞭な形をとって現れたのが、二〇一四年の沖縄県知事選挙であり、さらに四つの要素を体現する「オール沖縄」と、それから逸脱する「チーム沖縄」との対決として現れた、というのが本章の見立てである。また、この「オール沖縄」と「チーム沖縄」の深い分断・対決のなかで展開された翁長県政の四年間を、本章は分析している。

以上、「序」では本書に流れる一つのキーワードである「保守と革新」という観点から各章の〝見所〟のようなものを私なりに述べてみたが、もちろん各章ともそれに収まりきる内容ではない。各章がもつ豊富な内容を読者自身がそれぞれの方法で吟味していただきたい。

とまれ今年は沖縄の日本復帰五〇年という節目の年である。この機会に戦後沖縄の歩みをいま一度振り返ってみれば、今後の沖縄県にとって、いやこれからの日本にとって、越えるべきいくつもの課題がみえてくるはずである。本書がささやかながらもその一つのきっかけにでもなれば、これに勝る喜びはない。

第1章　反共社会の形成と反米政党の活動
――人民党への支持と活動を事例にして

高江洲　昌哉

はじめに

新川明は『新南島風土記』のなかで、キリスト教が国禁になる前に一容疑者が極刑された、八重山キリスト教弾圧事件を述べつつ、以下のような記述をしている。

首里王府をはじめ薩摩の鼻息をうかがうのにきゅうきゅうとしていた時代風潮のなしたことと解釈することが、もっとも妥当性をもつと考えられる。歴史とは皮肉なもので、あたかも現代の一部の人たちが権力者の鼻息をうかがい、反対者をことごとに「アカ」呼ばわりして保身につとめている姿を、ほうふつさせることである。(1)

はたして「アカ」という言葉は、現代用語として活きているのか、それとも死語なのか。もっとも

「アカ」なる言葉が持つ意味がわからない読者でも、新川の筆致から、不穏なものを感じとることもできよう。とはいえ、このように書くと、読者を誘導している感もある。そのため、まず辞書類から意味を確認すると、「共産主義者への隠語、侮蔑語、俗称」などとあり、新川の文意を読み取るには不十分な説明になっている。そこで、新川の文章を読解するには、「アカ」とは単なる侮蔑語・俗称などではなく、共産主義を敵として認識し、排除しようとする政治的力学をもった言葉であると、補足説明をしなくてはならない。そして、「アカ」を脅威と感じる社会の一つに沖縄が入っていたことも付け加えて理解する必要がある。

第二次世界大戦後の沖縄は、米軍占領のもと共産主義陣営の勢力拡大を抑えるため、「太平洋の要石」と言わしめるほど広大な基地を有する自由主義陣営の前線基地であった。このような占領状態であったので、自由主義の守護者であり、沖縄の支配者であるアメリカ軍の意向を勘案する人たちが存在した。こうした人たちが「アカ」探しを懸命に行い、忠誠度をあげようとしたことも想像に難くない。沖縄のかかる事情を推察すれば、新川が三〇〇年前の出来事と現前をつなげることも首肯できる。もっとも、一読してわかるように、新川の文章は「アカ」に対する恐怖感を吐露しているわけではなく、「アカ」なる存在を見つけ出し「権力者の鼻息をうかがう」者を批判するために書いている。このことは、アメリカ統治下の沖縄は、反共社会でありながら、反共を唱えるアメリカに反対する人たちも存在したといえる。

米軍主導の反共社会において反米勢力が登場する理由について考えると、答えは簡単で、アメリカ軍は多くの人の土地を収用し基地を拡大させてきたことや、自由と民主主義の守護者であるアメリカ

人民党の躍進バンザイ

議席三倍加に熱烈な拍手

12年ぶり〝瀬長当選〟にみなうれし泣き

立法院議員選挙に五名の公認候補を立ててたたかった人民党は、瀬長委員長、古堅書記長、仲松書記次長がそろって当選、議席三倍加という躍進をとげましたが、三候補の当選は党にとってはもちろん、県民大衆にはかり知れない自信と勇気をあたえました。開票の日、「人民党、三候補当選」の報を聞くや党員、支持者および勤労県民は熱狂的なよろこびようでした。以下は三候補が当選したときの模様です。

おどり出す婦人も

瀬長委員長を迎え体ごと喜ぶ

瀬長委員長の当選御礼パレードにかけつけて握手する市民

熱烈な拍手と声援を受ける古堅書記長の当選パレード

1968年の立法院議員選挙での瀬長亀次郎と古堅実吉の当選を伝える記事〔『人民』350号（1968年11月26日号）〕

による人権無視の事件が多発したからである。こうした人権抑圧を通して、人々の反米感情はくすぶり続けることになった。そして、住民の反米意識を集めたのは、臆せずアメリカ批判を行う瀬長亀次郎（せながかめじろう）や彼が率いる沖縄人民党[2]（以下、人民党と略記）であった。人民党は米軍から共産党に通じる者として「アカ」視される〝社会の敵〟であったが、もう一方で人民党は〝抵抗の象徴〟として社会的認知を受けてもいた。冷戦期の沖縄には反共と反米が同居し、人民党は両義的な政党として存在していた。

本章は、反共が社会の支柱になった米軍占領下沖縄において、反米の人民党がなぜ存在することができたのか。そして、どのように支持されたのか。この素朴にして、よく考えるとうまく説明ができない、この現象について考察するものである。

改めて「よく考えると、うまく説明ができない」と書いた理由を書き連ねてみたい。冷戦において「アカ」は敵であり、排除を正当化する機能をもっていた。この点をもって戦後沖縄史の文脈では、瀬長や人民党に対して加えられた弾圧の強さが指摘されてきた。もう一方で、瀬長や人民党の人々は、こうした弾圧に対し跳ね返す抵抗の強さも描かれてきた。弾圧が強ければ抵抗者は粛清される恐れがある。抵抗が粘り強く存続し続けたのなら、彼／彼女らに加えられた弾圧が一貫した、または、強化されたと評価するには少し疑問がでてくる。もちろん、体験者でなければ弾圧の怖さはわからないという言い方もできるが、それでは歴史学の出番がなくなる。実感できなくなった社会を「再現」し、後続のものに共有の素材を提示するのが歴史学の役割であるとするならば、この弾圧の強さと抵抗の強さを秤にかけると、針がどこを指すのか測定する仕事も必要であろう。この試みは、難しいが、魅力的な課題である。とくに、実証性を標榜する歴史学ならば、資料の分析を通して、弾圧と抵抗がせめぎあう社会を描くことは、ある種の醍醐味である。もちろん、社会における「せめぎあい」の構図とは、腕相撲のように単純に可視化できるものではない。さらに言えば、弾圧された側、弾圧した側、共産主義に脅威を感じた者、政治的思惑で反共を利用した者、「アカ狩り」の圏外にいた者、こうした様々な人全員を納得させる社会像を提示することは難しい。ようは相対立するものが両存した社会をどのように描き、議論の素材を提示するか、本章は、微力ながらこの課題に取り組んでいきたい。

もとより、この課題に取り組むには、いくつかのアプローチがあると思うが、本章は、主に立法院選挙とそこで当選した議員の活動を取り上げる。選挙区と占領期という時間軸をながくとるため、奄美が日本復帰した年の翌年に実施された第二回選挙以降の選挙結果と議会活動を中心にみていく。第1節では沖縄現代史における人民党に関する先行研究の整理を行い、第2節では戦後の沖縄の特徴を把握するため、東アジアにおける自由主義陣営の反共政策の概要を確認する。以上の大枠を踏まえて、第3節、第4節では五〇年代の人民党をめぐる動向について確認する。第5節では立法院において連続当選を果たした古堅実吉（ふるげんさねよし）の活動を中心に考察し、米軍統治下の人民党議員の活動を把握する。

このように把握しづらいながら、反共と反米が共存した社会の分析という課題を設定した理由の一つは、東アジアにおける反共が沖縄においてどのように貫徹したのかという疑問からである。

理由の二点目は、反共政策と政治的自由との関係性についてである。この点は、アメリカ統治下の民主化政策とは何かという問いと言い換えることができる。つまり、アメリカは自由主義諸国を守るためという理由で基地を建設し沖縄を占領し続けた。そうすると、アメリカの統治方針である反共政策が、社会秩序のなかにどのように組み込まれ、人々の政治的選択肢に制限を加えたのかを見ていくことで、政治的自由という抽象的な問題を具体的に考える糸口になると考える。

アメリカ統治期の沖縄を評して、「憲法なき」とか「基本的人権が保障されていない」と言われている。ところが、琉球政府章典第五条は「総て住民は、個人として尊重され、法の下に平等である。生命、自由及び幸福追求に対する住民の権利については、公共の福祉に反しない限り、立法その他の政務の上で最大の尊重を必要とする」となっている。そうすると、人民党の活動と支持が制限されていたとするならば、反共政策の内実に即して、琉球政府章典で許された「住民の権利」は、「制限された政治的自由」になる。はたして、沖縄の住民の権利は「公共の福祉に反しない限り……最大の尊重」をされていたのであろうか。はたまた、琉球政府章典の権利保障は「画餅」であったのか否か、人民党は「公共の福祉」の内実を問う試金石となる。

本章は議論の関係上、新しい資料による実証の精度を高めるというよりも、研究史整理を中心にした論点の整理という意味合いが強い。そして、冷戦期に反共を看板にした沖縄での人民党への支持を軸に、戦後沖縄の政治的民主度について考察する。さらに、戦後東アジアで起きた冷戦の形成と沖縄の社会秩序の再編を視野に入れることで、沖縄政治をめぐる内在的環境、外在的環境の影響度を複合的にとらえることで、現状把握への貢献を目指したい。

本章は、人民党の分析という、いささか場違いなところに立っている。とはいえ、前述の目的で反共と反米の政治力学を解明することで、ポスト「保革対立」と言われる沖縄政治について参考となる知見を提示することができれば、一定の役割を果たしたといえよう。

1　戦後沖縄社会と人民党

本章はアメリカ統治下の人民党への支持を課題にしているので、まずは、『沖縄人民党の歴史』（一九八五年）が、どのように米軍統治期の人民党を描いているのか確認したい。あわせて、論点に応じて先行研究の成果を提示していく。

『沖縄人民党の歴史』では、一九五〇年代は「弾圧の激化」（第四章）と位置づけている。そこには、オグデンの反共声明とあわせて「防共法」をめぐる立法院での動き、又吉一郎豊見城村長、瀬長亀次郎立法員議員の失職・逮捕といった一連の弾圧事件が起きたことを踏まえたものである。一九六〇年代を扱った章は「軍事的植民地的支配の新段階」（第六章）、「専制支配の強化」（第七章）というフレーズを使っており、六〇年代も引き続き弾圧が強化された感を与えるタイトルになっている。ところが、六〇年代は、①これまでの不許可が続いていた機関紙『人民』の発行が一九六二年に許可されている。②六〇年代は当選した人民党首長が失格せず任期を終えている（ただし、再選されず）、五〇年代に比べ議員の当選者数も増加しているので、「新段階」、「強化」の名づけには疑問が残る。

以上、一冊の本の中にも、五〇年代と六〇年代の弾圧と抵抗の比率について、読者によって印象が違うような記述になっている。それでは次に、研究分野ではどのように占領期の人民党を評価している状況なのか、二〇〇〇年代の成果を中心に確認していきたい。

二〇〇〇年代に入ると、『戦後初期沖縄解放運動資料集』（全三巻、不二出版）という資料集が刊行され、資料面の充実も進んだ。本資料集には鳥山淳「米軍政下の沖縄における人民党の軌跡――一九四七年～五六年」という解説論文もあり、人民党研究の基礎固めとして有用な成果であるが、タイトルに「戦後初期」があるように、基本的には一九五〇年代の政治運動が中心である。また論文でも、若林千代「第二次世界大戦後の沖縄における政治組織の形成、一九四五～一九四六年――沖縄人民党を中心にして」（『沖縄文化研究』二八号）も戦後初期であり、結党初期の動向は、やや詳しくわかったが、アメリカ統治期全体の動向についてはまだ不十分である。

また、人民党に加えられた暴力（「アカ狩り」）と冷戦期の東アジアという視角から考えると、屋嘉比の次のような指摘は無視できない。屋嘉比は、沖縄戦下の日本軍による住民虐殺の論理を考えるなかで、「非国民＝スパイ」に注目し、済州島四・三事件との類推を通して「沖縄住民からすると、沖縄戦における「非国民」という基準化によって「非日本語狩り」が行われた論理と、米軍占領下の一九五〇年代の沖縄における「反共主義」による「アカ狩り」の論理とは、共通する支配者の論理として受け止められる。今後、冷戦体制下における米軍の意味は、あらためて問われるべきテーマ[3]」と述べている。屋嘉比の意見は、沖縄戦の住民虐殺と冷戦期の「アカ狩り」という暴力が、個別のものではなく、沖縄に繰り返し行われる暴力として、連続的視点で把握することを提起している。こうした視点は、弾圧と抵抗への共感かもしれないが、屋嘉比の視座は沖縄への暴力と「アカ」への暴力をやや同一視している感もある。もう一つ疑問点を述べると、「一九五〇年代の……「アカ狩り」」というかなり限定された「アカ狩り」と、「冷戦体制下における……「アカ狩り」」というやや長期的な「アカ狩り」が同じ論文の中に存在する。この部分は問題提起の一文であるし、屋嘉比の物故もあり、これ以上、屋嘉比の考えた「アカ狩り」の射程を確認することは難しい。とはいえ、「東アジア・沖縄・アカ狩り」という屋嘉比の設定した、この三つのキーワードは、本章の課題の設定上無視できない。はたして、沖縄にとって「アカ狩り」の時代は、一過性のものなのか、それとも占領期を貫く一貫したものなのか、占領期全体に即して理解する必要がある。

以上が暴力という「された」側から考える際の人民党への視座であったとするならば、次に抵抗という「する」側の視座から整理をしたい。まずは、「非合法共産党」に注目した森宣雄『地のなかの革命』（現代企画室、二〇一〇年）を取り上げたい。五〇年代の「非合法共産党」を扱った実証度と歴史的想像力に富んだ稀有な本であり、「存在の解放」という抽象度の高いテーマに取り組んでいる。森は非合法共産党の活動から「世界のあらゆる解放運動との開かれた接合という夢を現実化させる、ひとつのあり方」（三九一頁）という、大きな跳躍力を必要とする結論を提示している。森の「新たなる世界史」へと結びつく情熱は大事だが、連続・断絶を踏まえつつ現在に至る継続的視点からのアプローチもあるのではないかというのが、本章の立ち位置になる。

次に平良好利の「沖縄政治の「保守」と「革新」」をとり上げたい。平良はこの論文の中で、沖縄人民党に対し「民主党や社大党ほどには住民から支持を得られたわけではなかったが、米軍統治下にあってはある一定の支持を得ていたことは確かである。とりわけ、米軍への一貫した抵抗姿勢や聴衆をひきつける演説のうまさなどもあって、党首瀬長の個人的な人気は高かった。……同党が日本共産党沖縄県委員会へと移行したあとも、県民の一部から根強い人気を得ている背景には、こうした米軍統治時代の瀬長及び同党の「抵抗の軌跡」があった[4]」と、評価している。平良の論考は、オール沖縄が誕生したあとの現代沖縄の政治を分析する際に、保守／革新という従来の区分を再検討し、あわせて、こうした政治分析の有効性を考えることに主眼を置いている。よって、人民党の評価は主たる内容ではない。このことを承知しつつ、人民党を米軍への抵抗と評価しているが、どのように人民党への投票に結びついたのかは、まだ不十分である。

このように腑分けした際、ＵＳＣＡＲ（琉球列島米国民政府）渉外局文書を利用した山崎孝史の「大山コザ市政と琉球列島米国民政府」は、直接人民党を扱ったものではないが、六〇年代の革新を分析する際に有益な情報を提供している。山崎論文は主たる目的は一九六〇年代の大山朝常市政とUSCARとの政治的緊張関係の分析である。だが、その関連で大山が（後述する）久高将憲の立法院議員選挙（一九六五年）での応援演説が反民主党・反米・反基地的であるとUSCARが問題視していたことや、糸満市で反米市長が当選したため、USCARが市の要請を無視したことなどを紹介している。よって、アメリカ側が反米勢力の黙認に転じたわけではなく、引き続き警戒（干渉）していたことがわかる。[5] また、古波藏契「米国は一九六五年の宮古農民「暴動」をどう見たか」は、抵抗の成功例でもなく弾圧の強さを強調しているもの（ある意味で懐柔と包摂といえる）ではないが、本章が描く六〇年代の反共社会像とは違う視点からの位相であり示唆を得る。運動史の視点から、せめぎあう社会像を豊富化する実践といえる。[6]

厳密にいうと研究書ではないが、瀬長への弾圧と抵抗に注目し、瀬長の行動を「遺産」として考える二作品を紹介したい。まず一冊目は、一九九五年以降の混迷を考えるならば、保守言説ではあるが、小林よしのりの『沖縄論』（小学館、二〇〇五年）である。

小林の『沖縄論』は、二〇〇〇年代に展開した沖縄の人たちが起こした言動を全面的に支持するわけでもなく、かといって、全否定するわけでもないが、沖縄の苦難の歴史に敬意を表して描いている。つまり『沖縄論』は、沖縄住民が持っている愛郷心に注目し、さらに、日本と沖縄との一体感（接合／統合）を不問の前提とすることで、国民的自発性が希薄になった日本の〈再生〉と沖縄を日本へ〈回収〉することを目指す内容であった。小林の主張には、反基地＝反米＝反日という図式が強まり、排除の論理が横行する昨今の議論に比し、そこには小林なりの共感の姿勢がある。

小林は、米軍統治期の親米＝復帰先送り・現状肯定の保守と、反米＝復帰実現・米軍支配の現状否定の革新という分類を行い、占領期沖縄の歴史を、〝国民主体〟の再構築を目指す小林ならではの筆致で描いている。小林の反米保守という立場であるが故なのか、それとも反米保守でありながらなのか、順接か逆説かは、もう少し考察が必要だが、親米追従の現状への不満の立場である小林は、土地闘争を肯定的に評価し、または、人民党の瀬長亀次郎を取り上げ、「「瀬長亀次郎がいなかったら、沖縄の戦後政治史には救いがなかったろう」……と言われるその功績は、誰にも否定できないだろう」とキャプションを付けて、「第一九章　亀次郎の闘い」をまとめている。瀬長の思想をどこまで理解した上での理解なのかわからないが、反米という抵抗の姿勢への支持は確認できる。二〇〇〇年代の日本を親米追従路線によって思考停止に陥った社会ととらえ〝国民主体〟の再構築を目指す小林の「触覚」が瀬長への着目に行き着いたのであろう。

小林とは別の視点から瀬長に注目した作品として、佐古忠彦の仕事がある。佐古は二作（『米軍が最も恐れた男　その名は、カメジロー』（二〇一七年上映）、『米軍が最も恐れた男カメジロー不屈の生涯』（二〇一九年））のドキュメンタリー映画を製作している。そして前作を書籍化した『「米軍が恐れた不屈の男」瀬長亀次郎の生涯』（講談社、二〇一八年）も上梓している。佐古は瀬長を通して、基地に反対する「沖縄の声」の源泉を探ろうとしている（本土と沖縄の対話の架橋を目指した作品といえる）。瀬長の抵抗は、革新・保守の立場を超えて、抵抗を通したナショナリズムの内実と辺野古（へのこ）をめぐる現在の沖縄政治の評価につながる。ちなみに、瀬長の行動を特筆大書し、瀬長と大衆という関係をつくることは、偉大なリーダーを渇望するようなカリスマ信仰を創出し、現在の問題を解決するために、

「第二の瀬長」を嘱望するような別の問題を生み出すおそれがあると思う。

こうした「現在への遺産」という顕彰的・教訓的見方は、瀬長に焦点があたり、その他の人々の行動が遠景化する、または、抵抗の意味づけなどが脱歴史化されるところもある。以上本節では、「アカ狩り」の程度の問題、弾圧と抵抗を分析する際に、瀬長に焦点が強まり人民党に加えられた弾圧の程度が不明瞭であることを確認して、次節につなげていきたい。

2 東アジア冷戦下における沖縄社会の反共を考える

冷戦を教科書的に整理すると、自由主義陣営と社会主義陣営の対立である。冷戦下の「ベルリンの壁」が象徴するように「分断」を際立たせる。それだけでなく、分断は外部に敵がいるように可視化することができる。もちろん、東アジアの冷戦も分断ではあるが、中華民国と中華人民共和国、大韓民国と朝鮮民主主義人民共和国と、相互に自分たちの政府を「正統な政権」と位置づけて対峙してきた。この対峙の状態から、外に敵がいるのではなく、外部の敵に通じる「内部の敵」を排除するような弾圧が横行した。そのため、自由主義諸国における「内部の敵」は「共産主義者」としてパージされることになる。ここではパージされる対象が、共産主義者がどうかの事実認定は二の次であり、このようにレッテルを貼ることに意味があった。そのため、「冤罪」＝名誉回復という事態もでてくる。(7)

東アジアにおける冷戦の緊張緩和や自由主義諸国の民主化を経て、九〇年代後半から二〇〇〇年代にかけて、東アジア冷戦史の枠で沖縄のアメリカ占領をとらえる成果もでてきた。副題を省いて数冊挙げると、『現代思想　臨時増刊　戦後東アジアとアメリカの存在』（二〇〇一年七月）、徐勝編『東アジアの冷戦と国家テロリズム』（御茶の水書房、二〇〇四年）は、第二章「東アジアにおける国家テロリズム」の枠に「沖縄における国家暴力」を置いている。また、中野敏男・波平恒男ら編『沖縄の占領と日本の復興』（青弓社、二〇〇六年）がある。こうした東アジア冷戦史の枠組みで沖縄の基地の持続を考える際の一つの到達点として、成田千尋の『沖縄返還と東アジア冷戦体制』（人文書院、二〇二〇年）がある。成田は、沖縄の米軍基地存続をめぐる韓国や台湾側の対応を分析している。成田の研究によって、反共の論理だけではない、日本の軍事大国化への警戒など複合要因によって沖縄の米軍基地の存続をめぐる自由主義諸国の動向が明らかにされた。

ちなみに成田は、同書でアジア民族反共連盟（ＡＰＡＣＬ）を分析し、非公式ながら琉球代表になっている蔡璋（喜友名嗣正）を取り上げている。喜友名が非公式代表になったのは「ＵＳＣＡＲが琉球人の国際活動には同意しない」[8]というように、沖縄の潜在主権をめぐる日本への配慮という微妙な関係も反映していた。米軍統治期の沖縄は、たしかに反共を旗頭にするアメリカが統治しているが、ＡＰＡＣＬに積極的に活動する立ち位置は与えられていなかった。そのため、参加した人物の代表性も弱く、影響力はほとんどなかったと指摘している。

国際的なＡＰＡＣＬの機能不全と国内の反共政策は連関していないので、個別の分析が必要になってくる。さらに成田の本では、韓国内での基地削減の議論は紹介しているが、韓国内での米軍犯罪など米軍基地の存続を低下させるような事態への対応について言及がない。反共と反米の併存を考える本章にとって、沖縄の米軍基地の存続に関する日本・アメリカ以外の論理を知る上で、成田の本は貴重な成果であるが、反共社会と反米の関係を比較史的に検討したいと思っても十全な補完関係になっていない。

次に、日本語で確認できる資料から、韓国や台湾の反共がどのように社会に根づいてきたのかを確認できる文献を数点紹介したい。日常の反共主義について、韓国の事例では、李松順「「反共国民」として生きる」（『同志社コリア研究叢書三』二〇一七年）がある。台湾では、菅野敦志『台湾の国家と文化』（勁草書房、二〇一一年）の第二章が「「反共文化政策」の推進と「中国化」の諸相」として、一九五〇年から一九六五年の年幅での中国化と反共の文化政策を扱っている。これら生活・文化的アプローチによって、政治的弾圧以外に、「アカ」への恐怖をどのように内面化しようとしていたのかがわかる。こうしたアプローチの吸収、または、その有無を検討することで、沖縄の反共社会像も豊かになるであろう[9]。

また、建国直後から共産主義と厳しく対立していた韓国では、一九六一年に反共法が制定されている[10]。台湾では戒厳令が施行され共産党だけでなく、国民党以外の政党が結党できない状態であった。民主化以後、多少ゆるくなり、台湾では戒厳令解除後、一九八九年に人民団体法が制定され国民党以外の結党も可能になった（当初、共産党は非合法化されていた。その後結党が許され、台湾では台湾共産党、中華民国共産党が存在した）。

韓国も台湾も戦後処理のなかで、分断国家となり、アメリカが主導する自由主義諸国の一員となり反共を国是とする国家建設を目指すことになった。もっとも、台湾は、二・二八事件のように外省人・本省人の対立のように政治弾圧を「反共」のみに還元できない要素もある。また、韓国も植民地期の「親日派」の温存、地域対立の利用など、こちらも反共のみに政治弾圧を還元することはできない。とはいえ、反共には、分断国家であるが故の正統性をめぐる問題の側面もある。このように、現時点でも反共の枠は一定の強さをもっている。もちろん、ここで議論の対象とする反共政策というのは、取締りの厳しさに注目したいからである。この反共主義が強かった時代の韓国・台湾では、「白色テロ」といわれるように共産主義者だけでなく反政府的な人物も弾圧の対象になっていた。そのため、沖縄の瀬長亀次郎も冷戦下の政治的弾圧を比較するため、同列で論じられることもある。確かに瀬長は市長の座を追われている。それだけでなく、選挙資格の剝奪など厳しい経験もしてきた。しかし、韓国・台湾で見られたような、より暴力的な白色テロの被害者になることはなかった。政治犯収容所のことも考えると、はたして、同列に論じてよいか留保が必要であろう。

このように整理すると、本章が掲げる、アメリカ統治下沖縄の反共主義とはどの程度のものであったのか、確認する必要があるという提言も首肯できるのではないかと思う。つまり、一九五〇年代が反共を基軸とする社会秩序の構築期なのか、それとも反共を名目とする「一過性」の暴力が発露した時期なのか、冷戦期の時間幅と反共の濃淡によって、評価の意味が違ってくると思える。先に紹介した山崎の論考や沖縄を取り巻く、朝鮮戦争・ベトナム戦争という「熱戦」によって連続説で把握することも可能である。ただし、後述する六〇年代には人民党議員の当選も相対的に高まるので、沖縄内部で考えると、五〇年代の弾圧の強度が一貫しているととらえるには難点があることも確かである。

ある種、東アジア共通でとらえることも可能な冷戦期の反共であるが、以上見てきたように整理をすると、個々の地域における反共の内実に違いがあることがわかる。やや冗長の感もあるが、沖縄の反共を東アジアのなかで考えるという設定をしているので、その相違点を確認する土台作りを兼ねてやや詳しく紹介した。

3　五〇年代の人民党——「防共法」案をめぐる動向を中心に

第1節、第2節では、先行研究整理と絡めて本章が扱う議論の射程を確認してきたが、そこから、アメリカ統治下の人民党について、以下のような疑問と特徴を設定することができる。

第一に、抵抗政党という評価が強かったとするならば、人民党に付された「アカ」というマイナスイメージを付与する政策は失敗したのか。もしくは、人民党は「アカ」に付随する自由主義を主軸とする既成秩序の転覆する「革命」志向を持つことはなかったのか。

第二に、五〇年代の人民党に加えられた暴力は六〇年代以降も続いたのか、その暴力の程度が一貫していたのか、それとも変化したのかが問題になる。

第三に、沖縄は米軍基地を有するため、冷戦の前線基地であったが、その弾圧の強さを考えると、韓国や台湾に比べ、非合法化や政治犯収容所の設置などはなかったので、同列に論じるには少し難がある。また、沖縄は米軍の任命による間接統治であるが、韓国や台湾は現地人による「独裁」政権であった点も考慮する必要がある。

これらの点を踏まえ、五〇年代の人民党の選挙・議会活動をみていく。

立法院第三回選挙（一九五六年）で現職の兼次佐一[11]と対決し、当選した儀間文彰は、選挙戦を振り返って、「思想的なものはないです。要するに、儀間派か、兼次派かという事です。当時はまだ沖縄に共産主義も何も入っていません」と述べている。[12]だが、その二年前に退去命令の出た人民党員をかくまったという理由で瀬長亀次郎らが逮捕される人民党事件が起きている。もちろん、儀間の選挙区での話という限定化もされるであろうが、儀間の証言を受け入れると、人民党事件は過剰反応による人民党への不幸な出来事になる。もう一方で、儀間の記憶違いなら、人民党事件は防共政策の端緒的取り組みという冷戦史の一事例となる。人民党事件の評価については、不当事件ともいわれているが、共産主義の侵入がそれほど浸透していないなかでの親米派による米軍への「走狗」的な協力の側面があったのかもしれない。もしくは、共産主義への過大な脅威がもたらした過剰な予防的行動ともいえる。人民党事件は、戦後の民主化と冷戦形成期の思惑が混在した時代の産物ということになる。

さて、儀間の思い出は実感なのか、それとも記憶違いなのか、この虚実入り混じる共産主義の脅威についてみていきたい。人民党事件（一九五四年一〇月）が起きる数カ月前に、「共産主義政党の禁止に関する決議」（一九五四年八月、『沖縄県議会史』一八巻、六一二〜六三五頁）が、立法院で議論されていた。それでは、この決議をめぐるやりとりから、戦後復興と反共言説の射程を確認していく。

提案者の星克（民主党）は「琉球住民が幸福に生きる途は祖国を含むところの自由諸国家群と一体となりまして、共産主義侵略に備えるアメリカの基地行政に全幅的に協力を示すことによってのみ得られるものだと確信するものでございます。……人民党は共産党なりとの世評もありましたが、人民党の綱領、政策、これらに明らかに共産主義を打出しているところを認めることが出来ませず、これを証明する資料に満足すべきものがなかったために責任ある追求の段階に達し得なかったのでございましたが、今や既に民政府によって有力なる証拠を突き止められているようですが、片時も早くこれを究明し、人民党非合法化の是非を決定すべき時であろう」（一八巻、六一二〜六一三頁）と、「基地行政と民の福利増進の調和」（一八巻、六一四頁）を目指す親米協力の立場から提案理由を述べている。

この発言に対し、瀬長亀次郎（人民党）は「発議者〔星のこと〕は日本を含めて自由愛好諸国の一員として共産主義者と或は国家と戦う、又戦わなければならないかということを沖縄の政治経済の現段階から如何に考えるか、……沖縄人民党は党大会に於て既に幾度か声明し全県民に訴えた如く、所謂共産主義社会の建設を最終目標とするプロレタリアートの最高形態としての共産党ではない。更に社会主義をうちたてるといっているような社会党的な存在でもない。何か、人民党は最終目標を即時完全日本復帰に置き、……大衆と共に臆することなく搾取者と抑圧者に対し徹底的なヒューマニズム、人道主義に打ち立って行動する大衆行動党である」（一八巻、六一三〜六一四頁）と反論している。

星は、アメリカが最終決定者、アメリカは基地行政が優先事項、これは否定できない。そうしたなかで、基地行政と民の福利増進を調和させる。という立場からの発言であった。続けて発言した新里銀三（民主党）は、人民党は日本共産党と友党関係だから、共産党という論理を開陳している。また新里は、人民党がいかに「共産党的」秘密活動を計画しているかを、資料を読み上げて説明している。

こうした発言に対して瀬長は、共産主義が自由を無視するという点を批判し、また、「アメリカの統治下の沖縄において個人の自由が無視されていないか」との問いを発し、本件の背景にある土地問題を取り上げ、「アメリカは土地をとりたいんです。沖縄の人は取らしたくない、あくまで守りたい、……法的にも現実的にも沖縄の土地問題は祖国に復帰して潜在主権との結びつき、これがなければ到底解けない」（一八巻、六二五〜六二六頁）と、沖縄における人権抑圧を告発し、共産主義だけが自由を抑圧していないと反論している。

瀬長の発言を踏まえ当山真志（とうやましんし）（民主党）は「共産主義政党の非合法化が人権や自由の抑圧になるようなファシズムになる憂いはないかというような御心配もあったようであります。……共産主義政党の非合法化によって我々の自由や人権がより立派に守られ、そうしてアジア民族の解放において我々の自治ができていくということを申上げたい」（一八巻、六二七頁）と述べ、共産主義の非合法化こそが人権の確立と述べている。

この「共産主義政党の禁止に関する決議」を踏まえ、翌年の一月には防共法案上程の動きがあったが、結局　防共法は成立することはなかった。

このように「共産主義政党」への取締りが拮抗状況のなか、一九五六年一二月に人民党の瀬長亀次郎が那覇市長に当選した。そうすると、翌一九五七年四月にムーア民政副長官は「琉球は共産主義者の内部的破壊から守らなければならない。共産主義運動の一部を形成し、またはその運動を援助する個人や団体の活動を定義し、適当に制限する立法が早急に採択されなければなりません」（一七巻、九〇二頁）と、立法院に共産主義者への対策を求めるメッセージを提出した。このメッセージを踏まえ、七月の定例会で当間重剛（とうまじゅうごう）主席も「最近共産主義の戦術が議会主義を肯定して、暴力革命を否定し、表面的には民主主義と何ら変わらない方法に変わりつつあります。沖縄においても、思想的立場を意識させずに、民族主義的な立場に立って、住民の支持を得ようとしている……こういう情勢において、共産主義防衛の最前線にあって、しかも現に基地運営に協力しつつ琉球として、適切な政策によって、その侵略を防ぐことは最も肝要」（一九巻、一七六頁）との所懐を述べ、反共対策を鮮明にした。ただし、この時期も防共法が成立することはなかった。この防共法不成立について、『沖縄人民党の歴史』は「県民のつよい抗議と反ぱつ……本土の民主勢力の努力と「朝日報道」などによって……軍事支配糾弾の与論が高まったことなどによって、この「防共法」立法の企図は破たん」（一六二頁）と、抗議運動の高まりに理由を求めている。もう一方、防共対策の必要性を述べた当間は、その回想録で「防共については軍も一生懸命だった」と述べつつも、「防共法は立法院でもやらなかったし、行政府でもやらなかった。もちろん研究したことは研究したが、若い連中は乗り気ではなかったのだろうと思う。……周囲もまかり間違えば言論の圧迫になりかねないという空気だった[13]」と、防共対策の緊急性と熱意の不足を理由にあげている。先に「全員を納得させる（せめぎあいの）社会像を提示することは難しい」と述べたが、抵抗する側は抗議の連帯の強さに不成立の理由を求めているが、制定する側はその不熱心に理由をもとめている。少なくとも、軍の意向や前年の立法院での動きであったことを考えると、不熱心を防共法不成立の理由とするには説明不足の感もある。もっとも、イジメの構図と一緒で「やる側」は、些細なこととして防共法不成立を忘れたのか、それとも何かを隠しているのか、今後の研究課題である[14]。

とはいえ、一九五四年から五七年の間は、土地闘争の激化、瀬長の那覇市長当選と、「共産主義への脅威と対応」は緊迫度を高めた。そのため、一九五七年の一一月には瀬長を追放するため、「市長村議会議員選挙および市町村長選挙法」と「地方自治法」の改正によって、那覇市長の瀬長を追放した。ただし、人民党は、共産主義政党とみなす言説がありつつも、グレイの状態で温存されていた。

一九五〇年代前半、日本では一九五二年に破壊活動防止法が制定され、一九五五年に日本共産党は武装闘争路線を自己反省し路線変更が起きていたが、反共化の動きが強まっていた。他方、沖縄では、基地拡大にともない、アメリカ統治を正当化する反共社会作りが進められていたが、基地拡大の土地闘争によって、反米意識も高まっていた。

4　五〇年代後半の人民党をめぐって

人民党事件や瀬長の那覇市長失職（一九五七年一二月）もあり、五〇年代は人民党への弾圧の強さが強調されるが、人民党は結党が禁止されてはいない。また、瀬長追放に抗議して人民党を中心に民主主義擁護連絡協議会（以下、民連と略記）が結党されるが、民連も不許可になっていない。こうした反共化が進むなか、一九五六年の政党関係の簿冊に綴じられた人民党の規約をみると、以下のように自党を位置づけていた。

資料１

人民党の規約（一九五六年）(15)

沖縄人民党は労働者、農漁民をはじめ、勤め人、中小企業者等働く県民大衆の利益を代表し沖縄の祖国復帰、平和擁護、民主的諸権利獲得のために全県民を結集して斗う民主的大衆政党である。

当然ながら、人民党は「革命」を標榜していないが、それでも読みようによっては取締りの口実を与える「斗う民主的大衆政党」と「斗う」を冠にしている。また米軍占領を否定する「祖国復帰」を目指す「大衆政党」と位置づけていた。

確かに人民党は共産主義の理論による革命路線を明文化してはいない。また、民連は、反米姿勢を鮮明にしているが、結党を禁止されてはいない。もちろん、留保は必要だが、反共攻撃が強かった五〇年代において、結党禁止にまで至っていない。もっとも、人民党や民連の結党を米軍の寛容に帰するかどうかも評価が分かれるところであろう。

ちなみに『沖縄人民党の歴史』は、第四回立法院議員選挙（一九五八年）において「人民党を中心とした民連の発展に対し「アメリカ軍と買弁的反動勢力は、社大党（社会大衆党の略称）をもまきこんで、打倒民連、打倒人民党に異常なほど力を入れた」（二二四頁）と、人民党への攻撃の強さを批判している。こうした異常な攻撃のなかに「アメリカ軍と民主党、社大党は、人民党攻撃のために反共謀略を仕組むという恥ずべきことまでおこなった」（二二四〜二二五頁）と、「反共謀略」があったことを指摘している。ちなみに『当間重剛回想録』には、古堅実吉が最初に立候補した時は民連ブームもあり、彼が勝つと思われたが、「選挙も終盤戦近くなると必ずしも当初の予想通りではない。形勢は逆転しそうである。そこで投票日一週間前から、……、もう一押しだというわけで人を通して資金を出し、力を結集して宮里初子の応援に当たった」（三〇五頁）と、古堅落選の裏側を指摘している。また、民政官バージャーから「当間系は瀬長に対してあまり動かんようだから君に頼む」と言われて感激した稲嶺一郎が、一九五八年の立法院議員選挙では協力したことも書いている。

こうした躍進と干渉のあった民連ブームであるが、その後について『沖縄人民党の歴史』は、瀬長市政の継承を訴えて那覇市長に当選した兼次佐一が変節したあとに開催した市政報告演説会を人民党関係者が妨害したことや、社大党の立法院議会報告演説会でもヤジで混乱させる事件を起こしていたことも指摘している。そして、この事件に対し社会党と社大党が「人民党の計画的な扇動によるものである、人民党は共産党の戦術をそのまま沖縄に移した、共産党の暴力革命戦術と対決してあくまでたたかうという内容の声明をそれぞれ発表した。こうして、人民党及び民連と社大、社会両党との対立が激化した。……民連は統一戦線組織としての正しい発展をはばまれた」（二三〇頁）と、人民党側の対応によって民主勢力同士が対立し統一戦線が不発に帰したことを反省的な視点で記述している。

なお、人民党をめぐる関係悪化と関連するが、社大党は支持者向けに、人民党がどのような政党かを紹介するチラシをつくっていた。このチラシは東京にある全貌社が発行している『旬刊全貌』（一九五八年三月一五日号）に「登載」されたものを「原文のままでございますから参考資料として御送り致します」という挨拶文のもと、共産党と人民党の関係について説明を加えている。

資料２⑯

共産党は動乱の世に生長する。そして後進国に於て成功する。ソ連、中共の場合がそうだ。終戦後、何年間か日本共産党にも華やかなりし一時代があつた。その頃の日本は、いわゆる動乱の世相であつた。だが社会の安定性を一応取戻した今日この頃ではどうか—いつの間にか悄然と萎んでしまつたかの観がある。では、その活躍部隊はどこに残されているか—それが今日の沖縄だ。

沖縄には、彼らが好んで遣う「異民族の支配」「民族の独立」という言葉の魔法が効果を現す条件が豊富に備わつている。

そして、このチラシで紹介されている日本共産党沖縄県委員会の主なるメンバーは、瀬長亀次郎、又吉一郎、国場幸太郎、島袋嘉順、富山渡、瀬名波栄、上原亀一郎、喜納正業、本永寛昌、真栄田義晃、上原清治、比嘉律男、国吉達夫で、注記に「人民党中央委員で人民党公認の唯一の立法院議員である大湾喜三郎が未だに基本党のメンバーに数えられていないのも特筆さるべきであろう」と大湾喜三郎の不在を指摘している。

また、「人民党中央委員会二十一名の中約半数が日共委員であり、且つ県委員会の要職であるのだ。日共中央委員会からの指令は基本党県委員会で予め審議し、如何に沖縄化するかを十分検討したのち、人民党中央委員会に持ちこまれ、それが人民党政策という形で公表される。ここに〝人民党は共産党ではないが、共産党の政策を忠実に実行する党〟たるの所以がある」と、人民党は共産党に近い政党として位置づけている。このチラシでは、人民党を占領者であるアメリカへの抵抗政党という肯定的な評価ではなく、「安定性を壊す」政党とみなし、警戒しているようである。

伊佐浜などで米軍の前に対峙する人民党員を想起するのか、それともヤジを飛ばし混乱させる人民党員を想起するのか、折衷的には米軍に抵抗する多様な姿になるのだろうが、基地化が進む五〇年代の沖縄において、人民党をどのように評価するかが、ある意味で共闘を困難にする一因であった。また、一九五八年は統一戦線の発展であると同時に衰退の分水嶺となった。この傷を克服し共闘に向か

表1　第8区、革新系無所属の久高将憲の選挙結果

1956年（第3回）			**仲里嘉英（民主）**	無投票		
1958年（第4回）	**久高将憲（民連）**	7,438	仲里嘉英（民主）	5,965		
1960年（第5回）	久高将憲（無）	4,245	**當銘由憲（自民）**	6,598	瑞慶山良昌（社大）	4,363
1962年（第6回）	**久高将憲（無）**	8,448	當銘由憲（自民）	6,950		
1965年（第7回）	**久高将憲（無）**	8,028	神村孝太郎（無所属）	7,997		
1968年（第8回）	久高将憲（無）	8,387	**中山兼順（無）**	9,167		

注：網掛けは当選者。
出典：得票数は『沖縄県議会史第17巻』の選挙結果による。

うのが六〇年代の人民党の実践となる。それでは次に、一九六二年に発行が許可された『人民』の記事を中心に、各種選挙での人民党関係者の当落がどのように記述されたのかを確認していく。

もとより政党なので、自党の党勢拡大も大事であるが、民連失敗の反省なのか、統一戦線への希求も前面にでている。一九六二年の刊行直後から『人民』紙上では、瀬長委員長への一問一答の記事の見出しにも「統一のみが沖縄すくう」（『人民』三二号）と、瀬長委員長が率先して「共闘」を語っている[17]。また、「社大の反対で統一困難」（『人民』三一号）と社大党の共闘拒否を牽制しながら、「民主共闘」を求める動きを表明していた。このような経緯があるので、まずは立法院での共闘に関する選挙（六二年の第八区、六六年の第三区の補選）を紹介し、次に瀬長が失格した六二年の選挙を紹介する。

一九六二年の第六回立法院議員選挙で第八区は無所属の久高将憲[18]と自民党の當銘由憲が争い、久高が当選した（表1）。この選挙で『人民』は、「人民党、社会党、社大党お

よび共斗会議の統一候補として八区（具志川）から立候補した久高将憲氏は、……具志川村は農民のキビ代値上げのたたかいで、久高氏を中心にもつとも農民の団結が強かつたところだけに最初から久高氏の支持は圧倒的だつた」と報道している。そして、現職で自民党政調会長の當銘由憲を「農民のキビ代値上げの要求を支持せず、太田任命政府、糖業買弁資本といつしよに農民をいじめたため、最初から評判が悪かつた」（『人民』三九号）と報道している。『人民』は久高の当選を、キビ代値上げ問題という時代背景、労働者対資本家という区分、農民の団結の強さから評価していた[19]。

その次の選挙の共闘は、民主党の中村晄兆（なかむらてるあき）の辞職による一九六六年八月の第三選挙区（今帰仁村・上本部村）の補選である。この補選では「革新共闘」の統一候補となった吉田光正（よしだこうせい）が、民主党候補の沢岻安清を制し当選している（表2）。この選挙において人民党は、「連日の演説会、こんだん会に瀬長委員長をはじめとする中央常任委員、中央委員が参加し、選挙民に選挙の意義の重大さを訴え、祖国復帰民主勢力の勝利のためにたちあがることを呼びかけています」（『人民』二三四号）と報道している。あわせて『人民』は相手側の民主党が「人民党と教職員にたいして攻撃を集中してきています」と述べている。

表2　第3選挙区補選の結果（1966年）

氏名	所属	得票数
吉田光正	無所属	5,554
沢岻安清	民主党	2,690

注：投票率は83.44％。
出典：『沖縄県議会史第17巻』（872頁）。

以上が他党と共闘した選挙と人民党の役割に関する記事であるが、次に人民党の拡大という点から、第六回の立法院議員選挙を見ていく。この時の選挙で人民党は七人立候補したが、当選は古堅実吉一人である（表3参照）。四人が落選し、二人が失格している（瀬長と国吉真栄）。このような結果のため、

「買弁反動勢力と札つきの反共ゴロなどの反共宣伝の洪水、弾圧と脅迫、買収と供応などありとあらゆる不正手段がとられた」（『人民』三九号）と厳しい立法院議員選挙であったことが述べられている。たしかに「弾圧」の言葉がありつつも、官憲の圧力を特筆大書していない。この点はやはり五〇年代と比較する上で留意する必要がある。

次に市町村レベルの選挙についてみていくと、一九六一年の糸満町長選挙では上原亀一郎が当選し、同じく町議選でも公認五人と推薦一人が当選している。また、六六年の市町村議会選挙について、一三市町村で二〇人の公認候補をたてたところ、九市村で一二人が当選したことが記されている。とはいえ、具志川村、石垣市では落選し党の議席を失った、伊平屋村では部落の締めつけのため、現職議員が立候補できなかった、石川市議選では三人が落選したことが記されている。もっとも、これら落選について、必ずし

九つの市村で党候補当選

三村では新議席

成果あがる市町村議選

人民党公認候補の当選者

多くの不正行為と妨害

1966年９月の地方議会議員選挙での人民党議員の当選を伝える記事〔『人民』239号（1966年９月17日号）〕

も反共攻撃の理由とは明記していない。もちろん選挙なので、結果には一進一退がある。またどこに注目するかで、意味づけは違ってくると思う。だが、五〇年代に比べれば、六〇年代は人民党が党勢を拡大している面もある。

このように、人民党も政党なので党勢拡大を目指していることは否定できない。もう一方で立法院議員選挙では共闘路線も継続的に重視している。革新共闘に際し教員側の動きからの解明は進んでいるが、政党側の動きも当然あったわけなので、政党側の視点、教員側の視点など様々な主体の視点から共闘の実態を解明する必要があろう。

さて、六〇年代は人民党の躍進した時期でもあるが、一九六六年の市町村議員選挙について、「こんどの市町村議選挙では、これまでの悪い習慣となっている「部落推せん」という選挙の自由に逆行する古いしきたりを破る上で人民党候補は積極的にたたかいをくりひろげ、一定の成果をあげました。しかし選挙の結果は、この古いしきたりによるしめつけがまだ頑強にのこっており大衆を自覚させてたちあがらせないかぎり、これを打ち破ることはできないことをしめしています」（『人民』一二三九号）と、反共宣伝だけでなく、「部落推薦」の弊害も人民党の「飛躍」が抑制された一因と分析している。人民党の戦略は自分たちを労働者の味方とし、相手を「反動買弁勢力」という位置づけであり、こうした枠づけは共産党の理論的腑分けを踏まえたものといえる。もう一方で「部落推薦」という「古いしきたり」を指摘しているが、十分な考察に向かってはいない。少なくとも市町村議員選挙から立法院議員選挙まで、選挙は様々な要因が絡んでいる。その背後には文字資料で残りにくい世界が広がっているが、人民党の躍進と制限には単に「反共弾圧」だけではないことを『人民』も物語っている。

5　立法院での人民党――古堅実吉の活動を中心にして

本節では第五回（一九六〇年）の選挙で当選し、第八回まで連続当選した古堅実吉[20]を取り上げ、彼の発言を確認していく。

まず一九六一年六月の第一八回定例会で議案になった「住民の祝祭日に関する立法」（以下、「祝日法」と略記）での発言をみていく。琉球政府の設立記念日（四月一日）について古堅は、「露骨にいえば、琉球政府は基本的にはアメリカ帝国主義の属領化と原水爆基地化政策に奉仕させるために作られた……このような琉球政府に対して、われわれがその創立を記念するなどということは到底考えられない」と、琉球政府創立記念日は、沖縄の属領化を意味するアメリカ帝国主義の政策を支持するものとして反対している。

また、天皇誕生日に対して、沖縄戦争の経験と米軍占領の現状を踏まえ、「戦後天皇は人間天皇という売り言葉で国民の前に現われて参りました。しかしその本質は何等変わるものではありません。……再び天皇一家を中心とする日本軍国主義の台頭が感じられる……このような危険性をはらむ以外に百害あって一利もない封建的な天皇制は直ちに廃止されなければならない」と、象徴天皇制も本質は変わらず「封建的な天皇制」という位置づけで天皇誕生日には反対している。また、勤労感謝の日を一一月二三日ではなく、五月一日のメーデーを祝日にするよう提案している。そして、天皇誕生日は祝日に入れ、憲法記念日が最初から除外されたことに対し、「私たちは日本国に一日も早く帰らなければならないと考えております。……私たちが日本国の行政権下に帰らなければならないという気持と全く相一致するものであり、〔平和で民主的な〕憲法の日を祝祭日に加えまして祝うということは大きな意義がある」と、憲法記念日が抜けていることを批判している（二〇巻、一二八～一三〇頁）[21]。

このように「祝日法」に関する議論をみると、人民党（もしくは古堅）の、ナショナリズムは「同祖論」的なナショナリズムというよりも、平和憲法や基本的人権の保障を掲げる日本国憲法のもとにある日本への復帰という論理なので、憲法ナショナリズムといえる。

「祝日法」をめぐる議論を通して、米軍統治下沖縄の現状と日本観を確認したが、本章の目的でもある、政治的自由を確認するため、高等弁務官への批判をみていく。

キャラウェイ高等弁務官の高圧的な政治手法に対し、古堅らは一九六四年六月の第二五回定例会で「知事の公選制の即時実施」と「民主主義と基本的人権」の保障を要求する「キャラウェイ高等弁務官の専制統治に抗議し、民主主義と基本的人権と県民の自治を要求する決議案」を提出している。古堅は「経済援助の拡大という手段をもって沖縄県民の基本的な諸要求を踏みにじり、闘いをにぶらせ、アメリカ帝国主義の軍事的植民地支配を一層強化していこうとする許しがたい欺瞞政策」（二〇巻、六八七頁）と、アメリカの沖縄統治を酷評した。さらに、立法院を「自由民主党所属議員の多数によって、傀儡主席と協力しながら、県民の諸要求を踏みにじってきた議会であるとはいえなお、立法院が唯一の民選機関であるだけに、立法院に対する要求と期待は、切実なものがある」（二〇巻、六八七頁）と、限界はあるが、民選機関である立法院の役割を強調した。ところが、「各派交渉会における調整では私たちが主張する院の強い態度を表明することはついにいれられませんでした」（二〇巻、六八七頁）と不満を述べて、以下のような結論に向かっていった。「沖縄の基本的諸問題は沖縄に対する日本国の主権を完全に回復し、県民が日本国憲法のもとで、日本国民としての完全なる権利を回復することなしには最終的に解決できるものではない……立法院はいまこそ民族の良心と院の正しい姿勢を取り戻し、県民とともに沖縄解放と日本の完全独立のために闘い、平和と民主主義と生活の向上のために闘う決意を新たにし、県民の心からの期待にこたえなければならない」（二〇巻、六八八頁）と、日本に対するアメリカの影響力排除と、沖縄解放の復帰を目指した抗議理由を述べている。

次にキャラウェイ批判と関連し、親米的立場をとり保守政党の分裂も誘発した大田政作主席退陣をめぐる動向を確認していく。野党の立場である古堅実吉は、「沖縄人民党はアメリカ帝国主義の忠実な下僕である大田任命主席にいささかの民族的良心も期待せずまさに怒りをこめてその売国的傀儡性を糾弾するものであり」（要求書の文面朗読（二〇巻、七三一〜七三三頁））と激烈な言葉で、主席退陣を要求している。

最後に、佐藤総理大臣の訪米に関する日本政府への抗議決議案（一九六五年一月）をみていく。対米協調路線（沖縄の即時日本復帰を唱えない）をとる佐藤の訪米を批判する内容で、古堅実吉は「アメリカ帝国主義の戦争と侵略、民族抑圧の政策は世界的に孤立化をたどり、特に中国封じ込め政策、南朝鮮、南ベトナム等に見られるように、アジアにおける侵略政策の破綻は深刻なものになって現れつつあります。沖縄返還を要求する日本人民の闘いはアジア、アフリカの諸国人民に広く支えられて、年ごとに発展しつつあります」（二〇巻、七七七頁）と、「アジア・アフリカ諸国人民」と共闘する立場から佐藤政権を「アメリカ帝国主義」に協調する立場と批判している。

REF :

50 For Dept. Use Only	ACTION FE-4	INFO	DEPT. RM/R-2 INR-7 IO-4 U/OP-1 U/O-1
	REC'D 3-21		OTHER CIA-10 USIA-10 OSD-5 NSC-2 NSA-4 ARMY-4 NAVY-4 AIR-6

SUBJECT: Background Information Re the Only Member of the Okinawa Peoples' Party in the Ryukyu Islands Legislature.

In the November 1960 election for all members of the twenty-nine member Ryukyuan legislature only one of the sixteen candidates backed by the Okinawa Peoples' Party was elected. All five incumbent members of the Party were defeated. The one successful OPP candidate was SANEYOSHI FURUGEN (also known as JITSUKICHI FURUGEN). The OPP is frequently considered a Communist front party and Furugen himself is believed to be a member of the Japanese Communist Party.

Furugen's successful candidacy seems to have stemmed mainly from the fact that he worked harder and longer than his two opponents who competed for the limited conservative and middle of the road vote in the sixteenth district. Two recent summaries prepared by the HICOM staff throw new light upon Mr. Furugen's success. Copies are attached.

アメリカ国立公文書館の「RG319 陸軍参謀本部文書」に収められている資料に、1960年の立法院選挙で人民党議員として唯一当選した古堅実吉に関する報告も綴じられており、「日本共産党員であると信じられている」との記述もある〔沖縄県公文書館所蔵〕

以上、立法院での人民党議員（古堅）の発言を見てきた。議場での彼の発言は、米軍統治を暗喩的に批判するわけではなく、「帝国主義」とかなり直接に批判している。日本近代史において政治家の発言と政治的自由の格闘を知るものとしては、古堅の反米的な発言が許容されたことは驚くところがある。

また、冒頭で新川明が指摘した、米軍追従勢力の「アカ」利用を踏まえると、古堅が議員失格しなかったことの意味は大きい。

アメリカ統治期の沖縄は反共社会とはいえ、沖縄住民は協調と抵抗の政治家を選んでいる。よって、「公共の福祉」とは米軍の統治に反しないという意味であったと考えられるが、抵抗の論理は、この「米軍の統治に反しない」の「反しない」の意味を拡大する実践といえよう。

人民党の立法院での選挙結果と議会での発言から考えると、瀬長に対する弾圧は強かったが、人民党それ自体の結党禁止はなかった。とはいえ、瀬長

「狙い撃ち」だけで、人民党が弾圧されたと解釈すると、人民党攻撃への過大評価になるであろう。瀬長の人気で人民党が支持された感もあるが、瀬長の抵抗と古堅の発言をきっかけに、人民党の支持が拡大することはなかった。

おわりに

沖縄が日本に復帰するまでの占領（冷戦）期における人民党の役割と評価（投票結果）をみてきた。人民党は、アメリカ統治期に「でっちあげ」による解党、または「人民党は共産党」という理由で結党を取り消され、非合法化されて地下活動に向かうことはなかった。また、戦前や他の東アジア諸国とも違い、人民党の関係者は政治犯収容施設で「矯正」されることもなかった。人民党は結党禁止されたわけではないので、瀬長のように資格停止になる事例もあるが、すべての立候補者が資格停止になったわけではない（表3を参照）。たしかに一九五〇年代の人民党は、米軍から「選挙妨害」と言われてもおかしくない干渉を受けている。とはいえ、アメリカ統治期全般にわたって、干渉を受けて当選できなかったわけではない（もっとも第六回の立法院議員選挙では瀬長と国吉が、第七回の選挙では瀬長と又吉が失格している）。人民党が頑張ったという史実は、もう一方で過剰な米軍弾圧史観を相対化するものであり、また、その逆も成り立つものである。弾圧と抵抗のバランスを見極めるのは難しいようである。もちろん弾圧の緩和と強化という揺れ幅という説明になるのであろうが、反共社会の内実について、より実証的かつ多角的に考察する必要がある。

人民党は、大衆の立場に立ち、帝国主義的資本主義政策を批判し、それに連なるアメリカ政府、日本の自民党政権を批判し、大衆連帯を希求するという人民党の論理を展開してきた。そうすることで、アメリカ軍の人権侵害と基地拡充に反対し抵抗する政党として活躍した。[22] 人民党は、大衆の立場に立つ、合法的な反米左翼政党といえる。もっとも、大衆政党と言いながら、立法院で議席を多数得ることはなかった。さらに、人民党の戦略の一つである革新共闘も一九六八年までは十分に展開することはなかった。人民党という革新的な反米政党は、米軍統治に脅威を与えない程度に存在してきた。このように人民党の党勢拡大が起きなかったのは、反動勢力だけがつくったのか、それとも沖縄住民がつくったのか。この点は、日常に組み込まれた反共意識の形成とつながるテーマといえる。

ともかく、人民党が存続できたのは、政権の正統性をめぐり「内戦状態」で反共を実践する分断国家と、後方支援のため基地を有効的に提供する沖縄という地域的役割分担がもたらした立地条件の違いがあった。基地があるため冷戦の前線基地といわれていたが、反共弾圧についていえば、主戦場ではなかったようである。

また、反共言説と人民党議員の立法院での発言を読み比べると、反共言説が自由（自由主義国）を守るため、暴力（革命）を阻止するための言説であるとするならば、反米言説は、米軍の反人権的行為への批判の言説であった。そのため、反米言説に伴う人権尊重は、基本的人権を保障する日本国憲法を持つ日本への復帰に向かうものであった。また、人民党の主張は、冷戦期の熱戦の遂行者としてアメリカやその支持国である日本を「好戦的」な資本主義（≒帝国主義）国家としてとらえ、その被害者としての大衆や労働者と呼ばれる人々との連帯を求める論を展開していた。単純化すれば、人民党に暴力イメージを抱くのか、それとも連帯イメージを抱くのか（米軍占領下の沖縄に即して言えば、米軍への抵抗するイメージ）、どちらに親和性をもつかで、人民党への支持／不支持が分かれるようだ。この際、論点になるのは、人民党は人権をよく利用するが、保守・親米政党は人権を余り使わず、「福祉向上」をよく使用している。よって、当時の沖縄の住民が、この人権と「福祉向上」をどのように理解し、どの政党（人物）に投票したのか、占領下民衆の生存戦略と絡めて、投票行動の分析という次の課題がみえてくる。

以上の分析結果を踏まえて、アメリカ統治下の沖縄の政治的自由度について考えると、日本ほど政治的自由は認められてはいない。もう一方で、韓国や台湾ほど制限されていたともいえない。両者の中間点といえる。こうしたなかで、自由主義陣営の盟主であるアメリカが統治する以上、反共を是とする社会秩序がつくられてきた。とはいえ、沖縄の反共社会は、人民党を徹底弾圧しない程度の反共社会であった。そのため、戦後沖縄は親米勢力と反米勢力が政治的力関係は不均衡ながら存在する、〝抵抗と協力を両軸とする戦後社会〟であった。

最後に、人民党を通して反共と反米のせめぎあいを考えることが、本章の主たる目的であったが、資料を読みながら思わぬ副産物（課題）がみつかった。この疑問は後半の章の課題にもつながるので、本論集の課題に即して述べていきたい。

まず、占領期の選挙をめぐって『人民』を読んでいると、人民党は、自党を「斗う民主的大衆政党」と位置づけ、相手側を買弁勢力と名付ける分析手法をとっているが、こうした把握の相対化も必要である。これは後の世代の特権というものではない。生活再建を通して、逆説的に基地依存経済が

選挙における人民党の比率

1人。				
又吉一郎				
第6区域				
6,697				
落選				
2人。				
又吉一郎				
第21区				
5,175				
落選				
1人。				
上原亀一郎				
第22区				
1,769				
落選				
5人。				
久高将憲	平安名常孝	平田嗣祐	新垣善春	岸本利実
第8区	第10区	第11区	第12区	第13区
7,438	5,875	8,022	4,356	6,833
当選	落選	当選	落選	落選
松島朝永	大湾喜三郎	宮城清三郎	上原亀一郎	親川仁助
第18区	第19区	第21区	第22区	第23区
3,894	4,241	6,407	5,753	5,380
落選	当選	落選	落選	当選
1人。				
宮城倉啓	古堅実吉	島袋嘉順	瀬長フミ	大湾喜三郎
第15区	第16区	第17区	第18区	第19区
3,362	7,362	2,133	4,063	2,991
落選	当選	落選	落選	落選

表3 米軍統治期立法院議員

選挙実施年	1952年3月 第1回立法院議員選挙			＊定員31人中
氏名	中村安太郎	宮城清一	平良文吉	瀬長亀次郎
選挙区	第1区	第3区	第4区	第5区
得票数	5,597	2,478	4,378	12,867
当落	落選	落選	落選	当選
選挙実施年	1954年3月 第2回立法院議員選挙			＊定員29人中
氏名	喜納政業	平文吉	瀬長亀次郎	大湾喜三郎
選挙区	第1区	第7区	第18区	第19区
得票数	2,605	3,727	3,637	3,171
当落	落選	落選	当選	当選
選挙実施年	1956年3月 第3回立法院議員選挙			＊定員29人中
氏名	喜納政業	国場幸太郎	大湾喜三郎	又吉一郎
選挙区	第3区	第18区	第19区	第21区
得票数	3,671	1,535	3,594	4,497
当落	落選	落選	当選	落選
選挙実施年	1958年3月 第4回立法院議員選挙			＊定員29人中
氏名	宮城定盛	喜納政業	宮城松昌	富山渡
選挙区	第1区	第3区	第5区	第7区
得票数	2,010	4,997	1,615	4,371
当落	落選	当選	落選	落選
氏名	国場幸太郎	新垣正達	古堅実吉	島袋嘉順
選挙区	第14区	第15区	第16区	第17区
得票数	5,278	3,570	6,004	3,686
当落	落選	落選	落選	落選
選挙実施年	1960年11月 第5回立法院議員選挙			＊定員29人中
氏名	喜納政業	伊波宏	神里義弘	平田嗣祐
選挙区	第3区	第7区	第10区	第11区
得票数	1,706	3,254	1,467	2,605
当落	落選	落選	落選	落選
氏名	宮城清三郎	上原亀一郎	親川仁助	長間正吉
選挙区	第21区	第22区	第23区	第28区
得票数	4,040	4,749	3,174	208
当落	落選	落選	落選	落選

1人。				
瀬長亀次郎	大湾喜三郎	国吉真栄		
第18区	第19区	第22区		
—	3,149	—		
失格	落選	失格		
1人。				
大湾喜三郎	又吉一郎	比嘉律雄		
第22区	第24区	第25区		
2,693	—	4,694		
落選	失格	落選		
3人。				
上原亀一郎				
第25区（糸満町）				
6,114.87				
落選				

形成されているなかで、相手側を米軍に協力する「反動買弁勢力」と限定された勢力でくくってよいのかどうかという疑問に基づくものである。それと合わせて、人民党への選挙妨害の一つとして「部落推薦」のように古い形態の縛り付けを指摘しているが、「部落推薦」の力学はもう少し複雑である(23)。

また、人民党は、復帰や反基地を目指して、自党の拡大だけでなく共闘戦略を目指していた。復帰後の人民党は、日本共産党沖縄県委員会となり、党勢の拡大だけでなく、革新共闘やオール沖縄の一翼を担う活動をしている(24)。人民党という評価がはっきり分かる政党が、「共闘」に向けどのように動いていたかを多角的に分析することで、現在の日本政治における野党共闘や、沖縄政治でのオール沖縄を考える際のヒントが見つかるのではないかと思う。

選挙実施年	1962 年 11 月　第 6 回立法院議員選挙			＊定員 29 人中
氏名	中石清隆	仲松庸全	水間平	古堅実吉
選挙区	第 11 区	第 14 区	第 15 区	第 16 区
得票数		4,951	1,933	9,967
当落	落選	落選	落選	当選
選挙実施年	1965 年 11 月　第 7 回立法院議員選挙			＊定員 32 人中
氏名	富山渡	仲松庸全	古堅実吉	瀬長亀次郎
選挙区	第 7 区	第 16 区	第 19 区	第 21 区
得票数	7,095	4,620	8,300	―
当落	落選	落選	当選	失格
選挙実施年	1968 年 11 月　第 8 回立法院議員選挙			＊定員 32 人中
氏名	仲松庸全	古堅実吉	瀬長亀次郎	又吉一郎
選挙区	第 16 区（那覇市一部）	第 19 区（那覇市一部）	第 21 区（那覇市一部）	第 24 区
得票数	9,664	10,369	12,325	9,725
当落	当選	当選	当選	落選

注：第１回立法院議員選挙において、この選挙区には奄美が含まれる（第１区、第２区）。
出典：得票数などの情報は『沖縄県議会史第 17 巻』による。

もっとも、今後の革新共闘に関する実証研究は、この「共闘」に集った個々のグループの個性と力学の分析に向かうであろう。これら成果によって、オール沖縄という「共闘」(卄)「寄り合い所帯」がもっている利点と限界をとらえる視座が豊かになるであろう。こうした訓練を通して、相手を否定的に名指しする政治実践からの脱却や、「寄り合い所帯」政治の可能性を広げることができるのかもしれない。

注

（１）新川明『新南島風土記』二三七頁。引用は岩波現代文庫版（二〇〇五年）を使用。本書は新聞連載を経て、大和書房から単行本（一九七八年）、朝日新聞社から朝日文庫（一九八七年）、岩波書店から岩波現代文庫（二〇〇五年）と版を重ねている。新聞連載は一九六四年から六五年の時期だが、この間の行政主席は松岡政保、高等弁務官はワトソンである。

（2）一九四七年に結党、一九七三年に日本共産党へ組織的合流を行い、日本共産党沖縄県委員会となる。

（3）屋嘉比収「沖縄戦における兵士と住民」（『岩波講座アジア・太平洋戦争5　戦場の諸相』、岩波書店、二〇〇六年）一七二頁。この屋嘉比論文は『沖縄戦、米軍占領史を学びなおす』に収録されているが、引用した部分は一部割愛されている。

（4）平良好利「沖縄政治の「保守」と「革新」」（『法学志林』第一一五巻一・二号、二〇一八年三月）六三〜六四頁。

（5）山崎孝史「大山コザ市政と琉球列島米国民政府」（『人権問題研究』一〇号、二〇一〇年、機関リポジトリでも閲覧可能、一二、一六頁）。あわせて山崎は「本稿が参照したUSCAR渉外局文書からは、米軍側、そしてそれに協力する桑江議員や民主党の水面下の動向については把握できるが、米軍を批判した大山市長ら革新側の選挙運動や闘争戦略について十分に理解することは困難である」と述べている（一九頁）。政治分析における資料の「偏り」と多角的な政治分析の必要性について注意喚起している。

（6）古波藏契「米国は一九六五年の宮古農民「暴動」をどう見たか」（『沖縄文化研究』四七号、二〇二〇年）。なお古波藏論文では宮古島（二八区、二九区、三〇区）を事例に、主に民主党と社大党が対決し、民主党が三議席獲得した一九六五年実施の第七回選挙の結果を紹介している。民主党候補三人が当選したが、その理由は開票作業のトラブル、野党系候補の失格、野党候補の失踪と選挙結果に疑念をもたれるような状態であった。人民党の事例ではないが、「抵抗と弾圧のせめぎあい」があったといえる。

（7）共産主義＝犯罪は短絡的な構図であるが、「革命政党」という位置づけには、既存の資本主義秩序が持っている不合理を糺す心構えがあったはずである。「冤罪」論は、既存の秩序が有する暴力性への抗議の側面を弱めることにもなるので、一定の留意が必要である。

（8）成田千尋『沖縄返還と東アジア冷戦体制――琉球／沖縄の帰属・基地問題の変容』（人文書院、二〇二〇年）

六八頁。

（９）本章に取り掛かる動機の一つに、二〇一九年二月にアジア民衆史研究会と韓国の歴史問題研究所とが合同で行っている民衆史ＷＳで、韓国光州を訪問した際、軍事政権への抵抗ポスター（コルゲクリム、大型の掛紙のこと）をめぐるやりとりがある。この抗議ポスターをめぐる雑談で、デザインや構図のうまさについて質問した際「上手いのは、みんな学校で反共ポスターを書いていたから」という回答を得たからである。この反共ポスターへの関心から帰国後、ネットで検索したところ、徐正敏「小学三年生の私が授業で描いた「反共ポスター」」（論座デジタル版、https://webronza.asahi.com/politics/articles/2019032200001.html 二〇一九年八月二三日読了）を閲覧することができた。

（10）反共法については奥原忠弘「資料 韓国の反共立法」（『神奈川法学』二巻一号、一九六六年、機関リポジトリでも閲覧可能）を参照のこと。

（11）兼次佐一は一九〇九年生まれ。儀間文彰と選挙を戦った時期の兼次佐一の立法院での所属政党は社大党員であるが、一九四七年に人民党が結党されたときは党の要職についていた。また、瀬長追放後の那覇市長選挙で民連から立候補し当選している。

（12）儀間文彰は一九二二年生まれ。河野康子・平良好利編『対話 沖縄の戦後――政治・歴史・思考』（吉田書店、二〇一七年）五〇頁。

（13）当間重剛『当間重剛回想録』（当間重剛回想録刊行会、一九六九年）二三九〜二四〇頁。

（14）一九五四年に採択された行政主席選挙早期実現を求める請願文には「住民の自治精神を傷つけ、不平不満を誘発し、米琉相互の信頼と協力を阻害するばかりでなく、反米思想を醸成し、かえって、共産主義の進出に間隙をあたえる惧れがある」（一八巻、五二三頁）と主席民選と反共を絡めた議論を展開している。その一方で一九五五年の「元共産主義政党調査特別委員長報告」で、委員会は「琉球人民党は、日本共産党と密接な関係があり、或程度提携していると認定した」と報告している（一八巻、七一七頁）。とはいえ、立法院の議論で調査委員会の委員長であった星克は、徹底追及に関しては消極的な発言に終始し、「人民党は共産党と果たして提携しておるかという事実はなか〱摑めない。又証人として来る人々も色々の圧力を考慮に入れて真剣に証言しないということは、委員会でも、委員の殆ど全員が認めておった」と、調査の手詰まりを述べて、新たな方向での調査が必要ということで議論を終えている（一八巻、七三〇頁）。人民党は共産党に通じると認めながら、徹底追及はしないという状態であった。

(15)『政党に関する書類』（A–01–10–032–02, R00000466B）、沖縄県公文書館所蔵、デジタルアーカイブズでも閲覧可能。

(16)「「旬刊全貌」に登載された沖縄人民党の全貌」（箱8―1―9、『大山朝常関係資料』、沖縄国際大学南島文化研究所所蔵）。この資料は科研（基盤研究B、16H03482）による大山資料の整理作業で確認することができた。

(17) 瀬長はこのインタビューで、「共斗」すると社大党の独自性が喪失するという心配について、独自性がなくなるのは合流であって「共斗」ではないと、政党の「共斗」である以上、政党の独自性を前提にしたものと述べている。そのため、沖縄解放のために一致できる線をだし、統一綱領のもとに実践することが必要とし、「いつでも社大党をこの共斗組織に迎え入れる用意をしておくべき……。……祖国復帰民主社会の勝利をめざし、人民、社大、社会の三政党が候補者の調整をすることに人民党は賛成します」と、共闘の必要性を訴えていた。

(18) 久高将憲は一九〇三年生まれ。

(19) 第四回（一九五八年）は民連の久高将憲が当選し、第五回は自民党の當銘由憲が当選しているので、この時期は拮抗関係といえる。そうすると、労働者と資本家という対立区分では見落としている点も多いかもしれない。

(20) 古堅実吉は一九二九年生まれ。彼の選挙区は、六〇年と六二年の選挙で当選した第一六区は旧真和志市地域の南部（栄町区及び松川区の区域）であり、六五年と六八年で当選した第一九区は那覇市の一部である。
また、古堅の選挙結果をみると、初当選した第五回（六〇年）は、宮里初子（社大、五九一二票）、喜舎場盛一（自民、四八五七票）を破り当選、第六回（六二年）は、嵩原久男（社大、八八六五票）を破り当選。第七回（六五年）は、知念実（民主、四三四六票）を破り当選、第八回（六八年）は、知念実（自民、四八三八票）を破り当選している。この間、古堅は七〇〇〇票から一万票を獲得して当選している。

古堅には『命かじり　古堅実吉回想録』（琉球新報社、二〇〇二年）がある。略年表もあり古堅の活動を確認するのに便利である。回想録ゆえの欠点か、入党する経緯である五〇年代のアメリカの横暴については詳細であるが、選挙活動や議員活動とアメリカとの緊張関係については十分述べていない。

(21)「住民の祝祭日に関する立法」は一九六五年に改正され、憲法記念日が追加された（『琉球政府公報』一三号、一九六五年四月二一日）。

(22) 瀬長亀次郎、大湾喜三郎、古堅実吉全員の選挙区は那覇であった。ちなみに、基地建設で土地を奪われた地域（辺野古、宜野湾、読谷・嘉手納）の結果を見ると、次のような結果になる。

六区（久志、宜野座、金武、恩納）は、第二回と第三回（新里銀三、民主）、第四回（津嘉山朝信、無）、第五回から第八回（伊芸徳一、自民）と自民党が議席を維持している。

一〇区（読谷・嘉手納）は、第二回（当山真志、民主）、第三回（喜友名正謹、民主）、第四回から第八回（知花英夫、社大）と社大党が議席を維持している。

一三区（宜野湾・浦添）は、第二回（桃原亀郎、社大）、第三回（宮城清吉、無所属）、第四回（又吉正雄、社大）、第五回（桃原正賢、社大）、第六回から第八回（岸本利実、社会、第七回から宜野湾は一四区になる）と、社会党が議席を維持している。

立法院議員を事例に基地社会がどのような人物を議員に選んでいるかを考えると、簡単に一般化できない結果といえよう。

(23) 高江洲昌哉「議会議員選挙」（南風原町議会史編纂会編『南風原町議会史』、二〇〇一年）。南風原を事例に「部落推薦」を行う有志会について言及している。

(24) 復帰後については表4を参照のこと。復帰後はだいたい四から六議席であり、那覇を中心にした南部が強く、北部や宮古、八重山諸島は弱い。当選者数でみると、二〇〇八年の選挙から一定の強さがでてくる。そうすると、普天間基地移設問題が影響を与えていることが推察できるが、焦点になっている北部（国頭郡、名護市の選挙区）では立候補するに至っていない。

選挙における共産党の比率

6人。					
上原亀一郎	親川仁助	根保幸栄			
糸満市	島尻郡	中頭郡			
無投票	8,136	5,524			
当選	当選	落選			
4人。					
古堅実吉	伊波廣定	仲松庸全	上原亀一郎	佐次田勉	親川仁助
那覇市	那覇市	那覇市	糸満市	中頭郡	島尻郡
8,210	7,257	6,566	5,770.529	5,603	7,448
当選	当選	落選	当選	落選	当選
3人。					
伊波廣定	上原亀一郎	佐次田勉	親川仁助		
那覇市	糸満市	中頭郡	島尻郡		
6,874	7,389.564	6,304	8,871		
当選	当選	落選	落選		
4人。					
伊波廣定	宮良作	上原亀一郎	山城正輝	親川仁助	
那覇市	那覇市	糸満市	中頭郡	島尻郡	
7,584	6,142	無投票	5,257	8,265	
当選	落選	当選	落選	落選	
6人。					
宮里政秋	上原亀一郎	伊佐眞市	親川仁助		
那覇市	糸満市	中頭郡	島尻郡		
6,906	6,754.549	4,300	9,962		
当選	当選	落選	当選		
2人。					
外間久子	上原亀一郎	新垣米子			
那覇市	糸満市	島尻郡			
5,539	7,039.197	10,347			
落選	落選	落選			
4人。					
宮里政秋	上原亀一郎	高宮城清	新垣米子		
那覇市	糸満市	中頭郡	島尻郡		
5,560	9,641.254	4,943	13,064		
落選	当選	落選	当選		

表4　復帰後県議会議員

選挙実施年	1972年6月　第1回県議会議員選挙			＊定員43人中
氏名	久高将憲	古堅実吉	仲松庸全	伊波廣定
選挙区	具志川市	那覇市	那覇市	那覇市
得票数	5,572	8,971	7,523	7,293
当落	当選	当選	当選	当選
選挙実施年	1976年6月　第2回県議会議員選挙			＊定員46人中
氏名	比嘉秀次	嘉陽宗儀	伊佐真市	比嘉愛子
選挙区	具志川市	沖縄市	宜野湾市	浦添市
得票数	4,464	6,381	4,557	2,278
当落	落選	落選	落選	落選
選挙実施年	1980年6月　第3回県議会議員選挙			＊定員46人中
氏名	名護宏雄	嘉陽宗儀	宮城正雄	古堅実吉
選挙区	具志川市	沖縄市	宜野湾市	那覇市
得票数	4,483	6,714	4,563	6,993
当落	落選	落選	落選	当選
選挙実施年	1984年6月　第4回県議会議員選挙			＊定員47人中
氏名	当間秋子	嘉陽宗儀	宮城正雄	古堅実吉
選挙区	具志川市	沖縄市	宜野湾市	那覇市
得票数	3,167	8,719	4,759	8,843
当落	落選	当選	落選	当選
選挙実施年	1988年6月　第5回県議会議員選挙			＊定員47人中
氏名	嘉陽宗儀	宮城正雄	外間久子	宮良作
選挙区	沖縄市	宜野湾市	那覇市	那覇市
得票数	9,679	4,759	8,123	7,676
当落	当選	落選	当選	当選
選挙実施年	1992年6月　第6回県議会議員選挙			＊定員49人中
氏名	嘉陽宗儀	宮城正雄	宮良作	宮里政秋
選挙区	沖縄市	宜野湾市	那覇市	那覇市
得票数	7,990	4,527	6,327	6,231
当落	落選	落選	当選	当選
選挙実施年	1996年6月　第7回県議会議員選挙			＊定員48人中
氏名	嘉陽宗儀	屋良朝勇	外間久子	宮良作
選挙区	沖縄市	宜野湾市	那覇市	那覇市
得票数	10,325	2,748	8,958	5,891
当落	当選	落選	当選	落選

4人。					
玉城ノブ子	植田良介	高宮城清	新垣米子		
糸満市	国頭郡	中頭郡	島尻郡		
7,461	1,182	4,100	12,115		
当選	落選	落選	当選		
3人。					
玉城ノブ子	宮里武				
糸満市	島尻郡				
7,981	4,842				
落選	落選				
5人。					
真栄里保	玉城ノブ子				
豊見城市	糸満市				
5,132	8,026.457				
落選	当選				
5人。					
真栄里保	玉城ノブ子				
豊見城市	糸満市				
4,498	無投票				
落選	当選				
6人。					
瀬長美佐雄	玉城武光	玉城ノブ子			
豊見城市	島尻・南城市	糸満市			
7,041	7,843	8,001			
当選	当選	落選			
7人。					
瀬長美佐雄	玉城武光	玉城ノブ子			
豊見城市	島尻・南城市	糸満市			
7,643	8,710	8,406			
当選	当選	当選			

共産党へ党名変更。

選挙実施年	2000 年 6 月　第 8 回県議会議員選挙			＊定員 48 人中
氏名	嘉陽宗儀	西銘勉	外間久子	宮里政秋
選挙区	沖縄市	浦添市	那覇市	那覇市
得票数	8,268	5,685	9,368	7,884
当落	落選	落選	当選	当選
選挙実施年	2004 年 6 月　第 9 回県議会議員選挙			＊定員 48 人中
氏名	嘉陽宗儀	外間久子	前田政明	新垣米子
選挙区	沖縄市	那覇市	那覇市	豊見城市
得票数	11,169	8,304	8,181	4,970
当落	当選	当選	当選	落選
選挙実施年	2008 年 6 月　第 10 回県議会議員選挙			＊定員 48 人中
氏名	嘉陽宗儀	西銘純恵	前田政明	渡久地修
選挙区	沖縄市	浦添市	那覇市	那覇市
得票数	10,282	6,549	8,713	8,583
当落	当選	当選	当選	当選
選挙実施年	2012 年 6 月　第 11 回県議会議員選挙			＊定員 48 人中
氏名	嘉陽宗儀	西銘純恵	渡久地修	前田政明
選挙区	沖縄市	浦添市	那覇市	那覇市
得票数	8,136	7,770	7,695	8,295
当落	当選	当選	当選	当選
選挙実施年	2016 年 6 月　第 12 回県議会議員選挙			＊定員 48 人中
氏名	嘉陽宗儀	西銘純恵	渡久地修	比嘉瑞己
選挙区	沖縄市	浦添市	那覇市・南部離島	那覇市・南部離島
得票数	8,055	7,526	9,067	10,465
当落	当選	当選	当選	当選
選挙実施年	2020 年 6 月　第 13 回県議会議員選挙			＊定員 48 人中
氏名	島袋恵祐	西銘純恵	渡久地修	比嘉瑞己
選挙区	沖縄市	浦添市	那覇市・南部離島	那覇市・南部離島
得票数	7,419	無投票	7,601	8,224
当落	当選	当選	当選	当選

注：第 1 回県議会議員選挙時点はまだ沖縄人民党。第 2 回県議会議員選挙時点はすでに日本
出典：各回の選挙結果を基に筆者作成。

【付記】本章は、アメリカ統治下の人民党への弾圧を相対化する歴史分析であったが、もう一方で二〇二〇年からのアジアにおける「民主主義」の危機を目にしながら行う同時代感覚をもっての分析であった、自分の作業を自問するものであった。また、二〇二一年夏に台湾映画「返校」を見ることができたのは幸運であった。既存の政治秩序に対し異議申し立てをする政党の存在は、民主主義の成熟度をはかる試金石になることは確かであろう。「政治的自由」の重要度と存在の脆さを感じつつ擱筆する。

第2章 沖縄と外資
——外資政策の展開と拒絶の論理

小濱 武

はじめに

沖縄は、二〇二二年には日本（本土）への「復帰」から五〇年を迎える。沖縄振興特別措置法（二〇〇二年に沖縄振興開発特別措置法（一九七一年）を継承）の下で一〇年ごとに策定されてきた沖縄振興計画（二〇〇二年までは沖縄振興開発計画）では、二〇二二年三月に第五次計画「沖縄二一世紀ビジョン基本計画」が期限切れとなる。その後の沖縄振興特別措置法の延長をめぐって、沖縄県と日本政府で政治的駆け引きが展開しつつある。[1] こうした過程で、玉城（たまき）デニー県政が沖縄経済振興の意義について日本の発展への貢献という文脈を強調する様子[2]は、日本（本土）への「復帰」後の沖縄経済振興を見据え一九七〇年に策定された「長期経済開発計画」において、「日本経済の一環としての本県経済の自立的発展の方途を確立すること」として、「日本経済の一環」の役割を内面化せざるをえなかった姿を思い起こさせる。沖縄振興計画の存続に注力するあまり、これまで沖縄県が掲げてきた「自立経済」の構築という課題は、その歴史性とともに後景化されているようにも見える。

「自立経済」構想を研究史から概観すれば、とくに戦後二七年間のアメリカによる統治下において、沖縄では、軍事基地に由来する貿易外収支（基地関連収入や経済援助など）に依存した経済構造＝「基地経済」から、自立的基盤に基づく「自立経済」への転換が重要な課題とされてきた。沖縄側にとっては、「自立経済」の達成によって自治獲得に近づくものと理解されていたし、統治者の側にとっても、統治コストの低減という点で「自立経済」の達成が要望されていた。

一九五〇年代後半以降、アメリカの沖縄統治機関である琉球列島米国民政府（以下、USCAR）は、経済開発の手段として、外国資本すなわち「外資」の導入による経済開発を企図した。他方で、住民自治政府であった琉球政府[3]と沖縄「保守勢力」は、外資導入を制限し、地元企業の保護を基本線として、「自立経済」の達成を目指した。[4]沖縄側では、琉球政府・保守与党のみならず野党までも、アメリカや日本政府による財政援助により経済開発を進めることを求めていた。[5]ただし、日本政府による援助は拡大していくが、日本（本土）資本の利害関心に沿い、日本（本土）と競合するような分野への投資は消極的であった。[6]日本への「復帰」が政治日程化する一九六〇年代後半以降、当時沖縄の自治政府として存立した琉球政府はアメリカの大型資本の導入による経済開発を企図するも、日本（本土）資本及び日本政府の強固な反対を受けて、断念させられることとなった。[7]

本章では、こうした沖縄側の「自立経済」構想を与件として、その手段としての外資導入による経済開発の実態を検討する。とくに、一九六〇年代中盤、USCARによる外資導入政策が本格化するなかで琉球政府がどのように政策に関わったのかを明らかにする。当該期の松岡政保（まつおかせいほ）主席の下で保守的性格を帯びたであろう琉球政府の外資導入政策が、一九六八年以降屋良朝苗（やらちょうびょう）政権成立後に本格化したように見える大型外資導入による経済開発とどのように接続していくのかを考察することで、本書のテーマでもある保革対立という点から沖縄経済史を検討する。

1　研究史の課題と外資導入状況の概観

まず、ＵＳＣＡＲによる外資導入政策について、関連する研究史を見るとともにその課題を整理し、本章の分析視角を深めておきたい。ＵＳＣＡＲによる外資導入政策の根幹となったのは、一九五八年の米ドルへの通貨切替えを嚆矢とした資本取引の自由化、貿易・為替取引の自由化を主とする、いわゆる「自由化体制」であった。[8]「自由化体制」については、アメリカによる住民の宥和政策という性格が指摘されてきた。[9]一九五〇年代中盤の沖縄では、「島ぐるみ闘争」を中心に政治的緊張が高まっていた。ＵＳＣＡＲは、住民宥和手段として、経済開発を重視するようになった。ただし、アメリカ本国の財政悪化により、ＵＳＣＡＲは経済開発資金を節減することを求められていたため、その手段として外国資本の積極的な導入が図られたという政策の形成過程がその根拠とされる。[10]そのインパクトについて、導入されたアメリカ資本ないし日本（本土）資本が沖縄の労働者や農民を圧迫していくという文脈が強調されることもあったが、[11]近年の実証研究の進展によって、製造業や米穀流通業では、日本政府や琉球政府による保護政策が一定程度機能したことも指摘されている。[12]

以上のような「自由化体制」の研究史に対して、まず、同時代の世界経済史の展開との関連が希薄化してしまったという点から批判的考察を始めてみたい。同時期の東アジアにおいては、政治的な脱植民地化が早期に達成されたことで、欧米の旧宗主国は影響力の温存と継続を図る手段として、新興独立諸国に対して経済援助を供与していった[13]。一九五〇年代から六〇年代にかけてのアジアは、経済開発を支援するための経済援助の供与をめぐり、国際的な援助競争が展開された時代でもあった。さらに、冷戦体制の展開下において、中華人民共和国の政治経済的プレゼンスや共産党支配下での計画経済政策を通じた工業化・経済開発の急速な進展が、アジアにおける経済援助政策を活発化させた面もあるだろう。こうした傾向は、政治的独立を達成したアジア諸国の「貧困からの脱却」、そして経済的自立を求めた経済開発・工業化政策の追求により、一層強化されていった。

こうした世界史的文脈のなかに、戦後沖縄の「自由化体制」下における経済開発を位置づけるための鍵は、世界最大の援助国でありかつ沖縄の統治者でもあったアメリカであろう。先の世界史と関連して、アメリカの援助総額は一九五〇年代末以降急増していった。一九六〇年代には、アジア地域を主眼に多額の経済援助を行っていった[14]。ところが、沖縄に対しては、大きく事情が異なった。沖縄は経済援助を受けていないわけではなく、むしろ琉球政府財政は、アメリカ政府による財政援助への依存度が高かった[15]。ただし、その多くは琉球政府のいわば「国家的事務」の負担分に費やされており、産業政策を実施できるような財政の余力はなかった[16]。しかも、一九五〇年代終盤以降とくにアメリカの財政赤字が問題化していくなかで、その要因の一つであったはずのアジアへの経済援助が増大されていく一方で、沖縄の統治コストは否応なく削減を迫られていった。財政援助の拡充が見通せず、経済開発の財源が限られていた状況下では、財政支出を比較的抑制できる「自由化体制」のような経済開発手法を取らざるを得なかった[17]。同時期のアジア地域などで見られたような工業化政策は、沖縄では、財政面からその実現が困難であったと思われる。

ここで考えておきたいのは、一九五〇年代末以降の沖縄における「自由化体制」と、一九八〇年代以降の新自由主義との関連である。格差拡大を一定程度許容するような新自由主義的政策が一九八〇年代以降存立しえるようになった背景の一つとして、冷戦体制の緩和（社会主義国の相対的窮乏）が挙げられるだろう。他方で、一九五〇年代末はソ連型社会主義が世界で拡散していた時期に当たる。アメリカによる沖縄統治では、アメリカ軍基地の安定的な運用を第一の目的とする統治政策の下で、住民生活への負担が必然的に生じざるをえない。その上、「自由化体制」を採用するならば、進出した外資によって相対的に零細であろう沖縄資本が圧迫される可能性は絶えない。こうした二重の負担は、アメリカによる統治体制を動揺させるような運動を生じさせることはなかったのだろうか。そうなれば、沖縄経済開発のモチベーションが当該期の沖縄の政治的緊張の打開策であったはずが、その緊張をかえって増幅させてしまうことになる。そうした事態に至っても強権的に封じ込めたのだろうか。そうではなく、そうした事態を回避する制度が内在していたのだろうか。

本章では、「自由化体制」が本来的に内包する不安定性を緩和する安全弁として、外資審査制度に注目する。「自由化体制」下では、資本取引の自由化をうたいつつも、外国資本の導入に際して、USCAR幹部と琉球政府官僚によって構成される外資導入合同審議会（一九五八〜一九六五年）の勧告と行政主席の副申を考慮して、民政官が導入の可否を裁定した。外資導入に関する審議および最終決定権はUSCARの主導下におかれていた[18]。一九六五年九月には、同審議会は外資導入審議会に改組され、委員も琉球政府官僚によってのみ構成されるようになった。さらに、一九六九年三月末には琉球政府による立法「外資導入に関する立法」が施行され、副主席及び民間の学識経験者からなる「外資審議会」が設置された。

これらの審査制度については、一九六七年代以降相次いだ琉球政府による大型外資の積極的認可が、それに対する日本政府との政治過程を中心に取り上げられてきたものの、「大型」ではない一般の(とくに零細な)外資がどのような性格であったのかについては、ほとんど関心が寄せられていない。さらに、一九六五年以前に設置されていた外資導入合同審議会がどのような機能を果たしていたのかについては、委員の所属に基づく形式的な検討にとどまっている。たとえば、古波藏契は、牧瀬恒二の研究を引きながら、「メンバー構成は琉球政府側三名、USCAR側二名となっており、前者を介して現地経済界の意向をUSCARの外資政策に反映させることで、不要な対立を回避する機能を担っていたと言える」と評価している[19]。しかしながら、審査過程を検証したわけではないため、「現地経済界の意向」がどのようなもので、それがどの程度政治力があったのかについては不明のままである。

そこで、本章ではとくに、一九六〇年代中盤の外資審査制度について、議事録をもとにその機能を実証的に検証していく。

さて、第2節以下では、戦後沖縄における外資導入政策の展開を時期別に見ていくが、これに先立ち、図1によりながら、外資導入状況について概観する。

図1では、一九五〇年代終盤までの低調を経て、一九五九年(度)以降、外資導入額が急激に拡大

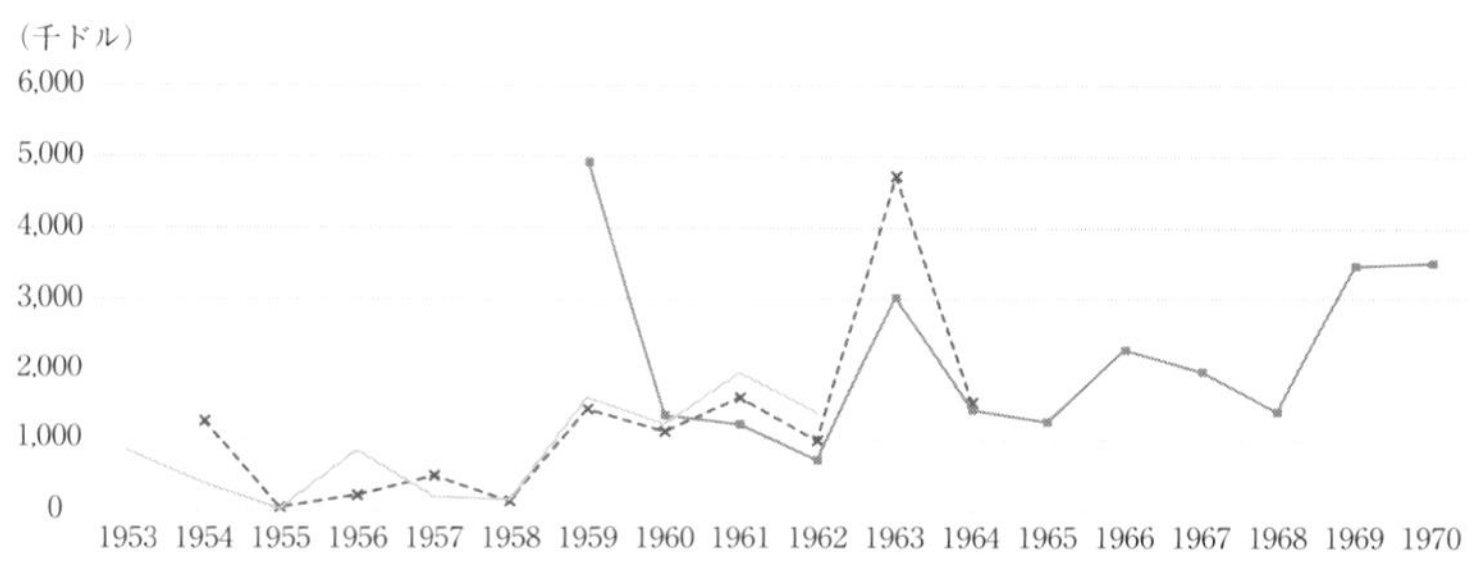

注１：いずれも実際の投資額ではなく、認可額である。
注２：（A）、（B）は暦年ベース、（C）は年度ベース。
注３：（B）は、1970年12月現在において有効な免許への認可額であり、それ以前に失効、廃業または取り消されたものは含まない。また、1967年以降に免許交付されていった石油産業及びアルミ産業の大型外資（本文で取り上げる）の認可額は含めていない。
出典：（A）吉村朔夫『日本辺境論叙説』（御茶の水書房、1981年）299頁。原資料は琉球政府経済局商工課資料。（B）琉球銀行調査部編『戦後沖縄経済史』（琉球銀行、1985年）1224～1225頁。原資料は沖縄経済調査委員会『本土復帰による沖縄経済の変動に関する調査報告』188～189頁。（C）琉球政府『琉球要覧』1963年、182頁。

図１ 外資導入額の推移

表１ 外資導入件数の推移

	1954	1955	1956	1957	1958	1959	1960	1961	1962
A：経済局商工課資料	15	1	31	5	3	17	27	21	28
B：沖縄経済調査委員会	-	-	-	-	-	66	28	20	20

	1963	1964	1965	1966	1967	1968	1969	1970
A：経済局商工課資料	60	53	-	-	-	-	-	-
B：沖縄経済調査委員会	48	32	29	23	19	24	20	27

出典：図１と同様。

したことを確認できよう。その後一九六〇年代には、一九六三年（度）の突出を含みながら比較的高い水準で移行したが、その後六六～六八年にかけては後退した。さらに、一九六九年度・一九七〇年度では急激に拡大した。こうした概観について、以下で述べる外資導入政策の展開をやや先取りして整理しておけば、まず、一九四五～一九五八年には、外資法が整備されたものの、同時期の制度の消極的な性格により、外資導入は進まなかった。その後、一九五八年の通貨のドル切替えを踏まえ、一九五九年に外資法が改正され、積極的な外資受け入れ方針へと転換した結果、一九五九年以降、外資導入額が急激に拡大した。さらに、一九六九～一九七二年には、日本（本土）への「復帰」が政治日程化したことを与件として、「復帰」を見据えた外資導入が活発化した。

本章の構成は、以下のとおりである。第2節では、一九五〇年代半ばの「島ぐるみ闘争」への対応として沖縄経済開発が求められたことで、USCARによって「自由化体制」と外資導入政策が展開される過程を見る。第3節では、USCARによる外資導入政策の下で、琉球政府はどのように関わったのかを見ることで、当該期の保守勢力による経済開発政策の特質を明らかにする。最後に、以上の分析を踏まえて保革対立という点から沖縄経済史について考察するとともに、世界史的な視点から沖縄経済史を位置づけてみたい。

2 「島ぐるみ闘争」と「自由化体制」の構築

(1) 「島ぐるみ闘争」への対応としての沖縄経済開発の要請

終戦後しばらくの間、アメリカの沖縄統治方針は未定のままであったが、ヨーロッパにおける冷戦の進展を背景として、一九四九年ごろから、恒久基地の建設が開始された。一九五一年九月にサンフランシスコ講和条約が調印されると、沖縄統治の長期化を前提として、統治体制の構築とともに、基地の拡張が図られた[20]。そこでは、「銃剣とブルドーザー」とも表現された過酷な土地接収が行われた。接収した土地に対する借地料（軍用地料）の水準は極めて低く、その上、一九五四年三月、USCARは、軍用地料の一括払いへの変更を宣告した。これに対して、翌四月に琉球政府立法院は、「土地を守る四原則」（一括払い反対、適正補償要求、損害補償請求、新規接収反対）を決議し、反対した。琉球政府の行政府、沖縄市町村長会、市町村土地特別委員会連合会を加えた四者協議会を発足させ、軍用地問題への対応を図った。

一九五五年六月には、比嘉秀平（ひがしゅうへい）行政主席らが「土地を守る四原則」を求め、渡米折衝を行った。これに応じて、同年一〇～一一月に、アメリカ下院軍事委員会メルヴィン・プライス議員を委員長とする調査団が来沖した。この調査に基づき、翌年六月、「プライス勧告」が発表された。その内容は、在沖アメリカ軍基地の重要性をあらためて強調し、新規土地接収を継続し、軍用地料の一括払いを支持するものであった。

この「プライス勧告」に対して、沖縄では、勧告撤回を求めて、「島ぐるみ闘争」と呼ばれる超党派の住民運動が沸き起こった。アメリカ軍の圧力と懐柔の下で、「島ぐるみ」の統一は崩れたものの、一九五八年六月には、「一括払い」方式の廃止と地料の適正補償で合意を取りつけるに至った。

以上のような「島ぐるみ闘争」は、アメリカに対して、沖縄統治政策のあり方を再検討させる契機になった。ＵＳＣＡＲは、沖縄住民への宥和的政策を模索するようになった。その中心的な手段となったのが、自治権の拡大と、経済開発であった。とくに、経済開発によって「本土並み」の所得水準を達成することで、反基地運動を鎮静化することが期待された。

ただし、財政上の理由から、沖縄経済開発政策の財源を十分に確保することは困難であった。ガリオア援助は、一九五〇年度には四九五八万ドルもあったものが、アイゼンハワー政権による緊縮財政が実施された一九五四年度以降は、一〇〇〇万ドル台にまで縮小されていた[21]。ガリオア資金が削減されるなかでも、援助の政治的効果を高めるための工夫として、援助方式が現物供与から現金供与へと変更された。従来は、ガリオア資金（ドル）でもって物資を輸入し、住民に販売する現物供与方式をとり、その売上げを「見返り資金」として統治に利用していた。それを廃止して、琉球政府による資本形成事業に対して直接予算援助を行う現金供与方式に変更された[22]。

こうしたなかで、一九五七年三月、金融通貨制度調査団が来沖し、ＵＳＣＡＲに対して、「ドル通貨制」への移行を提言した[23]。ＵＳＣＡＲは、次項でみるように、ドル通貨制を採用することを嚆矢として、資本取引の自由化と外国貿易の自由化に立脚する「自由化体制」の下で、沖縄経済の開発を進めた。

（2）「自由化体制」以前における外資導入制度の展開

「自由化体制」以前における戦後の沖縄における外資導入を見ておくと、まず、終戦後、琉球列島米軍司令部発行の特別外資導入免許と、琉球セントラル・エキスチェンジとの特別契約制度で、米軍の直接管理下で行われた[24]。一九五二年三月には、米国民政府令第七四号（外資導入）により、初めて外資法が立法化された。その直後の改廃を含めて示すと、以下のとおりであった。

一九五二年三月一日　米国民政府布令第七四号（外資導入）
一九五二年九月一〇日　米国民政府布令第八四号（琉球列島における外国人の投資）
一九五二年一一月一日　米国民政府布令第九〇号（琉球列島における外国人の投資）
一九五二年一二月二九日　同右第九〇号改正
　　　　　　　　　　　米国民政府指令第二〇号（外資導入審議会の組織及び職務並びに運営手続）

この布令第九〇号は、その後ドル切替えに伴い一九五八年九月一二日付で発布された高等弁務官布令第一一号によって廃止されるまでの間、効力を保持した[25]。布令第九〇号の性格について検討すれば、その第二項で「外国人の投資が琉球経済に最良の利益となるとき、……外国の資本及び技術の導入を奨励し、促進することは、琉球列島米国民政府の方針である」とうたわれている。[26]松田賀孝によれば、この記述は、表面的には外資導入を奨励しているように見えるが、その内実は、消極的な制度にとどまっていた。同時期の日本（本土）における外資法の条文「日本経済の自立とその健全な発展及び国際収支の改善に寄与する外国資本に限りその投下を認め」と比べると、積極的な表現にも見える。ただし、沖縄における布令第九〇号では、第六項で、「この布令の規定は、いかなる場合においても、一九五〇年一〇月二〇日付軍政府布令第二六号「琉球列島における外国為替及び貿易手続き」及びその改正布令の規定を犯すものではない」と言及されており、その結果、投資収益や元本の対外送金は、経常収支の結果たる外貨事情に拘束された。他方で、日本（本土）の外資法は特別法であり、外貨欠乏を与件として対外収支に対しては厳しい外為法の規定が適用されたにもかかわらず、外資法下において導入された「優良外貨」についてはその適用外であった。[27]

布令第九〇号に基づき、外資導入合同審議会が設置された。審議会は、琉球政府行政主席が任命する琉球政府職員三名と、民政官の任命する民政府職員二名の計五名で構成された。外資導入に際しては、外資導入合同審議会での答申を踏まえてＵＳＣＡＲにその承認を求め、最終的には琉球政府行政主席がＵＳＣＡＲに承認を求め、承認を得た後に、関する処置に関して、行政主席に答申し、行政主席は副申を付して民政官にその承認を求め、然る後に行政主席の署名をもって外資導入許可を発行する方式がとられた。[28]

当該期の外資導入政策について、琉球政府は、「地元の技術又は資本が、当該企業を創設するのに十分でないことがはっきりしない限りは、如何なる場合でもこれを許可しないと同時に、利潤送金についても、最低限度に限るよう取締った」と記録し、消極的な運用であったことを強調している[29]。また、先述の金融経済調査団の報告では、当該期の外資導入政策について次のように評価していた。

一九五七年五月一日現在までに、一二九の免許が発行され、そのうち一〇九では、固定資産額で約三五〇万ドル相当が実際に投資されている。……一九五七年一月時点で、六〇の応募が不承認とされていた。それらのすべては、貿易またはサービスタイプの業務をカバーしていたが、それは地元の民間企業でも供給でき、またされるべきものであり、さらに、琉球列島の自立的で健全な発展に対して純利益をもたらさないであろうと考えられる[30]。

報告書では、同調査団の主張の一つに外資導入政策が含まれていたことから、その実績を過大に評価したであろうことには留意が必要である。三五〇万ドル相当という量的側面と共に、沖縄の民間企業と競合しない領域に限定されていたという質的側面に言及されていることは注目すべきであろう。総応募数を、免許発行数（一二九件）と不承認件数（六〇件）の和から求めると一八九件となり、そのうちに占める不承認件数の割合は三一・七％に上る[31]。応募の三割以上が不承認とされていたことは、先の琉球政府による消極的な運用との記述とも一致する。ともあれ、同報告書が布令第九〇号の下での不承認の実態を積極的に評価したことが、その後の外資導入政策についてのＵＳＣＡＲの姿勢を、沖縄在来資本と外資との競合を回避することを一定程度重視する方向に向けさせたとも考えられるのではないだろうか。

ただし、この外資導入政策を推進するための方策については、報告書の以下の記述が興味深い。

疑いもなく、この島〔琉球列島〕に外国からの投資を最も呼び込む手段は、この島の状況と、合衆国が二〇年ないし二五年の期間でこの島を支配し続ける意図をもっていることを明らかにすることであろう。これによって、長期間にわたる政治的安定性が保証され、その保証はさらなる外国からの投資を呼び込むために重要となる。

沖縄の経済発展は、外国からの投資＝（民間）外資導入を経済開発の中心的な手段とせざるをえないが、外資を呼び込むためには、アメリカが沖縄を保有する意図を示すことが重要となる。こうした主張からは、沖縄における経済開発の必要性が（「基地経済」により経済発展の可能性の少なくとも一部が阻害されていたにもかかわらず）、アメリカによる沖縄統治を正当づける根拠の一つとして動員させられていることが確認できよう。

(3)「自由化体制」以後における外資導入制度の展開

一九五八年九月の「自由化体制」の構築以降、外資導入制度に関する布令等については、次のとおりであった。

一九五八年九月一二日　　高等弁務官布令第一〇号（銀行）

高等弁務官布令第一一号（琉球列島における外国人の投資）
高等弁務官布令第一二号（琉球列島における外国貿易）
一九五二年民政府指令第二〇号（外資導入合同審議会の組織及び職務並びに運営手続き）の廃止

一九六五年九月一日

「自由化体制」との関連を見ておくと、高等弁務官布令第一〇号は、法定通貨を米ドルに定めたものであり、同第一一号では資本取引の「自由化」、同第一二号では、貿易・為替取引の「自由化」と対応する。

まず、資本取引の「自由化」について見ておくと、高等弁務官布令第一一号では、「琉球人との合弁あるいは外国資本単独のいずれを問わず、外国資本の投資を歓迎する」とある。旧布令では、「外国人の投資の優先権は資本の主要部分を島内資本で充てる投資者に与えなければならない」ことがうたわれていたが、新布令では、この島内資本優先主義が削除された。さらに、「米国ドルによる資本元本および利潤の送金は自由とし、何らの制限を付さない」とされたことで、外資の送金が保護されることになった。それだけではなく、この布令では外国人が地元企業の株式を取得する場合には多少にかかわらず免許を必要としていたものの、一九六〇年七月七日に布令が改正され、個人では株式総数の五％以内、企業では三五％以内であれば株式の取得が自由になった[32]。

貿易・為替取引についても、高等弁務官布令第一二号の下で、輸出入は全額ドル現金による決済がなされる限り、原則として何ら許可を要せず自由となった。域内産業保護等の視点から輸出入を禁止、許可制もしくは割当制にすることも制度上可能であったが、実際にそうした対応をした品目は限られていた。[33]

以上のようにして「自由化体制」が構築されていった。その後の外資導入が急増した過程については、前掲図1で見たとおりであるが、その質的側面についても補足しておく。河野善隆は、外資導入免許事業者について外資導入形態を分類し、一九五三～一九六八年度における総数一九五件のうち、六一％が外資単独の直営企業であり、残りが沖縄資本との合弁形態をとっていたことを明らかにした。[34]さらに、国籍別では、日本（本土）資本（当該期には外資としてとらえられていた）でとくに合弁形態の割合が高く、合弁形態は一九五八年のドル切替え以降急増し、一九六四年ごろには確立されひと段落したことも指摘した。[35]沖縄内企業は一九六〇年代前半において資本増設手段として、日本（本土）資本からの増資を受け入れたといえるが、こうした状況の裏面として、同時期における沖縄内の金融の逼迫状況も指摘できよう。「自由化体制」が確立されて以降、資金の沖縄外への持ち出しが自由になったこと、さらに輸入が容易かつ有利になったことによって、一九五八年末から六〇年初めにかけて、金融逼迫が深刻化した。その後、軍用地料・恩給年金の受け取りや砂糖及びパインアップル輸出の増大により一時的に金融緩和されるものの、一九六二年半ばからは、軍関係受け取りの激減によって、再び金融逼迫が問題化していた。[36]こうした状況において、外資導入は、一部の優良企業に利用が限られていたであろうとも、当該期の沖縄における金融調達手段の一つとして重要な位置を占めたものと考えられる。

なお、その後の外資導入制度の見通しについても述べておけば、一九六五年九月に自治権拡大の一環として先の外資導入合同審議会に代わり、行政副主席以下琉球政府局長で構成される外資導入審査会が設置された[37]。さらに、沖縄の日本（本土）復帰が政治日程化してくると、日本（本土）との経済格差が課題となり、その解消のため、一層の経済開発が求められるようになった。そこで、一九六八年には、積極的に外資導入を図ることや、そのために外資導入の許認可権を琉球政府に移行することなどを目的として、松岡主席はＵＳＣＡＲの反対を押し切って「外資導入に関する立法」を一九六八年九月一二日に署名公布し、同法は翌一九六九年三月一〇日から施行された[38]。同法では、それまで個人では株式総数の五％以内、企業では三五％以内であれば株式の取得が自由であったものを、ふたたび認可対象に変更した。また、認可された資本に対する行政検査も規定され、琉球政府の外資に対する管理権が強化された。なお、同法に基づき、行政主席の諮問機関として副主席及び民間の学識経験者からなる外資審議会が設置された。外資導入合同審議会から、ＵＳＣＡＲ職員を含まない外資導入審査会へと組織変更されたこと、さらには琉球政府民立法に基づく外資導入行政へと移行したことをみれば、沖縄側にとってより主体的に外資導入政策を展開しうるような制度が整備されたともいえる。

同立法の運用面について、経済開発手段として外資を積極的に導入すること、また、日本（本土）資本と外国資本とを区別せずあくまでも〝県益第一主義〟に立つことがうたわれていた。実際の外資導入行政の展開をみれば、一九六七年五月から九月にかけて、ガルフ・オイルコーポレーション、エッソ・オイルコーポレーション、カルテックス・ペトローリアム・コーポレーション、カイザーセメント・アンド・ジプサムにより、石油精製事業に関する外資導入申請が出された。これらの認可総額は二億一七〇〇万ドルにも上り、一九六七年以前における外資導入実績一八〇〇万ドルに比べて極め

石油外資 4 社への外資導入免許交付（1968 年 1 月 20 日）〔写真＝沖縄県公文書館所蔵〕

て多額であった。しかしながら、当時の日本（本土）の外資政策は、資本自由化の途についたばかりであり、単独外資でも受け入れるような沖縄の「自由化体制」とは、大きく差があった[39]。日本政府や日本（本土）資本は、石油外資の導入に強硬に反対したにもかかわらず、琉球政府は次々と認可していった。最終的には、日本政府が当該企業に対して、「復帰」後の事業許可の取り消し可能性まで含めた圧力をかけることによって、カルテックスとカイザーは撤退した。ガルフとエッソは日本（本土）資本との合弁会社により進出するが、一九七一年には日本政府通産省は沖縄への大規模原油貯蔵基地（CTS）建設計画を打ち出し、日本（本土）資本中心の石油備蓄基地・備蓄増強政策という論理にシフトさせられていった[40]。政策課題の下に琉球政府の外資導入行政が取り込まれざるをえなかったが、その過程においては制度設計で企図したような一定程度の主体性を発揮することができたといえる。[41]

３　「自由化体制」下での外資導入の実態

前節まで、「島ぐるみ闘争」以降「自由化体制」下での経済開発方策が採られる過程を見た。本節では、「自由化体制」が確立されたと考えられる一九六〇年代中盤における外資導入の実態を、外資審査制度に着目しながら、検証する。

まず、当該期における外資審査制度について改めて述べれば、外国資本の導入に際して、ＵＳＣＡＲ幹部と琉球政府官僚によって構成される外資導入合同審議会（一九五八～一九六五年）の勧告と行政主席の副申を考慮して、民政官が導入の可否を裁定した。

今日、沖縄県公文書館所蔵の琉球政府資料のうち、外資導入合同審議会に関する資料として、「外資導入合同審議会議事録」と称された簿冊が複数存在する。[42]その資料を見る限り、外資導入合同審議会は、本会と小委員会がそれぞれ開催されたようである。[43]小委員会では、当回の議題をまとめたアジェンダと、外資導入免許申請者が提出した資料を基に実質的な審議を行い、その後、本会で勧告が決議されたとみられる。[44]

ただし、先の資料のほとんどは、本会の議事録ではなく、小委員会の議事録及びアジェンダを収録したものである。[45]アジェンダは英文タイプで作成され、琉球政府代表委員によるものと推察される書き込みもある。管見の限り本会の議事録は確認できていないが、一九六四年については、小委員会と本会のそれぞれのアジェンダを収録した簿冊が残されている。アジェンダへの書き込みから、審議結果についてはおよそ読み取ることができる。そこで、本章では、小委員会と本会の双方を比較できる一九六四年に限定して、分析を進める。二つのアジェンダを比較できることから、一部資料の欠落などに対しても一定程度補うことができると考えられる[46]。

さて、小委員会及び本会の開催状況についても確認しておく。一九六四年次の開催回数は三七回で、一月と二月を除き、ほとんど毎週開催されていた。小委員会での出席者は、USCARのジョン・グレー担当官と琉球政府経済局の仲本昌達次長を基本とし、他には多少の入れ替わりがあった[47][48]。アジェンダに挙げられた議題はのべ二三九件に上った。議題（申請内容）のうちには、新規免許の交付申請のほか、短期免許（二年）の更新や期限の延長、企業名の変更、パートナーの追加や削除、増資、すでに交付済みの免許の取消などが含まれた。また、一度の申請で承認される場合は限られており、申請を受けて、琉球政府やUSCARが当該事業の状況や実現可能性などを調査した上で承認される事例が多かった。二三九件の議題について結果別にみれば、承認一〇四件、繰越九一件、取消二五件、不許可六件、不明一三件であった。

以下では、不許可事例と、（条件つきで）承認された事例を取り上げて検討する。

（1）不許可事例

外資導入合同審議会の機能について、個別事例を通してさらに検討する。不承認であった三一件の

表2　外資小委員会（1964年）において申請が不許可となった事例の概要

事例	主な反対者	概要	申請者の国籍
一	USCAR	フロリダの不動産会社で土地売却斡旋業を手掛けるエル・レイ・ヘグウッドは、沖縄における土地開発を目的として外資免許を申請した。小委員会では、1964年4月23日に「軍の意見をきいてから」という理由で繰越審議となったが、次回の委員会では、USCARのグレー担当官が「G2、OPAに照会しているが私自身は不許可となる見方」であることを明かし、書類が来ても議題に載せることなく処理することを伝えた。	アメリカ
二	USCAR	ウィリアム・マードック・ドラーは、ラグ（カーペット）の製造・販売を目的として外資免許を申請しており、1964年4月2日には、輸出向けに限定することを条件に導入を許可することで内定していた。しかしながら、7月23日に、「許可を勧告しているがG2関係で引っかかっている。民政府としては不許可としたい」と報告された。その翌週の7月30日の委員会では、米国イリノイ州の裁判所で法律違反行為をしたことが明らかにされ、外資導入申請も不許可となった。	アメリカ
三	USCAR	ロサリオ・B・デヴメシスは、フィリピン産品の輸出及び販売を目的として外資免許を申請していたが、1964年4月2日の小委員会で、グレー担当官が「不許可の線ですすめたい」「GRIの理由、不許可の線で投げたい」として、不許可を前提として琉球政府にその理由を考案させるよう命じた。この背景については、「香港、マニラから沖縄に進出する事であるが民政府側はあまり好意的でない」と述べたにとどまる。	フィリピン
四	琉球政府、USCAR	アポロニオ・G・アルバナは、沖縄人のシロマセイコウと共に養豚業を行うことを目的として外資免許を申請していた。1964年3月5日の小委員会では、USCAR経済開発部の専門官が検討したが好ましくないと評価していた他、琉球政府も不許可を主張した。グレー担当官は、不許可として上司の結論が出てから書類手続きを進める旨を宣言した。グレー担当官は、「第三国人は軍の雇用から減らすけいこうにあるのでこういったケースが出てくる」と述べており、アルバナは元軍雇用員であったことが推察される。	フィリピン
五	琉球政府、USCAR	アヴェリオ・E・フローレスカ他3名（うち1名は琉球人）は、写真館経営を目的として外資免許を申請していた。1964年8月31日、琉球政府の担当官が「琉球側には52名コザに30名いて充分琉球側でできる。……これ以上の競合をさけたい」ことを主張すると、グレー担当官も同意し、不許可となった。なお、同年11月27日にも再び申請が小委員会に上ってきたが、即日不許可となった。	フィリピン、沖縄
六	琉球政府	アントニオ・メルソル・バブルス他3名（うち1名マエダテツロウは琉球人あるいは日本人の可能性もある）は、総合建設マネジメント及び技術調査に関する企業の設立を目的として外資免許を申請していた。USCARは免許交付を強く主張していたが、琉球政府建設運輸局から反対があった。7月23日には、琉球政府建設運輸局の担当官とUSCARの担当官が話し合うことになった。その後の8月31日の委員会では、USCAR公衆事業局が賛成していることが主張されたものの、琉球政府が強く反対し、不許可となった。	フィリピン

出典：「外資小委員会議事録」（「外資導入合同審議会議事録」1964年、所収）より筆者作成。

うち、申請が不許可となったものは六件であった。その内訳は、主にＵＳＣＡＲが反対したものが三件、琉球政府・ＵＳＣＡＲともに反対したものが二件、ＵＳＣＡＲは導入に賛成していたにもかかわらず琉球政府が強く反対したものが一件であった。その概要を、表2で示す。

まず、事例一〜三はＵＳＣＡＲが単独で反対した事例である。その不許可となった理由をみると、事例一・二では、「Ｇ２」の評価が芳しくないことが挙げられている。「Ｇ２」は、海兵隊の情報部を指すとみられる。(49)

実は、申請件数のべ二三九件のうち、三〇件について、「Ｇ２」の調査を待っており小委員会で審議ができない旨や、「Ｇ２」の調査結果をみて許可する旨などが記録されていた。実際には不許可となっていない事例でも、「公安部から情報があり、本件は公安部に廻したい。本人は追島されるかも分らない」として決裁済みの申請書類の回収を迫った事例や、ロン・ハーンとリン・ヤン・フェイによる共同の外資導入申請に対して、「リン・ヤン・フェイは情報関係から退去させられるので、ロン・ハーン・オウだけの申請書類を作成して提出」するよう迫った事例などもあった。(50)

これらの事例からは、「Ｇ２」の調査結果が当該外資の導入の可否を左右する一因となっていたことが示唆される。海兵隊情報部は、冷戦の最前線におかれた諜報機関である。その組織による審査では、共産主義勢力との関係についても確認の対象となったと考えられる。「Ｇ２」の審査をもとに、ＵＳＣＡＲによって投資申請が拒否されるということは、当該資本が「冷戦の論理」の下で排除されたということに他ならない。

なお、事例三でも、「香港、マニラから沖縄に進出する事であるが民政府側はあまり好意的でない」

ことで、琉球政府側に不許可とする理由を考案するよう命じた。「香港、マニラ」からの進出が好ましくない理由については定かではないが、「冷戦の論理」が背後にある可能性も考えられる。

次いで、琉球政府とＵＳＣＡＲがともに反対していた事例が、四・五にあたる。これらに共通するのは、沖縄内の産業を外資との競合から保護するという「保護の論理」であった。事例四で、ＵＳＣＡＲ経済開発部の専門官による検討が持ち出されたように、「保護の論理」はＵＳＣＡＲにも共有されていた。沖縄内産業と競合するような外資については拒否することも可能であった。

さらに、事例六では、ＵＳＣＡＲが、「この事業は沖縄に必要である。例えば国場組等が金武の軍工事で多大の損失を蒙っている」として、当該外資の導入を強く主張していた。それにもかかわらず、琉球政府は建設運輸局を中心に強固に反対し、結果として免許交付を阻止することができた。本章の初めに述べたように、沖縄における外資導入政策については、政治的緊張の緩和が目的とされていた。こうした点で、ＵＳＣＡＲとして琉球政府の政策課題に対して譲歩する余地があったことが考えられる。

最後に、本表では、申請者の国籍も示しているが、その多くをフィリピンが占めている。事例四におけるグレー担当官の発言からは、軍需を目的に沖縄に入域したアジア系のうち少なくない人々が、アメリカ本国ドル防衛策の下で軍関連サービスが縮小される＝軍需が縮小されるなかで、雇用を喪失したであろうこと。それらの人々こそが零細な「外資」とならざるをえなかったこと。おそらく十分な資本や技術を持っていなかった彼ら／彼女らは、（同じく資本蓄積が未熟で高い技術を持つわけでもない）沖縄住民らと競合する産業で活動せざるをえなかったこと。にもかかわらず、「保護の論理」の下で、彼ら／彼女らが排除されていったことがうかがえる。

（2）承認事例

前項でみたように、外資導入の阻止という点では、琉球政府の政策課題である地元産業との競合の回避に一定程度の配慮がなされていた。結論から言えば、導入される外資に対しても、沖縄内産業との競合を最低限にするような措置として、事業内容を限定（縮小）させることや、免許の年限を定める（永久免許を出さないようにする）ことなどの方法がとられた。以下、個別の事例を取り上げながら、確認する。

事例七　事業内容制限

（キン・チャン・エワ及びリン・フー・リーンによる外資導入免許申請について）[51]

山城得功（琉球政府商工課長）[52]

琉球人も縫製業で努力しているのでセータ、軍服、クラブ用制服、オーバーコート、にしき織り上衣、支那式婦人用、及び紳士用上衣はよいが他はよくない。

グレー（USCAR担当官）

以前は他の物も許可したが。

山城

対米輸出が規制されて、競合が強くなったので以前と異り現在は品目を制限したい。……

グレー　前にも制限をつけてあるので又制限すると外資をしめだす事になる。申請人は技術もありスポーツウェアも入れたい。

山城　対米輸出も規制されているので市場拡張しなければならないので計画を樹立し政府もバックアップしなければならない。

グレー　上司から何というかわからないが、一応琉球政府側の意見に従う。

琉球政府の山城課長は、キン・チャン・エワらの縫製業について取り扱い品目の限定を迫り、USCARはそれを渋ったものの、結局琉球政府に押し切られその主張をのんだ。こうした事業内容の縮小については、他にも、革製品製造の外資免許の申請に対して、「ハチウ類のナメシ製造、加工は琉球人でもやっているので許可したくないが牛のナメシ加工は当地では競合しないので許可してもよいと思う」として牛革加工に限定させた事例も得る。[53]

また、外資免許について、永久免許の申請であっても、多くの場合には二年の短期免許の交付にとどめた。確認できる限り、永久免許を交付したのは、ランの栽培・販売、プラスチック器具製造、及び果樹園経営の合計三件にとどまる。[54] 永久免許の交付については、沖縄で将来にわたっても当該産業が成長する見込みがない場合に限られており、その他の場合には短期免許が交付された。たとえばビニール製品の製造を目的とした外資免許については、沖縄内に同様の事業を計画している企業があることから、短期（二年）の免許とされた[55]。

なお、ここでみた事業内容の制限や時限免許の交付については、必ずしも琉球政府の側の働きかけによるものだけなく、ＵＳＣＡＲの側からそうした方向への事業計画の変更を迫ることもあった[56]。こうした運用を通して沖縄資本の保護を実現するという政策課題について、ＵＳＣＡＲも一定程度共有していたことが推察される[57]。

以上のように、承認過程においても琉球政府が外資の経済活動に制約をつけていった過程をみてきたが、ところで、琉球政府は外資導入についてデメリットのみ認めていたわけではなく、技術導入や資本供与などのメリットを享受するための働きかけもしていた。前者に関して、チャン・ピン・チンとチャン・チー・イェンによる中国からの革製品製造の外資免許の申請に対して、沖縄では高度な技術者が少ないことを認めながら、中国から高度な技術を持った技術者を呼び込み、その下で琉球人技術者を働かせるよう申請者に働きかけを行った[58]。後者に関しては、投資期限内に投資を行うことができなかった事業者に対して期限を猶予するようＵＳＣＡＲと水面下で調整を進めた[59]。金融逼迫あるいは技術進歩の遅れという当該期の沖縄経済が抱えていた課題の下で、沖縄と外資の関係はさらに複雑化せざるをえなかった。

おわりに

本章では、一九六〇年代中盤、ＵＳＣＡＲによる外資導入政策が本格化するなかで、外資審査制度を舞台として、琉球政府がどのように政策に関わったのかを明らかにしてきた。

まず、外資審査制度については、外資導入合同審査委員会（一九六四年度）について議事録レベルで検討した。その結果、ＵＳＣＡＲ側、沖縄側それぞれの政策課題によって、外資の導入申請を不許可としていたことが明らかになった。とくに琉球政府の「保護の論理」については、ＵＳＣＡＲの反対を押し切って不許可としたような事例は注目に値する。逆に、琉球政府が反対しているのにもかかわらずＵＳＣＡＲが強硬に外資導入を決定するような局面は、少なくとも今回分析対象とした一九六四年の事例のなかには認められなかった。また、多くの外資導入申請は承認されていったが、その際に事業内容を制限したり、免許の有効年限を定めたりすることによって、沖縄資本との摩擦を最低限に抑えることに努めた。ＵＳＣＡＲも沖縄側の政策課題を内面化し、自ら事業内容の制限などの修正を行うこともあった。

無論、沖縄の政策課題のみで、外資の導入申請の可否が決まったわけではない。冷戦体制の展開を反映し、ＵＳＣＡＲは情報部に申請者の個人情報調査をさせ、その結果をもって不許可とすることもあった。その限りで、当該期沖縄の外資導入制度は、「冷戦の論理」によっても支配されていた。

さて、本章で得られた知見をもとに、保革対立という点から戦後沖縄経済史を考察しておきたい。

「自立経済」を達成するために外資を排除するのか／外資を導入するのかという点で、松岡主席時代の消極的な外資政策／屋良主席時代の積極的な外資政策として二分しとらえることは妥当ではないように思われる。そうではなく、排除されるのは地元資本と競合するような零細外資であり、また、積極的に導入されるのは雇用効果の見込める大型外資であったということは変わりなく、それぞれの時代にどのような外資が入ってきたのかの違いに注目すべきであろう。この点に関して、櫻澤は、「復帰」準備期における沖縄側による「自立経済」追求が、保革を超えたものであったことを指摘している[60]。櫻澤の検討は経済構想レベルでの一致を見たものであるが、「自立経済」達成のための政策手段についても、保革を超えて継承されていくという点から検証することによって、保革対立というテーゼを逆照射することもできるのではないだろうか。

沖縄の状況を諸外国と比較すれば、牧野が指摘したように、沖縄で「自由化体制」が構築されていく一九五八年ごろには、（資本主義陣営の）国々は、「自由化体制を目標に掲げつつも、戦後の特殊事情を理由に保護主義を基調にした政策をとっていた[61]」。それらの国々で「自由化体制」が実現するのは、一九八〇年代以降の新自由主義の台頭（そしてその前提としての社会主義国の相対的窮乏）を待たなければならない。こうしたなかで、内実は保護策を伴っていたとはいえ、少なくとも制度的には自由化を標榜するような経済制度が沖縄でいち早く成立したことについては、資本主義陣営の要石であると同時に、その「ショーケース」としての役割も沖縄に課せられていたことにもよるのではないだろうか。今後の検討を待ちたい。

最後に、沖縄内での外資の峻別過程で排除されていったのは、アメリカ軍からの排除が進められていたアジア系を含む「第三国人」であった。同時期にアメリカによるアジアへの経済援助が拡大していったことを思い起こせば、「自由化体制」は、本国から二重に排除されてきた彼ら／彼女らを形式的には受容しつつ、実態としては拒絶することによって、沖縄の政治社会を安定化させる効果を得ていたと見ることもできるかもしれない。

■注

（１）二〇一九年九月時点で、衛藤晟一沖縄担当相が、沖振法の延長を「前提にしない」と発言（『沖縄タイムス』二〇一九年九月一四日）。二〇二一年四月には、自民党沖縄振興調査会の小渕優子会長が、沖振法の「単純延長はない」と強調した。（『沖縄タイムス』二〇二一年四月一五日）。他方で、沖縄県の側でも、知事の再三の延長要請のほか、二〇二一年六月には、県議会の新沖縄振興・公共交通ネットワーク特別委員会での県選出野党国会議員で構成される「うりずんの会」による沖新法等の延長要請が行われた（『沖縄タイムス』二〇二一年六月二五日）。本章執筆時（二〇二一年七月）においても日本政府と沖縄県の対立は続いている。

（２）二〇二一年六月一日に県が発表した次期沖縄振興計画の素案について、玉城デニー知事は、沖縄振興が国に貢献するとの趣旨の発言を繰り返したことが報道されている。『沖縄タイムス』二〇二一年六月二日。

（３）司法、立法、行政の三権を備えた。ただし、その存立はアメリカの沖縄統治機関琉球列島米国民政府（ＵＳＣＡＲ）の布告第一三号（琉球政府の設立）による。ＵＳＣＡＲは琉球政府に対して「拒否権」を保有しており、琉球政府はＵＳＣＡＲの下部組織としての性格もあった。

（４）櫻澤誠『沖縄の保守勢力と「島ぐるみ」の系譜――政治結合・基地認識・経済構想』（有志舎、二〇一六年）

二五六頁。
(5) 同前、二五二〜二五五頁。
(6) 農業分野では、一九七〇年から本土米の供与が開始され、その売上金を利用した一次産業へ融資することが可能となったが、その使途について、「本土の産業と競合するものは避けるように」という制約が課されていた。小濱武『琉球政府の食糧米政策――沖縄の自立性と食糧安全保障』(東京大学出版会、二〇一九年)一七二〜一七三頁。
(7) 「Ⅶ 沖縄返還の決定と沖縄編入政策の展開 第四章 大型外資導入とつぶされた可能性」(琉球銀行調査部編『戦後沖縄経済史』(琉球銀行、一九八四年)所収、執筆は牧野浩隆が担当)一〇三四〜一〇七四頁。
(8) 自由化体制という用語は、牧野浩隆が用いた。ただし、本章は、自由化体制と称しながらもその実態は相当に制約のある「自由化」(規制緩和)であったという立場をとる。そのため、本章を通して、カッコつきで「自由化体制」と表記している。
(9) 前掲『戦後沖縄経済史』。松田賀孝『戦後沖縄社会経済史研究』(東京大学出版会、一九八一年)。吉村朔夫『日本辺境論叙説』(御茶の水書房、一九八一年)。
(10) 牧野浩隆は、こうした特徴をもって、「経済主義的統治政策」と評価した。「Ⅷ 経済政策の大再編と拡充強化 第一章 経済政策の大再編」(前掲『戦後沖縄経済史』所収、執筆は牧野浩隆が担当)。
(11) 松田、前掲『戦後沖縄社会経済史研究』三〇二〜三〇三頁。
(12) 大城郁寛「沖縄の製造業に対する琉球政府および日本政府の保護政策とその効果」(『琉球大学経済研究』八三、二〇一二年)、小濱、前掲『琉球政府の食糧米政策』。
(13) 以下の世界史的把握については、秋田茂「経済援助・開発とアジア国際経済秩序」(秋田茂『帝国から開発援助へ』名古屋大学出版会、二〇一七年、所収)による。
(14) アメリカによる開発援助では「冷戦論理」の下、一九五〇年代にはヨーロッパ、一九六〇年代にはアジア、一九七〇年代にはアラブが重視されていった。渡辺昭一「欧米の対アジア援助の展開」(渡辺昭一編著『冷戦変容期の国際開発援助とアジア』ミネルヴァ書房、二〇一七年）。

(15) 琉球政府歳入の米国政府援助への依存度は、一九五五年度一九・八%、一九六〇年度九・六%、一九六五年度一〇・四%、一九七〇年度九・八%であった。なお、日本政府援助についても同様に見れば、一九六五年度七・七%、一九七〇年度二六・〇%であった。前掲『戦後沖縄経済史』附属統計表八—二「琉球政府一般会計歳入額の推移」（一三五二～一三五五頁）。

(16) 池宮城秀正『琉球列島における公共部門の経済活動』（同文舘出版、二〇〇九年）。

(17) 牧野、前掲「Ⅷ　経済政策の大再編と拡充強化　第一章　経済政策の大再編」。

(18) 「Ⅶ　沖縄返還の決定と沖縄編入政策の展開　第四章　大型外資導入とつぶされた可能性」（前掲『戦後沖縄経済史』所収、執筆は牧野浩隆が担当）、一〇三三頁。櫻澤も、「外資導入合同審議会は米琉双方からの委員の検討により可否が決定されるため、沖縄側の主張が通りにくい体制になっていた」ことを指摘する。櫻澤、前掲『沖縄の保守勢力と「島ぐるみ」の系譜』二五六頁。

(19) 古波藏契「一九六〇年代前半の沖縄における米軍と米国ビジネスの対立」（『同時代史研究』第一二号、二〇一九年）。

(20) 牧野浩隆は、基地拡大の背景の一つとして、沖縄がアメリカのアジアにおける軍事同盟網の中心に位置づけられたこと、とくに一九五四年九月に結成されたＳＥＡＴＯ（東南アジア条約機構）は独自の軍隊を持たず、もっぱら沖縄のアメリカ軍基地の防衛力に依存していたことを挙げている。「Ｖ　「Ｂ円時代」そのメカニズムと通貨問題　第三章　ガリオア援助政策の転換と通貨政策の混迷」（前掲『戦後沖縄経済史』所収、執筆は牧野浩隆が担当）三八五頁。

(21) 同前、三八六頁。

(22) 同前、三八六～三八九頁。

(23) 調査団は、ＵＳＣＡＲの要請により来沖したもので、エドワード・Ｗ・オフラハーティー（陸軍省民事軍政局経済部長、調査団長）、ハロルド・サイドマン（予算局行政課次長）、アーサー・Ｆ・ブラッサー二世（財務省国際財政局）、アーノルド・ネッスル（陸軍省民事軍政局長室国際経済専門家）、ラルフ・E・フィリップ（極東軍合同司令部副監査官）の五名で構成された。報告書は、「Report of the Ryukyu Islands Financial Management Mission to the Governor of the Ryukyu Islands」（「Ryukyu Islands Financial Management Mission」（沖縄県公文書館所蔵（アメリカ公文書館所蔵のものをゼロックス・コピーで収集）、資料コード0000106038、所収）。

牧野浩隆は、調査団の目的について、「同調査団の目的は……まさに統治手段ないし政治的緊張の打開手段として経済開発をはかる方途を調査勧告することにあったのである」と指摘し、沖縄経済開発の手段として、「『ドル通貨制』に立脚する『自由化体制』を採用し、もって『外国資本』を積極的に導入して経済開発に活用するという政策」を勧告したように記述している（牧野、前掲「Ⅷ　経済政策の大再編と拡充強化　第一章　経済政策の大再編」五八六頁）。

しかしながら、報告書を見る限り、同調査団は、B円の管理を含む通貨問題と、財政赤字問題について紙幅の多くを割いている。外資導入については、調査団が出した九つの政策領域のうち、七番目に配置されて、分量も二頁程度（全体で三九頁まで番号が付されている。付録を除く）にとどまる。経済開発の手段としてドル通貨制が採用されたのではなく、USCARが抱えていた通貨問題及び財政問題から、ドル通貨制の導入が要請されたと評価するほうが適当のように見える。この点については、牧野も、「ドル通貨制の採用は、B円という軍票の処理問題が一つの契機となったことは確かである」としているが、その直後に、その「真の理由」として、「一．琉球列島へ自由主義経済の思潮を浸透させること／二．外資導入を促進すること／三．金融機関の対外取引を正常化することにより、必要な外銀クレジットを導入すること」など「いわゆる自由化政策にとって有利であるということにあったのである」と述べている（牧野、前掲「Ⅷ　経済政策の大再編と拡充強化　第一章　経済政策の大再編」五七三頁）。通貨のドル切替を嚆矢とする「自由化体制」が、USCAR内部（あるいはアメリカ政府も含めた政治過程のなか）で、どのように構想されていったのかを明らかにすることは、沖縄経済史研究においてきわめて重要な課題である。別稿により詳細に検討したい。

（24）琉球政府「沖縄における外資導入制度」（沖縄県公文書館所蔵、資料コードR00000645B、一九六七年）。本資料は全一四頁の小冊子であり、その出所については奥付に「この資料は、一九六七年八月二九日午前一〇時二五分から琉球東急ホテルで行われた衆議院沖縄派遣議員団と松岡主席との懇談の席上、議員間からとくに外資に関する資料要請があったため作成したものである。一九六七年八月三一日」と記されている。

(25) 布令第九〇号の公布により、布令第八四号は廃止された。

(26) 琉球政府「公報」一九五二年号外第一一号（一九五二年一一月一三日）に全文が記載されている。

(27) 以上の記述は、松田、前掲『戦後沖縄社会経済史研究』一三七～一四〇頁による。

(28) 同上。

(29) 琉球政府、前掲「沖縄における外資導入制度」。

(30) 前掲「Report of the Ryukyu Islands Financial Management Mission to the Governor of the Ryukyu Islands」三一頁。以下、同報告書の邦訳は、筆者による。

(31) 応募者による取下げを含めれば、この割合はさらに高くなる可能性があるが、本章執筆時でそうした状況を知ることのできる資料は発見できていない。

(32)「Ⅷ　経済政策の大再編と拡充強化　第二章　自由化体制の確立」（前掲『戦後沖縄経済史』所収、執筆は牧野浩隆が担当）、琉球政府「公報」（一九六〇年第六〇号）（一九六〇年七月二六日）。

(33) 同前。

(34) 河野善隆「沖縄経済構造の特殊性と一体化問題」（『調査と研究』（長崎県立国際経済大学国際文化経済研究所第一巻第二号、一九七〇年）。

(35) 同前。

(36) 以上の記述は、松田、前掲『戦後沖縄社会経済史研究』五九四～六〇九頁による。

(37) 規則第一〇九号（外資導入審査会設置規則）（一九六五年九月三日）第五条では、「委員は、次に掲げる者をもって充てる」として、「行政副主席、総務局長、企画局長、法務局長、労働局長、通商局長、農林局長及び主税局長」が挙げられている。琉球政府「公報」一九六五年第七〇号（一九六五年九月三日）。なお、同規則は翌一九六六年二月に改正され、総務局長が除外され、建設局長と厚生局長が新たに加わった（通商局長は、通商産業局長に改められた）。

(38) 牧野、前掲「Ⅶ　沖縄返還の決定と沖縄編入政策の展開　第四章　大型外資導入とつぶされた可能性」一〇三三〜一〇三四頁。同法については、日本（本土）の「外資に関する法律」（一九五〇年）を骨子として立法化したと琉球政府資料に記録されている。「外資自由化に関する一体化資料」（「諮問委員会に関する書類　資料　四五　一九六八年〜一九七〇年」（沖縄県公文書館所蔵、資料コードR00098559B）、所収）。同法がUSCARの反対を押し切り成立しえた要因については、別稿を期したい。

(39) 「Ⅺ　経済主義的統治方式の限界と一体化政策の展開　第三章　本土・沖縄一体化政策の展開」（前掲『戦後沖縄経済史』所収、執筆は牧野浩隆が担当）七六七頁。

(40) 櫻澤、前掲『沖縄の保守勢力と「島ぐるみ」の系譜』二六〇〜二六一頁。

(41) 牧野、前掲「Ⅶ　沖縄返還の決定と沖縄編入政策の展開　第四章　大型外資導入とつぶされた可能性」一〇三四〜一〇七四頁。なお、一九七〇年以降、外資導入状況については日本（本土）政府への報告が義務づけられた。

(42) 「外資導入合同審議会議事録」一九六二年度、資料コードR00065240B。一九六三年度、R00065238B。一九六四年度、R00065235B。「外資導入合同審議会議事録　外資係」一九六四年、R00065234B。五〇年代の資料については割愛した。なお、USCAR資料を精査することによって、ここに挙げていない議事録が今後発見される可能性もある。今後の課題としたい。

(43) 「小委員会」は、議事録が収録された簿冊の一部の表紙に記された用語であるが、「本会」は、それに対置するために筆者が暫定的に使用する名称であることを断っておく。なお、「小委員会」については、USCARによる資料では、「working committee」と記述されている会と同一と考えられるが、その邦訳「運営委員会」ではなく、琉球政府側の簿冊に記された「小委員会」の用語を用いた。

(44) 後述するアジェンダをみる限り、小委員会と本会で開始時間がまったく同じとなっている。実態としては同時に開催し、小委員会で決着がつかなかった議題が出たときに本会に持ち越すような方式であった可能性もある。

（45）小委員会議事録を収めた簿冊のタイトルが「外資導入合同審議会議事録」となっていることは、同委員会が、本来は本会の審議事項を実質的に調整していたことを示唆しているともいえよう。

（46）委員会に提出された申請資料については、その一部が琉球政府通商産業局の資料群のなかに、「外資導入免許関係書類」として残されている。しかしながら、同資料には必然的に多くの個人情報が含まれているため、閲覧可能（利用可能）な範囲はかなり限られてしまう。そのため今回は利用を見送った。

（47）ジョン・グレー担当官は、議事録には「グレー」とのみ記載されているが、以下の報告書内でフルネーム（ジョン・グレー）を確認した。「Report on Management Appraisal Study of the Joint Foreign Investment Board (JFIB)」（一九六三年一一月一四日）（「Foreign Trade and Investment Policy Files, 1963.」（沖縄県公文書館所蔵（アメリカ公文書館所蔵のものをゼロックス・コピーで収集）、資料コード 0000011755、所収））。

（48）議事録には「仲本次長」とのみ記載されている。当該期において琉球政府側で外資導入を管轄していたと考えられる経済局では次長は二人制であり、本章で取り上げた一九六四年では、仲本昌達（一九六一年八月一日～一九六五年七月三一日）、久手堅憲次（一九六三年二月一日～一九六四年五月一一日）、天野鉄夫（一九六四年五月一一日～一九六五年七月三一日）であった。そこで、議事録に記載にある「仲本次長」を、仲本昌達と同定した。照屋榮一『終戦三九周年記念　沖縄行政機構変遷史　明治一二年～昭和五九年』（自費出版、一九八四年）二七八頁。

（49）実際に、「G２　海兵隊」という記録も確認している。「外資小委員会議事録」（一九六四年一月一七日）。

（50）「外資小委員会議事録」（一九六四年一月一七日、同年二月二〇日）。

（51）以下、「外資小委員会議事録」（一九六四年八月三一日）。

（52）議事録には「山城課長」とのみ記載されているが、当該期の経済局幹部（課長以上）名簿の記録を参照し、同時期に「山城」姓の課長は山城得功に限られ、しかも山城の課が外資導入にも関係したと考えられる商工課であったことから、山城得功と同定した。照屋、前掲『沖縄行政機構変遷史』二九六頁。

（53）「外資小委員会議事録」（一九六四年二月二〇日）。

(54)「外資小委員会議事録」(一九六四年三月五日)。

(55)USCARグレー担当官は、琉球肥料株式会社と三陽化学合資会社の二社が同様の事業を計画していることを聞き出した上で、短期(二年)免許に同意した。「外資小委員会議事録」(一九六四年一一月二七日)。

(56)エリーノ・J・アンケータ及びベンジャミン・V・ソリスの事例(事業内容不詳、一九六四年七月三〇日許可)やアラン・リーの事例(革製品製造、同年七月二日許可)では、永久免許として申請されたにもかかわらず、USCARのグレー担当官が二年の時限を設けるよう発言し、短期免許に修正された。

(57)古波藏契は、先行研究を整理しながら、USCARと沖縄地元資本の関係について、外資導入合同審議会において外資との競争から回避させるという「協調」の側面と、「外資との競合・淘汰を懸念して保護政策を唱えた沖縄の地元経済界およびその意図を組む「保守」政治家たち」による琉球側の自主的運営強化の働きかけという対立の側面が含まれていたことを示しているが、本章で用いた「保護」という表現のほうが適切なように見える。もっとも、古波藏の分析視角では、USCARの立場の二重性に焦点を当てているため、沖縄地元資本の利害関心と琉球政府の政策課題の差異は等閑視されてしまっている。古波藏、前掲「一九六〇年代前半の沖縄における米軍と米国ビジネスの対立」。

(58)「外資小委員会議事録」(一九六四年四月九日、同年四月一六日)。

(59)「外資小委員会議事録」(一九六四年四月一六日)。ここでは日本(本土)の東急電鉄による投資について、アジェンダ(議題)に乗せないまま、USCARとの調整を図った。

(60)櫻澤、前掲『沖縄の保守勢力と「島ぐるみ」の系譜』二六四～二六七頁。

(61)牧野、前掲「Ⅷ　経済政策の大再編と拡充強化　第一章　経済政策の大再編」五八六頁。

第3章　日本復帰後沖縄の「豊かさ」をとらえる視座
——社会経済変容と保守系総合雑誌に着目して

秋山 道宏

はじめに

日本復帰（以下、復帰）を戦後沖縄の一つの転換点としてとらえると、復帰後とは、「沖縄振興開発計画」で提示された「本土との格差是正」と結びつけられた経済的な「豊かさ」が前景化していくプロセスとして理解することができる。一九六〇年代後半、日米政府のペースで進められた沖縄返還と基地の固定化を前に、「生命を守る」ことを目標に掲げて展開されたB52の撤去運動は、二・四ゼネストという大規模な抗議行動をめざしながらも分断にさらされ、次第に継続が困難になっていった。この政治的局面での選択肢の狭まりのなかでも、一九七〇年代初頭にかけて、石油・アルミ外資の導入（誘致）や尖閣列島の資源開発をめぐる県益擁護（沖縄側の利益を守る）の動きがあり、経済的な「豊かさ」を求めて開発に期待を託した超党派的な運動も一部でみられた[1]。

近年では、上記の石油資本の誘致が沖縄社会（地域）において暴力を伴って進められたことが、上原こずえによる金武湾闘争の研究からも明らかになっている。[2]また、同時代的にも、一九八二年の復帰一〇周年を一つの節目としつつ、「自立」や地域に根ざすことの意義ないし可能性について、復帰後の開発の批判も含みつつ活発に議論がなされていた。[3]これらは、いずれも重要な論点を提示したものの、同時に、沖縄社会が開発に期待を託し、それを受容していくプロセスの存在、すなわち開発主義的な社会統合の力学[4]への問いかけは弱かったと言える。この復帰後から一九八〇年代にかけての変化について、沖縄現代史の研究者であり、また同時代の社会運動の伴走者でもあった新崎盛暉(あらさきもりてる)は「保守化しつつ日常に回帰する多数派と閉塞状況の打開を模索する自覚的少数派との分岐が目立ちはじめたとでもいえようか[5]」と指摘していた。本章では、復帰という転換点が沖縄社会における「豊かさ」の認識にどのような変化をもたらしたのか、また、新崎の指摘する「保守化」の内実について、一九七〇年代後半から八〇年代前半の復帰に対する評価の転換に着目して検討する。そのために、ここで着目するのは、復帰後の社会経済構造の変容と経済界との関わり、そして、その動向と関連しつつ展開された保守系雑誌の言説のあり様である。

本章において、「豊かさ」と密接に結びつけられたキーワードが「開発」である。現在でこそ、開発(development)という言葉は、日本においても経済開発、農村開発や都市開発など、様々な対象と結びつけられ、「今よりもよい状態(発展)をめざす」といった意味合いで幅広く用いられている。しかし、もともとの意味は、「内部に潜んでいた潜在性が解き放たれる」という地域のもつ自立的な発展の意味が強かったとされるが、その一方で「発展＝経済成長、経済成長＝工業化」といった「他者の持ち込む一様な尺度や価値観が幅を利かせ始める」と同時に、多様な現象(主体)や人々の振る舞いにも拡大解釈されながら用いられていく[6]。本章では、考察の可能な範囲において「豊かさ」とも結びつけられ、復帰後の人々の生活を大きく変えた開発の意味の拡大についても検討してみたい。

1　日本復帰に対する意識の変化と研究上の着眼点・対象

上述の上原による研究が二〇一〇年代に入り出てきているものの、一九七〇年代以降の沖縄社会の変容を現代史的な視点から掘り下げている研究は限られている。そのため、ここでは、基礎的な作業として、日本復帰に対する意識変化の概要を把握し、それを踏まえて研究上で着目する必要のある時期とアプローチについて確認する。

（1）意識調査からみる日本復帰評価の変化

復帰に対する意識調査は複数あるが、本章では、長期的な意識変化を把握できるNHKによる調査と主要な意識調査を比較した大田昌秀（おおたまさひで）らの研究[7]に依拠してみてみよう。まず、NHKの調査をまとめた「本土復帰後四〇年間の沖縄県民意識[8]」からは、「非常によかった」「まあよかった」と復帰を肯定的に評価する割合は、一九七〇年代後半までの調査では四割程度であったが、八二年調査では六割を超え、それ以後、七割以上で推移している（図1－1）。同様の結果は、復帰直後から一九八〇年代にかけて、地域紙を発行する沖縄タイムス社や琉球新報社が、全国紙と共同で行った意識調査においてもみてとることができる（図1－2）。

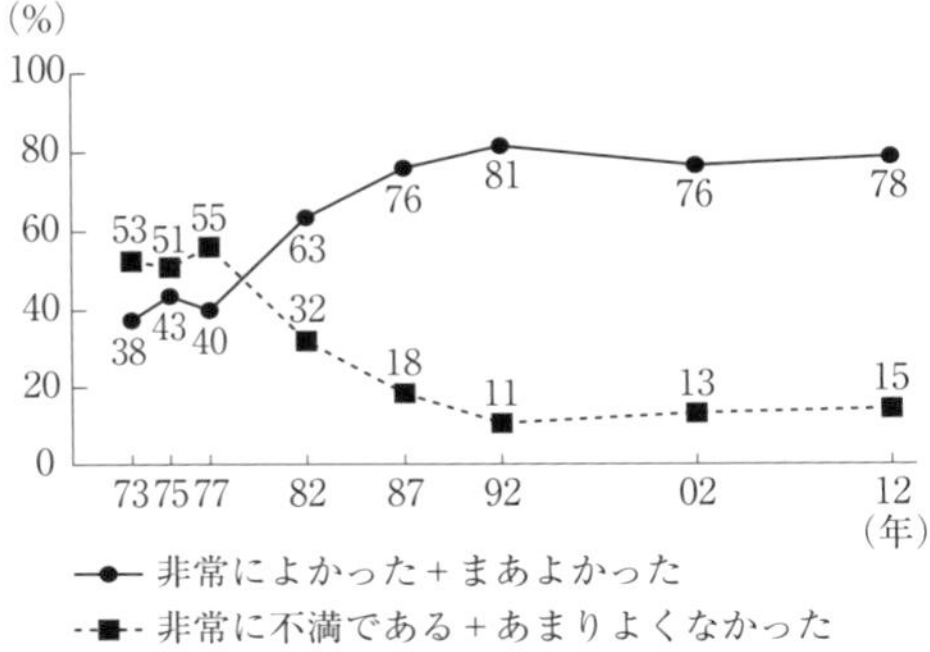

出典：河野啓「本土復帰後四〇年間の沖縄県民意識」（『NHK 放送文化研究所年報』57 号、2013 年）94 頁。

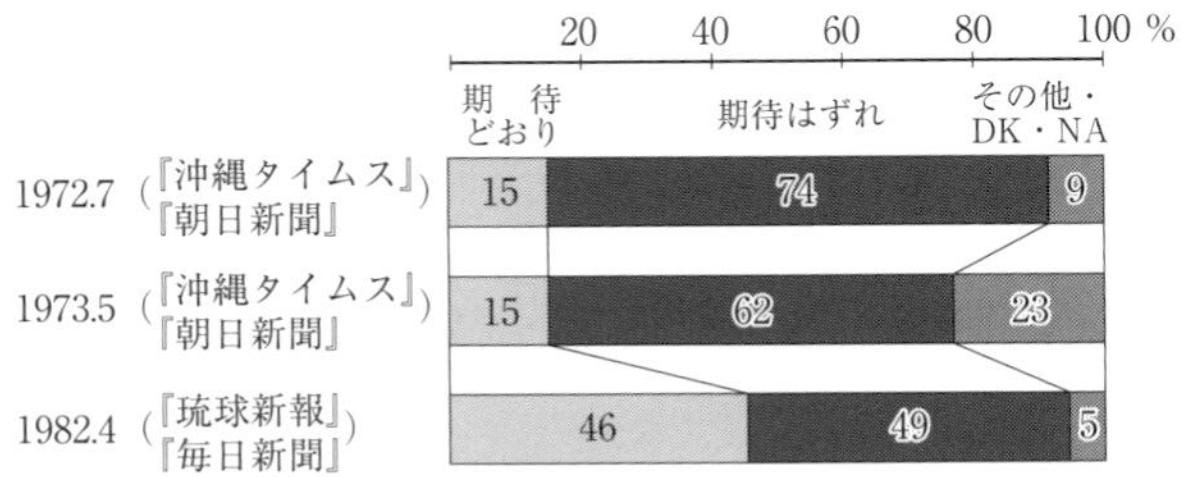

出典：大田昌秀・宮城悦二郎・保坂広志「復帰後における沖縄住民の意識の変容」（科学研究費補助金（一般研究（B））研究成果報告書、1984 年）106 頁。

図 1-1（上）および図 1-2（下）　日本復帰に対する認識の変化

復帰への肯定的評価は、このように復帰一〇周年を前に否定的評価を上回ることになるが、「良かったこと」「悪かったこと」に対する認識も変化していた。大田らの研究では、復帰直後の「良かったこと」についての回答が、人権の保障や日本本土との精神的一体感（一九七二、七三年調査）であったのに対して、一九八〇年代に入ると道路・港湾や公共施設の改善への評価に、軸足を移したことが指摘されている。そして、当該研究では、復帰の評価が「精神的なもの」から「物質的なもの」（「即物的なもの」とも表現できる）に転換したのではないか、と結論づけている。

これに対して、「悪かったこと」という質問では、一九八〇年代にかけても「物価高」「生活苦」「本土企業による地元企業の圧迫」は大きく変化しなかったが、八一年と八二年調査では「失業」が不安要素に加わっていた。また、NHKの一九八二年調査では「自然破壊」が否定的評価のトップになっているものの（七七年は三番目）、全体的な傾向としては、経済的な側面が復帰評価において前景化していた点を指摘できる。これと関連して、上記のNHKの意識調査（二〇一三年）には、米軍基地や自衛隊が「日本の安全」にとって必要かという質問項目も設けられている。そこでは、米軍基地を「必要」「やむをえない」とした層の割合は、一九七二年で二六％であったが、一〇年後の八二年には三七％へと上昇している。しかし、一方の「必要でない」「危険である」とした層の割合が、一九九〇年代初頭まで五〇％を超える水準であったため、大幅な意識の転換とは言えないだろう。[9] 以上の調査結果からも、復帰評価の転換がより短期的に起こったことの重要性が指摘できる。

本章で扱う「豊かさ」とは、特定の「豊かな状態」を示すものではなく、復帰評価とも関連して、どのように沖縄における経済的もしくは政治的な変化を認識しているのか、また、その認識がどのよ

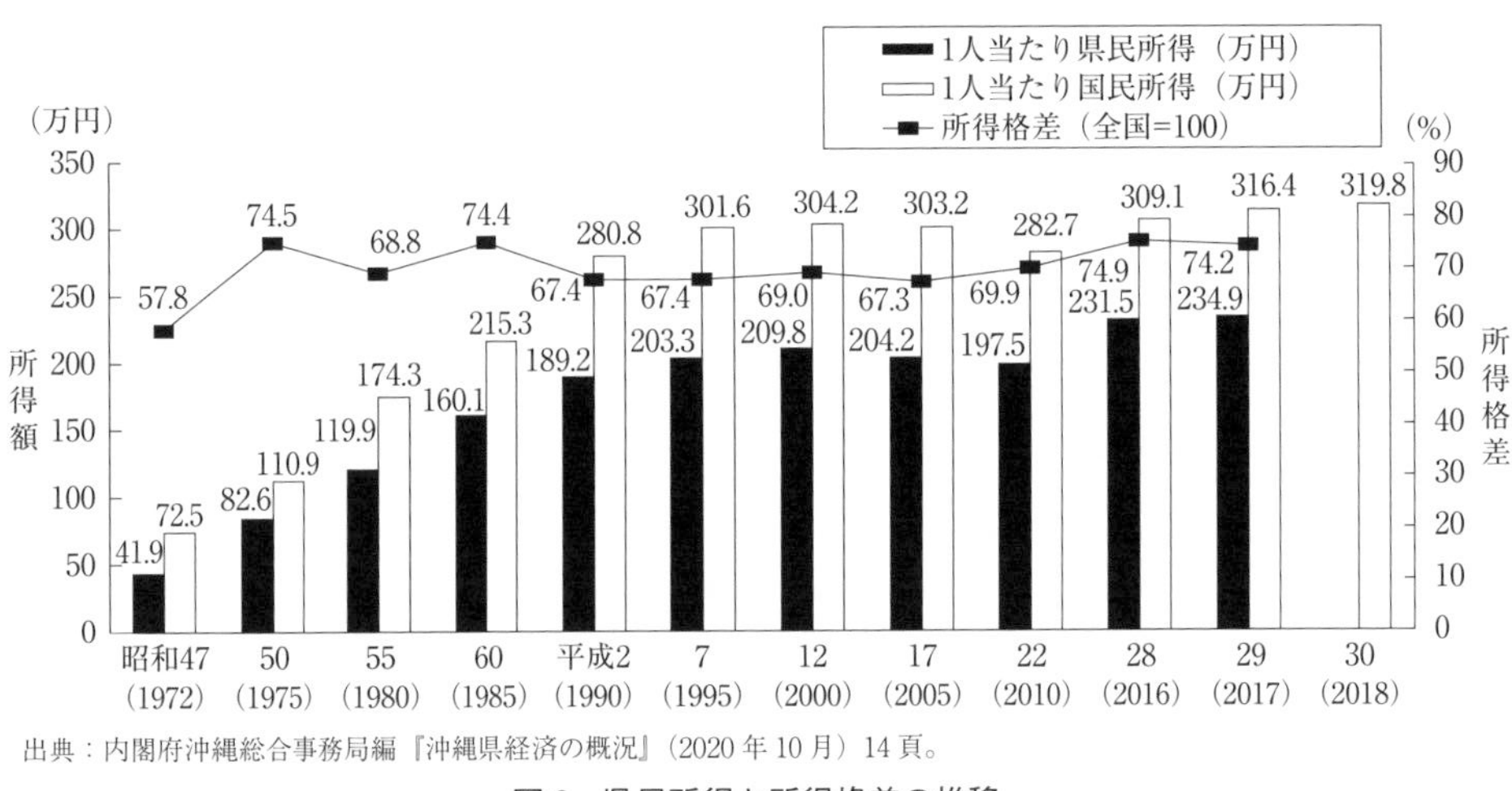

出典：内閣府沖縄総合事務局編『沖縄県経済の概況』（2020 年 10 月）14 頁。

図２　県民所得と所得格差の推移

うに変化しているのか、をとらえるためのキーワードである。

以上の基礎的なデータは、復帰後の「豊かさ」に対する沖縄住民の認識を理解する上で、一九七〇年代後半から八〇年代初頭にかけての復帰評価の大幅な転換に着目する必要性を示唆している。この転換について、従来の議論では、インフラ整備の進展や所得格差の縮小（図２）といった要因から、マクロ的な説明がなされることも多かった。それに対して、本章では、経済界の動向と保守系雑誌の言説に着目し、「保守化」の内実をより立ち入って検討していく。このことは、沖縄現代史研究において一九八〇年代を射程におさめるという、対象時期を広げるための試みであると同時に、「自立」をめぐる議論に欠けていた「保守化」の諸相を探るという問いにもつながるものである。

（２）経済界の動向と保守系総合雑誌への着目

意識調査などの基礎的な調査はあるものの、従来の研究においては、一九七〇年代から八〇年代にかけての通時的な沖縄社会の変化をたどるための基礎資料の整理も不十分であり、研究蓄積も限定的なものである。そこで、本章では、筆者がすでに行ってきた復帰前後の社会経済変容と経済界に関する研究[10]に加え、復帰後、継続的に発刊されていた保守系総合雑誌を考察の軸に据えることとする。

第一の経済界の動向では、復帰の肯定的評価につながったと考えられるインフラ整備、とりわけ道路整備をめぐる社会経済変容に着目する。復帰後、「復帰三大事業」として、「沖縄復帰記念植樹祭」（一九七二年一一月）、「復帰記念沖縄特別国民体育大会」（七三年五月、以下、若夏国体）および「沖縄国際海洋博覧会」（七五年七月〜七六年一月、以下、海洋博）が行われた。これらの事業には、「関連道

図3　『沖縄春秋』（1972年、創刊号）（左）と『沖縄公論』（1980年、創刊号）（右）の表紙

路整備事業」として多額の予算が投入され、日本本土との「一体化」を示すための大型イベントとして開発の「テコ入れ」役を担った。そして、この事業を沖縄において担った経済界は、復帰前後にその力関係が大きく変化していた。復帰直前期、沖縄の経済界は、沖縄開発庁の設置や海洋博の開催などをめぐって日本本土と合同で開催されていた沖縄経済振興懇談会（一九六六〜七五年）では共同歩調をとっていたが、その一方で、建設業者と製造業者の対立も顕在化していた。現在、県内建設業界の最大手である國場組を中心とした企業グループ（同族企業）[11]は、復帰直前の時期に業界トップの地位を確立し、一九六九年末には鉄工業の大手である金秀鉄工との合併も果たし、製造業者との対立もはねのけて経済界での地位を安定化させていた[12]。沖縄の経済界において建設業界が力を得たことが、復帰後の道路整備を中心とした公共事業を支え、それによりインフラ整備が観光業や流通業に波及し、沖縄住民の生活環境を大きく変えていくことになる。本章では、この変化に着目する。

表1　『沖縄タイムス』および『琉球新報』の発行部数の推移

	1970年	1975年	1980年	1985年	1990年	1995年	2000年
沖縄タイムス（部）	122,050	126,890	158,048	210,511	187,009	186,924	204,648
琉球新報（部）	78,351	88,811	108,861	206,827	180,925	184,984	201,021
部数合計（部）	200,401	215,701	266,909	417,338	367,934	371,908	405,669
世帯数（世帯）	223,338	260,866	299,015	334,778	368,295	404,258	446,286

注：朝刊・夕刊の部数表記が、別の場合は朝刊の部数を、合算の場合はその部数とした。
出典：『日本新聞年鑑』（各年版）および「国勢調査速報沖縄の人口と世帯数」（沖縄県企画部統計課作成、2016年2月）より筆者作成。

第二に注目したのは、当該時期に、総合雑誌の発刊をめぐる動きが複数あり、また一部の保守系総合雑誌は二〇〇〇年代まで継続して発刊されていた点である。いわゆる「総合雑誌」とは、「論文（論説）、中間読物、創作の三パート」[13]で構成される雑誌を指すが、本章の扱う時期については、『新沖縄文学』や『青い海』など社会運動に近い編集者・書き手らによる雑誌が、研究において限定的に扱われてきただけであった。しかし、保守系総合雑誌のうち『沖縄春秋』は一九七二年から八二年頃まで、『沖縄公論』は『二一世紀沖縄公論』と改題しつつ二〇〇六年頃まで継続的に発行されていた（図3および表3、詳細は後述）。

本章では、これら一九七〇年代から八〇年代にかけて発刊された保守系総合雑誌を研究対象の軸に据えるが、その意義についてもう少し補足しておく。上の表1で示した地域二紙の発行部数の世帯数に対する割合からもうかがえるように、新聞メディアの沖縄社会における影響力は大きなものであった。復帰直前期には、復帰運動や革新系団体を支持する傾向にあった地域二紙を批判し、経済界の肝いりで第三の新聞を発刊しようとする動きもみられた（六七年発刊の『沖縄時報』[14]）。後述するように、『沖縄公論』は、この復帰直前期の動きと人的にも重なりがあるが、地域二紙の「報道記事」や「社説」に意識的に対抗し、異なるメディアとしての機能や役割を求めたのである。そのため、保守系総合雑誌というメディアに着目することで、社会情勢や沖縄住民の意識の変化について、とりわけ、新崎が「保守化」と指摘した変化と関連づけて検討することが可能となる。ただし、これらの雑誌に対する研究は、管見のところ皆無であるため、補足的にその他の総合雑誌や地域二紙についても資料として扱っている。

2　経済的な「豊かさ」の前景化と社会経済の変容

(1)　日本復帰前後の経済界の地殻変動(15)

従来、復帰後の開発に関する研究では、観光や公共事業の拡大の背景として、海洋博などのメガイベントへ着目するものが多かった。その際、海洋博の推進主体として経済界は認識されてきたが、公共事業の方向づけなど、より広い社会経済の変容をとらえるには、業界間の力関係や内部対立にまで踏み込んで理解する必要がある。

第1節の（2）で触れた復帰直前の経済界の変化は、経済団体の中核にあった那覇商工会議所(16)内における利害対立として顕在化し、二度にわたる会頭選挙での一騎打ちにまで発展していた（一九六七年および六九年）。一九六七年の会頭選出時には、六五年に会頭職に就いていた宮城仁四郎（大東糖業社長）と琉球建設業協会会長でもあった國場幸太郎（國場組社長）とが対立し、一騎打ちの選挙戦をたたかうこととなった。当時、建設業や工業を基幹事業とした同族企業は、それぞれ復帰を前にして組織固めや対策を検討していたが、この会頭選挙では、中小企業の支持を固めた國場が勝利した。二年後の会頭選出では、この國場に対抗して工業関係の同族企業を率いる具志堅宗精（ぐしけんそうせい）が立候補し、一九六七年と同様に会頭職を争う姿勢をみせた。この過程においては、派閥争いの側面が前面に出たとされるが、調停の動きもうまく運ばず、投票の目前まで対立が続いた。六七年選挙からの重要な変化としては、復帰を前にした経済界の対応について、候補者の姿勢が問われた点を挙げることができる。國場が「（建材などの）輸入規制反対および観光開発の重視」を、具志堅が「産業保護のもとでの日本経済との一体化」をめざすことが、選挙上の対立点として顕在化していた。結果として、選挙間際に、経済界の分裂を危惧した具志堅が辞退したことで会頭選挙は回避されたが、派閥の勢力争いと業界間の対立（建設業・観光業 vs. 工業）の結果が、商工会議所内部の力関係にも波及していった。

会頭選挙をめぐる対立は、意思決定の中核を担う常議員（役員）の構成の大幅な変化としても現れていた。選挙前の一九六五年には、同族企業の勢力はほぼ拮抗していたが、二回の会頭選挙を経るなかで、國場系列の企業が役員の二〇％以上を占めることになった。役員総数は年によって変動があるものの、貿易、商業および工業の役員数（比率）は漸減、建設業は横ばいないし微増にすぎず、業界構成そのものに大きな変動はなかった。そのため、建設業界そのものの影響力が増したというよりは、國場の率いる同族企業による影響力の拡大を通して、業界間の力関係が変わっていったと考えられる。上述した一九六九年の國場組と金秀鉄工との合併は、この変化を後押しするものであった。

また、この時期の商工会議所の経済団体としての役割の変化にも着目する必要がある。一九五〇年代までは、金融系の役員の比重が比較的高く、各業界団体の代表も役員に加わっていた。しかし、一九六〇年代後半には、同族企業による勢力争いの場としての側面を強め、復帰への対応に経済界が直面するなか、業界横断的で公益的な性格の機関から、同族企業や業界団体の利害を一定程度代表する機関へと質的に変化していた。復帰に対する肯定的評価の拡大、すなわち「豊かさ」と密接に関わる公共事業の拡大は、経済界内部での國場組を中核企業とする同族企業の影響力の拡大と合わせて理解する必要がある。

(2) 公共事業（道路建設）の拡大の波及的な影響——建設業から観光業・流通業へ

(1) の変化を踏まえた上で、復帰後の社会経済の変動をとらえる際に重要なのは、海洋博や若夏国体などメガイベントも含めた公共事業、とりわけ道路建設のもつ意味合いである。公共事業を通した道路建設は、インフラ整備として生活の利便性を高め、それが経済的な「豊かさ」の実感へとつながる、というだけにとどまらないものであった。というのは、産業的なつながりの強い製造業が少ない沖縄経済においては、道路建設が産業基盤の整備に果たした意味合いは小さく、むしろ、観光業や流通業（とくに郊外型スーパーマーケット）の拡大の後押しを通して、人々の就業構造や消費のあり方を変化させていったのである。

まず、ここでは、復帰後の公共事業の拡大に伴う建設業と観光業との関わりについてみてみよう。図4で示したように、海洋博による建設ブームと「海洋博不況」の時期（一九七四～七七年）には、建設業における公共事業の比率が大幅に上昇し、復帰時に約二六％だったものが五割を超え、また、建設業において売上高を示す完成工事高（完工高）も三倍近くとなった。そして、不況による落ち込

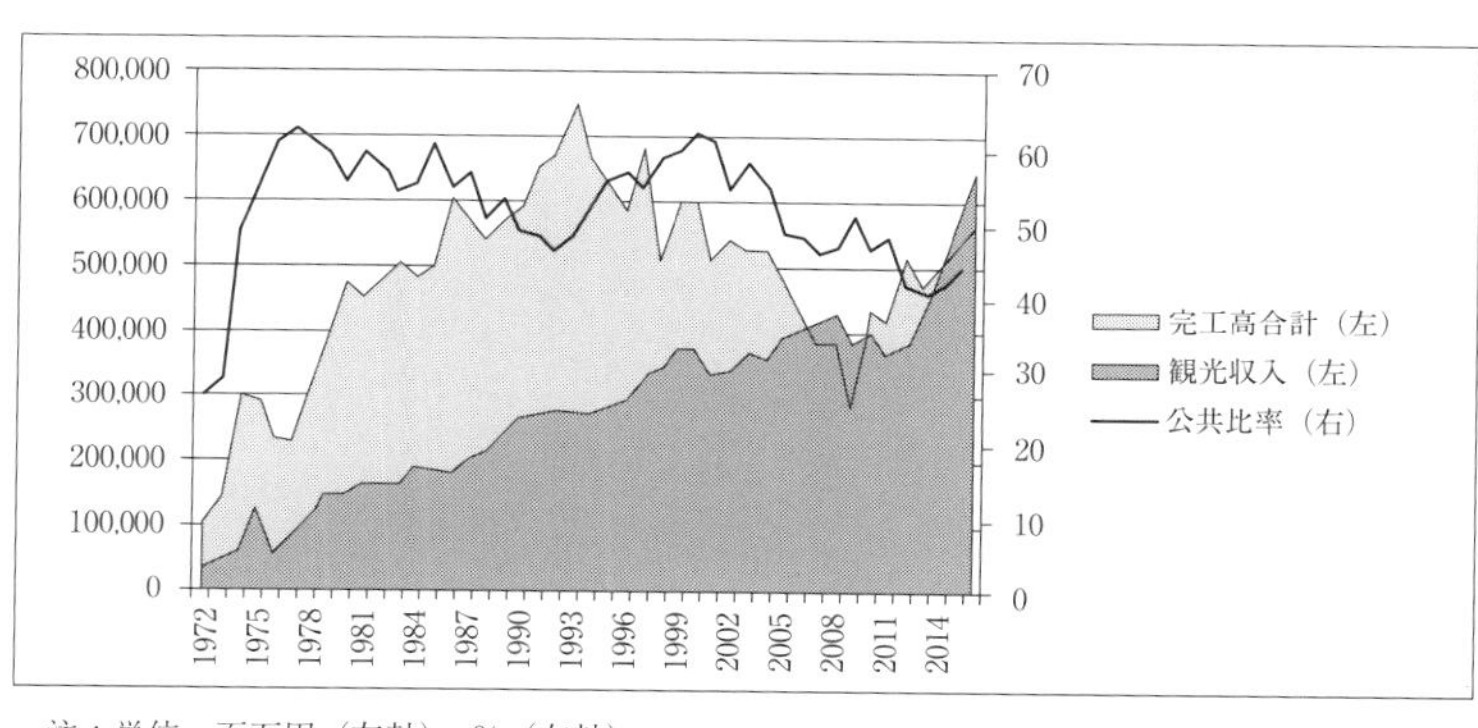

注：単位＝百万円（左軸）、％（右軸）。
出典：『土木建築部要覧』および『観光要覧』（各年版、沖縄県）。

図4　日本復帰後の建設業と観光業の拡大

みもあったが、早くも一九七八年には建設ブーム時（七四年）の完工高を回復し、公共事業の比率は六割を超えて復帰後のピークに達した。

公共事業費全体に占める道路事業費の割合も大きなもので、復帰時には三六・五％であったものが翌年には四割を超え、事業費全体の拡大がありながらも一九七〇年代を通して同規模の水準が支出されていた（表2）。なかでも、海洋博関連公共事業は、全体で一二〇一億円（一九七二～七九年実績）と突出していたが、そのうち石川～名護間をつなぐ沖縄自動車道（縦貫道路）を含めて六五二億と五割以上が道路整備にあてられていた[17]。そして、この事業の多くを受注したのが、経済界での地位を確立していた國場組であった。同社は、海洋博会場外の公共事業について一二四億円（完工高）あまりを受注し、なかでも大きな比重を占めたのが道路事業であった（約六〇億円[18]）。

また、前掲の図4からは、観光収入も完工高と連動して拡大していたことがわかるが、海洋博後の落ち込みを、建設業とほぼ同時期の一九七九年には回復していた。それと

表２　公共事業費と道路事業費の推移

	1972	1973	1974	1975	1976	1977	1978	1979	1980
公共事業費計（億円）	290	527	629	650	800	996	1,355	1,669	1,698
道路事業費（億円）	106	244	272	285	314	453	575	681	669
道路事業費の割合（%）	36.5	46.2	43.3	43.8	39.2	45.4	42.4	40.8	39.3

出典：沖縄開発庁編『沖縄開発庁十年史』（沖縄開発庁、1983年）132頁の図をもとに作成。

合わせて、観光客数も急増し、一九七八年以降は復帰時の三倍にのぼる一五〇万人を超える規模となった。海洋博後の一九七七年四月には、団体包括旅行割引運賃の導入による航空運賃の値下げもあったが、より長期的には、海洋博による建設業への「テコ入れ」が、道路整備などを通して観光業の基盤整備の役割を果たしたと言える。

そして、上記の変化は、流通業にも波及し、沖縄住民の生活（とりわけ消費）にも大きな変化をもたらすことになる。復帰に伴って一九七五年に沖縄に進出した（株）ダイエー（沖縄では「ダイナハ」と呼称）は、牧志公設市場を含む「マチグヮー」と呼ばれる那覇の中心商店街エリアをターゲットとしたため、周辺業者や経済界の一部からも出店に抗議する運動が展開された。その後、経済界の内部では、一九七七年一一月に商工会議所の会頭選挙の投票権を有する議員の選出をめぐり、ダイエー進出を支持するグループと地元小売業のグループが対立する事態が生じていた[19]。結果的に、この対立も商工会議所の力関係を大幅に覆すことにはつながらず、國場をはじめ正副会頭は留任となっていた[20]。

一方で、千葉県に拠点をもっていた（株）プリマートが、一九七〇年代後半以降、中南部の広域にスーパーマーケットの店舗を展開すると、県内企業も相次いで出店を行った。沖縄県内の数少ない東証一部上場企業でもある（株）サンエーは、宮古島で一九五〇年に開業されたオリタ商店をルーツとしていたが、

沖縄国際海洋博覧会の目玉展示とされたアクアポリスに集う人々。同展示は「未来都市」をイメージして建造されたという〔写真＝那覇市歴史博物館提供〕

復帰前の七〇年には沖縄本島に進出していた。だが、当初のサンエーは、衣料品を中心としており、食品部門への進出は一九七七年を待たねばならなかった[21]。一九八〇年代に入ると、プリマートとサンエーの事業規模の拡大に対して、複数の県内企業（南西スーパーやヤングおおはら）が対抗できず、金秀グループによる出資や株式引き受けが行われた。同グループは、一九八三年にスーパーマーケット事業を展開する金秀商事（株）を設立し、「タウンプラザかねひで」を新たな店舗名として八店舗からスタートし、八〇年代後半には一七店舗にまで拡大していた[22]。この動きは、一九九〇年代以降、吸収合併や大手県外企業の進出に伴う大規模化（モール化）によってより加速されていった。また、この動きに少し遅れるかたちで、一九八〇年代後半からは、ホットスパー（八六年）やファミリーマート（八七年）などのコンビニエンスストアー（コンビニ）の出店も相次ぎ、次第に定着していった。

復帰後の道路整備を重視した公共事業は、建設業の拡大のみならず、沖縄全域に道路を張り巡らせたことで、上述したコンビニやロードサイド型のスーパーマーケットを普及させたのである。それまで、那覇の百貨店や「マチグヮー」に節目や行事の際に出向き、日常的には各地の商店や農協の共同購入を利用するような消費のあり方は、大幅に変化していったのである。今後、より詳細な検討が必要ではあるが、一九七〇年代後半から八〇年代にかけての経済的な「豊かさ」の前景化の背景には、インフラ整備による利便性の享受と合わせて、このような生活や消費をめぐる変化が存在していたと考えられる。以上の社会経済的な変容を踏まえつつ、次節では、保守系総合雑誌における言説に着目し、本章のテーマに迫ってみたい。

3　保守系総合雑誌からみる「豊かさ」と開発

（1）日本復帰後の総合雑誌の系譜と特徴

復帰前後の時期には、第1節の（2）で触れた新聞メディアに対する対抗や独自の「沖縄像」の模索の動きから、総合雑誌の発刊を志向する動きが複数みられた（表3）。このような動向は、保守系

表３　主要な総合雑誌の基礎情報（発刊年順）

	新沖縄文学	青い海	沖縄春秋	沖縄思潮	沖縄公論
発刊年および発刊形態	1966 ～ 93 ＊季刊	1971 ～ 85 ＊月刊	1972 ～ 82 ？ ＊月刊、休刊号不明	1974 ～ 77 ＊不定期、9・10 号（合併号）にて休刊	1980 ～ 06 ？ ＊月刊、「21 世紀沖縄公論」（85 年）に改題し継続、休刊号不明
発刊主体	沖縄タイムス社	おきなわ出版株式会社→青い海出版社（72 ～）	沖縄春秋社	沖縄思潮編集委員会	沖縄公論社→アクティブ・センター沖縄
編集体制（編集長ないし編集人）	牧港篤三（66 ～ 75） 新川明（75 ～ 81） 川満信一（81 ～ 85） 屋富祖仲啓（85 ～ 88） 國吉永啓（88 ～ 91）	津野創一（71 ～ 81） 山城賢孝（81 ～ 82） 高江洲義寛（82 ～ 85） 玉元清士（85）	宮良長芳（72 ～？） 瀬名波栄（81 ～？） ＊瀬名波は戦記執筆・宮古毎日新聞勤務	顧問：安里彦紀、久場政彦、仲宗根政善他 代表：大城立裕、新里恵二 編集委員：安仁屋政昭、来間泰男、嶋津与志、高良倉吉他	山城義男（80 ～ 83） 山口芳弘（84 ～？） 社主：名城政次郎

注：当該時期に執筆者の重なる『沖縄経験』（1971 ～ 73 年）も５号まで発刊されているが、総合雑誌への志向は読み取れず、大田昌秀と大江健三郎が編集の中心となった論集ないし同人誌的な色合いが強いため除外した。また、本文後注 50 で触れた『沖縄世論』はまとまって入手が困難であったため除外した。各誌の発行部数は資料上の制約から定かでないが、『新沖縄文学』が 1980 年前後で最大 3,000 部程度とされる。

出典：上間常道「戦後沖縄の出版事情」（『沖縄の図書館』編集委員会編『沖縄の図書館』、教育史料出版会、2000 年）や各雑誌の内容を基礎に筆者作成。『青い海』については、松下博文編著『「青い海」解題・総目次・執筆者索引』（三人社、2020 年）も参照した。

総合雑誌までを含む幅広い動きであったと言えるが、『新沖縄文学』の路線転換に顕著に現れていたと考えられる。同誌は、占領期の一九六六年に発刊され、当初、詩や文学作品の投稿を中心とする文芸誌的な性格をもった雑誌であったが、復帰後の七四年には「文化と思想の総合雑誌」という方針を明確にし、編集部が時事的な話題について特集を組む方式をとることになった。同じく、復帰直前の一九七一年四月に発刊された『青い海』においても同様の転換がみられた。発刊当初の同誌は、「あすの沖縄をつくる若い広場」という標題を打ち出し、沖縄から日本本土への集団就職者の経験を交流する場をめざしたが、一九七三年秋号（通巻二六号）にはこれを転換し、「沖縄の郷土月刊誌」として郷土性を強調しつつも総合雑誌的な方向性へと舵をきった（八四年には「沖縄の総合月刊誌」へ標題を変更）[23]。この二つの雑誌には、幅広い書き手が記事を寄せていたが、知識人、ジャーナリストや社会運動（平和運動）に携わる執筆者も多かったため革新系雑誌と特徴づけることができるだろう。

これに対して、本章で着目する『沖縄春秋』や『沖縄公論』の発刊も、社会的文脈としては、この総合雑誌を志向する動きのなかにあるが、編集者や書き手などの担い手は、占領期の保守系メディアの人的ネットワークを引き継いだものであった。たとえば、『沖縄公論』においては、編集責任者として、第1節で触れた『沖縄時報』の元記者山城義男（やましろよしお）[24]を置き、また、書き手には、同紙で復帰運動の批判を行っていた真栄田義見（まえだぎけん）[25]が複数の記事を執筆していた。この両誌は、観光や開発を中心的なトピックとし、また、革新政治や新聞メディアに対する批判を、コーナーを設けて継続的に行っていた。

（2）総合雑誌の基本的なトピックの変遷

では、一九七〇年代後半から八〇年代にかけて、取り上げられる特集などのトピックはどのように変化していったのだろうか。雑誌の性格によって比重にばらつきはあるが、全体的に、経済・地域・文化や歴史に関するトピックが多くなっている。とくに、その傾向は、『沖縄春秋』と『沖縄公論』において顕著で、同時期に、思想的な試みや社会運動において「自立」論や「地域主義」が提示される一方で、開発を「当たり前」（ある種の「前提」）のものとして受容する傾向も出てくる。『新沖縄文学』においては、この時期「八〇年代沖縄は生き残れるか」（一九七九年、四三号）や「挑戦する沖縄」（八〇年、四四号）といった「沖縄像」への問いかけや、思想研究で着目されることの多い「琉球共和国へのかけ橋」（八一年、四八号）が特集として組まれ、他方では「琉球処分」「南島」「沖縄芸能界」や「食の文化史」といった文化や歴史に関するテーマも提示されていた（『青い海』ではこれらの要素がより前面に打ち出されている）。

また、上記の「自立」論や「地域主義」といったトピックは、どちらかといえば、各地で取り組まれていた社会運動と結びついて展開されたようで、総合雑誌において大体的に取り上げられたわけではなかった。たとえば、金武湾闘争を支援していた「ＣＴＳ阻止闘争を拡げる会」（一九七四年九月結成）などは、「琉球弧の住民運動を拡げる会」と名称を変えながら、一九八〇年代にわたって、経済成長を重視する大規模開発の問題点を地域の視点から問い、「自立」や「共同」のあり方についての問題提起と反開発の運動を継続していた。この会は、『琉球弧の住民運動』[26]というミニコミ誌を発行しつつ運動を行っていた。

そして、これらの運動を思想的な面で支えていたのが、「地域主義」や「反公害」といった思想であった。本章が対象とする時期に、沖縄を研究・運動の拠点としていた玉野井芳郎や宇井純らが、「地域主義」などの思想を展開したが、『青い海』や『新沖縄文学』に取り上げられることはそこまで多くなかった[27]。そのなかで、一九七九年の『青い海』「いま、〈地域の時代〉と沖縄」（八二号）は、正面から「地域主義」を取り上げた数少ない特集だが、玉野井による「地域主義集談会」（関連テーマについて各地で議論を行う）と呼ばれる懇談会の実践と関連して編まれたものであった。玉野井は、会の呼びかけ人でもあった大城立裕との座談会で、「これまでの技術や経済ですと、金儲けだとかGNPだけが中心になっていましたんで、それこそ文化というものではない。地域に固有の文化を主軸にした広い意味での経済――私は広義の経済といっているんですけど――を考えていきたい[28]」と「地域主義」の基本的なコンセプトを語っていた。

以上のことからわかるのは、文化や歴史へのトピックの比重の変化に加え、この時期の総合雑誌（とりわけ革新系の）が、「自立」論や「地域主義」の主戦場にはなりえず、ローカルな社会運動を側面から支援するにとどまっていた点であろう。このような変化と関連し、一九八一年に『新沖縄文学』の編集長となった川満信一は、上記の四八号の特集で取り上げた琉球共和社会憲法案に対して、編集委員のなかからも「まじめにやるのではなく、知的パロディとしてならわかるが」という批判的な意見が出されたことを指摘している。また、編集長も歴任した新川明は一九九三年の休刊にあたって、復帰後の沖縄における総合雑誌の継続の困難さを語っていた[29]。この復帰から一九八〇年代にかけての変化は、《バブル文化[30]》のもとにあったとされる日本本土ともある程度連動していると考えられ、左翼（新左翼）系の総合雑誌の休刊・廃刊の時期とも重なっている[31]。思想的な試みや社会運動を正面から取り上げることが困難となるなか、文化や歴史に関わるトピックを雑誌継続の戦略として展開したと考えられる『新沖縄文学』とは異なり、保守系の両誌は、以下で論ずる政治と距離を置く態度のもとで、沖縄の観光や開発に資する要素として、より積極的に文化や歴史を扱っていった。これらは、総合雑誌からみる「保守化」の一面、ないし経済的な「豊かさ」の前景化を促した一つの要因であると考えられる。

また、一九七〇年代半ばから八〇年代前半の時期には、「青少年（非行）問題」や「学力」「教育」といったフレーム（社会問題として認識する枠組み）も顕在化してきていた。これらのトピックは、『沖縄春秋』と『沖縄公論』において特徴的であったため次の（3）で触れる。

(3) 保守系総合雑誌からみる「豊かさ」と開発の認識

以上の文化や歴史への比重の変化と新たなフレームの顕在化は、経済的な「豊かさ」を重視する沖縄の人々の認識に影響を与えていったと考えられる。（3）では、『沖縄春秋』と『沖縄公論』の内容分析から、「経済」「生活」の焦点化（脱政治化）と、開発の意味合いの拡張について論じていく。

「現実路線」という態度と「経済」「生活」への着目

『沖縄春秋』と『沖縄公論』の内容分析から、第一に指摘できるのは、政治的主張や「理想とかイデオロギー（主義）」を回避することで、「現実路線」（ある種の現実主義）に立脚しつつ、「豊かさ」と結びつけられた「経済」「生活」の安定を求める認識が存在している点である。この認識は、『沖縄公論』の社主でもあった名城政次郎による創刊号（一九八〇年）の巻頭言からも読み取れる。名城は、「現実路線を重視せよ」と題した巻頭言において、同誌の発刊の意義と重ねて次のように語っていた。

反戦平和を叫ぶことが、一般民衆の生活に実質的になんのつながりがあるのか。高邁な理想をえがくことは自由である。しかし、理想とかイデオロギー（主義）が一般民衆の実生活と密接な関係があるものと考える民衆が少なくなってきている。マスコミがいくら反戦平和を声高らかに叫んでみても民衆は踊ってはくれない。……「沖縄公論」は、民衆を必要に応じて踊らせることのできる存在になってほしいが、あくまでも、地域社会を明るくし、地域社会に活力を与え、善良な民衆の真の正義の味方を標榜してもらいたい[32]。

この名城の主張は、「反戦平和」などの政治的な主張と沖縄住民の「生活」とを切り離し、後者により重きを置くような認識を伴うものであった。このような「生活」を重視する認識は、復帰直前期にも経済的な見通しや即時基地撤去に不安を抱く人々から繰り返し提示されており、本章で扱ってい る時期に特有なものではない。しかし、復帰後により顕著になっていくのは、政治的な主張を「経済」「生活」と切り離すような認識である。この点について、琉球政府通産局長も務めた砂川恵勝は、一九七二年の『沖縄春秋』創刊号で「この島をおおっている異様な政治的ムードが、この島の開発に大きなブレーキとなっていることを率直にみとめ、いまやこの島では何れの側からも語られて共通語となっている「生活をまもる」努力が、いや闘いが、着実に展開されなければならない[33]」と主張していた。「経済を語り合おう」と題された上記の砂川の寄稿には、生活の向上や安定を強調し、政治的主張と切り離された「豊かさ」を強調する、次のような読者からの応答もなされていた。

一つ目の読者投稿は、政治や社会運動と「生活」の無関係性を強調するもので、「市民一人一人の生活をどう向上させるか、そして沖縄全体をどう豊かにしていくかということこそ皆で真剣に考えるべきではないだろうか。「ホシュ」がどうの「カクシン」がどうしたの、あるいはまた復帰協だの労働組合だの……こんなものはまじめに働いてまじめに生活に取り組んでいる善良な一般の市民とは「何んのかかわりあいも無いことでござんす」と云いたい[34]」と述べていた。

また、別の読者投稿では、「どんな政策も、いかような主張も、まず人々の生活の安定がたもたれてからのことだと存じますが、いかがでございましょうか。政治をなさる方々は、なにはさておいても、まず私たち県民の生活を安定させ、台所のやりくりに苦しまなくてすむようにしていただくようお願い申し上げます[35]」と「生活」の重視だけでなく、その「安定」を第一としていた。

復帰から一九八〇年代にかけて、いわば「政治」という回路を避けながら「経済」「生活」の安定を重視する論理が、保守系総合雑誌において顕在化し、それが経済的な「豊かさ」をより重視する認識を支える一因になったと考えられる。ただし、同時に、注意しておく必要があるのは、両誌の主張が「政治」を巧妙に避けようとしながらも、その一方で自衛隊の積極的な肯定や革新政治・新聞メディアへの批判において、明確な政治的主張を行っていた点である[36]。

「豊かさ」の達成において、「政治」という回路を回避する論理は、一九八〇年代にかけて開発の意味合いが経済以外にも拡張され、多くの要素がそこに組み込まれることにつながったと考えられる。なぜなら、第3節の（2）で触れたように、政治性を直接伴わないトピックとして文化や歴史に焦点が当てられ、保守系総合雑誌に限定されない広がりをもっていたからである。

そして、このような要素には、観光や「地域性」（「県産品」愛用運動などとして表出）といった経済活動に関わるものにとどまらず、「県民の協力とやる気」や「学力向上」といった「自己」の開発という面にまで及んでいた。後者の側面は、「豊かさ」の認識に直結するわけではないが、この認識と密接に関わる「主体」のあり様と、その変容に関連しているため取り上げる。

一つ目は、経済活動にも関連して、観光において求められていた「主体性」について検討してみよう。第2節の（2）でも触れたとおり、海洋博の開催を経て観光業の規模は拡大していたが、それに伴って観光地に適した「主体性」や「県民性」が強く意識されていった。その前提には、沖縄の外からの評価や目線の存在が指摘できる。すでに復帰の時点において、『沖縄春秋』では沖縄観光の問題点が「沖縄の人」の問題点と重ねられて次のように語られていた。リゾート開発を担った沖縄日誠総業のある従業員は、「私たちが世界のあちこちを回ってみますと、沖縄の海の色、珊瑚礁程度のものは世界にたくさんあります。何かいいと云われると、もうほかにはいいのが無くて、自分とこだけいいんだと思い込むんですね。……あまり事大主義にとらわれないことですね。そして、こういう比較された発言に対してはもっと研究し、研究の結果どうすべきだ、どうあるべきだという案が出るはずです[37]」と厳しく批判していた。その後も、両誌では、観光業の発展になにが必要かといったテーマが取り上げられ、一九八〇年代を展望して将来の沖縄観光において求められる「主体性」についても議論されていた[38]。

このような外部から求められる「自己」の変化だけでなく、一九七〇年代後半には、「沖縄県民」として主体的に観光客を迎え入れることも強調されていた。一九七八年の地域紙のある新聞投稿では、観光で訪れた戦跡地（ひめゆりの塔）での花売りやカメラマンの「押し売り」のような態度を批判し、模範的な「県民」として振る舞うことの重要性を強く打ち出していた。沖縄県外から来た友人に戦跡を案内していた投稿者は、新聞報道で禁止されたと聞いていた花売りが、突如目の前に現れたことに戸惑い、花を買ってその場を立ち去った自身の態度について次のように述べていた。「友人に自分たちの県人の恥部を少しでも隠そうと思う心が即座に花を買う行動として表れ、いまなお、あのとき断固として花売りを排除できなかった自分の行動に心を痛めている」。そして、その反省の上で「花売りのおばさん、サクの上から平気で写真撮影をしたカメラマンの皆さんにも生活があるとは思う。が、沖縄のこの観光資源をもっと考えたうえで恥ずかしくないモラルと秩序ある行動で観光客に接してもらいたいのである。それが私たち県民が、いまなすべきことだと思うのだ[39]」と「県民」に必要な姿勢を強調していた。

この投稿に対しては、後日「花売りのおばさんを弁護する[40]」という生活上の必要性の視点から、一方的な批判に対する反論もなされた。しかし、やり取りはこれにとどまらず、他の新聞投稿でも「守礼の邦」に「恥じない県民になるよう[41]」や「全県民が観光振興に力こぶを入れることが、いま肝心ではないでしょうか[42]」といった主張がなされていたことからも、観光の開発が経済活動としての側面にとどまらず、沖縄住民の「主体性」に働きかけていたことがうかがえる[43]。

次に、教育的な側面にも拡張していく開発について取り上げる。このテーマは、一見すると本章の内容にそぐわないように見えるが、「豊かさ」と結びつけられた開発の意味が拡張的なものであること、また、両誌の誌面構成の上でもトピックとして大きな比重を占めていたことを考慮に入れ、検討対象としている。

一九七八年からは、『沖縄春秋』において予備校尚学院（しょうがくいん）のトップでもあった名城が時評を担当し、その翌年から、同誌では「尚学院コーナー[44]」を設置し、知識人、受験生や保護者の声も掲載していくことになる。すでに触れたように、名城は、『沖縄公論』の発刊においては社主として座談会や論説を多数執筆していた（八三年には沖縄尚学高等学校も開校）。教育という要素は、近代や戦後占領期においても重要なものだが、一九七〇年代後半からは「青少年（非行）問題」、英才教育への賛否や塾ブームなど、それまでとは異なる「学力」への着目も指摘されている[45]。

教育を通して「自己」に向けられる開発とは、「非行（性）」の回避と「学力向上」という二つの現れ方をしていた。一九七五年頃から、「学力向上」をめぐる議論が活発化していったようだが、沖縄青年会議所の主催したシンポジウムにおいて、那覇高校ＰＴＡ会長の当銘（とうめ）由金は「非行（性）」の問題と並べて、「学力向上」について次のように言及していた。「二つ程お願いしたい。一つは子どもたちの夜間外出であるが、夜間外出は非行につながるものが多いようである。……わが子他人の子の別なくどの子であろうと善導し、家庭と社会が一体となって夜間外出をなくしたい。もう一つは、小学校は小学校の段階で、中学校は中学校の段階で、今までとは違った気持ちでしっかり頑張ってもらいたい。……沖縄では総がかりで、つまりは小学校の先生が高校の先生のような気持ちを持って当たってもらわなくては、学力の向上は望めないと思う[46]」。

しかも、ここで求められた「学力向上」には、「人間的な幅」や「総合的な実践力」をつけるための「自己」の開発が必要とされ、「受験」を通したメリトクラシーの論理を肯定することにも直結していた。名城は、「尚学院コーナー」において予備校生への訓辞として「受験」の意義について以下のように触れている。「受験勉強することによって根性が磨かれ、人間的にも幅ができるという、そういう勉強の仕方があってはじめて学力プラスアルファの形で大きな総合的な実践力になる。……尚学院の考え方としては受験勉強即害でなく、受験勉強即益と受けとめている。人間的な磨きをかけることが受験勉強の中にはなくてはならないと私は思っている[47]」。

そして、このような「受験」を通した「学力向上」、すなわち「自己」の開発という発想の背後には、目的意識の欠如や可能性を試そうとする意志の弱さなど、沖縄の学生（生徒）たちに対する「劣等性」や「遅れ」に対する認識（差別的な視線も伴った）が見えかくれしている。『沖縄公論』上で一九八二年に行われた、名城、真栄田および小波蔵（こはぐら）政光（沖縄銀行）による鼎談において、そのような認識が典型的に現れ出ていた。

小波蔵　私が心配していることは、被害者意識ばかりの強い歪な子供が育ちはせんかということです。現在地域主義というのが流行していて沖縄の良さばかりをPRして自己陶酔している。本土就職したものでも向うで一生懸命頑張りもしないで意味もなくUターンしてくる……復帰したからには、本土に出ても競争すべきですよ。ボクシングの具志堅、渡嘉敷みたいに自己を鍛えて世界に通じるような気概や根性や意欲が欲しいですね。沖縄の子供たちにはそれが欠けている。

名城　今は情報化時代で、本土の学生の良さも悪さもすぐに身につけることができる。そうでありながら沖縄の学生は本土の学生より目的意識が少ない。自分のギリギリの可能性まで試してみようというのが少ない[48]。

以上、観光や教育という面から、一九八〇年代にかけての開発が、経済活動にとどまらず、カバーする範囲を拡張しながら沖縄の人々の「自己」や「主体性」にも働きかけていた点を明らかにした。『沖縄春秋』と『沖縄公論』は、教育という要素も取り入れたことで、保守系総合雑誌としてのウイングを広げ、読者層は一定程度拡大したと考えられるが[49]、一方で、両誌の目標としていた新聞メディアに批判的な「読者の育成」という点では成功したとは言い難い。この二つの雑誌は、正面から新聞メディアの批判を行っただけでなく、読者の声を積極的に取り込もうとし（『沖縄春秋』）、また、「新聞に載らなかった社会的な問題」（『沖縄公論』）の募集を促すことで「読者の育成」をも図ろうとしていた。しかし、これらのコーナーは長く続かず（実際に掲載された投稿も少ない）、最終的には社主や編集部の企画が中心の誌面構成となっていった。その背景には、沖縄における新聞メディアの影響力の強さもあると考えられるが（表1）、一九九〇年代にかけて、日本本土においては、保守系総合雑誌の『正論』にみられるように「読者の育成」が成功し、その後のネット右翼の広がりにつながったことからすると、対照的であると言えるだろう。[50] ここでは、開発の意味合いが拡張され、雑誌の読者を広げるようなテーマの広がりが見られると同時に、日本本土とは異なり、保守論壇の形成や「読者の育成」が沖縄では阻害されていた側面についてもおさえておく必要がある。

おわりに

以上の検討を踏まえて、ここで応答するべき問いは、一九七〇年代後半から八〇年代前半の意識調査における復帰評価の逆転を、「豊かさ」やそれと密接に関わる開発のあり方と関連づけてどのようにとらえればいいのか、という点にあるだろう。本章の「おわりに」では、以下の三つの側面からこの問いに対して応答してみたい。

第一に指摘する必要があるのは、この転換について、インフラ整備や所得水準の上昇といった即物的な評価の反映としてのみ、とらえてはならないという点である。たしかに、当該時期に、ハードの面での開発は一気に進み、経済成長も果たされたと言われるが、それだけに限定して「豊かさ」をとらえるのでは不十分である。この時期に主張された「自立」論や「地域主義」は、「豊かさ」の意味を経済成長一辺倒から転換しようとする志向を伴いつつ、よりローカルな実践と結びついて展開されていた。このことは、新崎の指摘していた「保守化しつつ日常に回帰する多数派」と「閉塞状況の打開を模索する自覚的少数派」への二極化とも関連していると考えられるが、それぞれの側の「豊かさ」の認識に着目する必要があろう。とくに本章との関連では、復帰評価の転換をもたらしたと考えられる「日常に回帰する多数派」について、インフラ整備などのハード面の変化が、建設業の拡大や道路整備による利便性の享受にとどまらず、観光業・流通業への波及を通して、人々の就業のあり方や生活（消費）を大きく変えた点に着目する必要があるだろう。

第二の点としては、政治への態度の日本復帰直前期からの連続性を指摘できるが、より明確なかたちで政治的な回路を遮断しつつ、よりよい「経済」「生活」を求める傾向、すなわち脱政治化された「経済」「生活」と、「豊かさ」とを結びつけようとする傾向を指摘することができる。新崎は「日常への回帰」としてこの時期の「保守化」をとらえたが、保守系総合雑誌の分析からは、直線的に「経済」「生活」と「豊かさ」が結びつけられたのではなく、一方で極めて政治的な主張を展開しつつ、もう片方で政治的な回路を遮断することによって、これは可能となったのである。

第二の点とも重なるが、三つ目として、「豊かさ」と密接に結びつけられた開発は、経済活動の領域にとどまらず、観光や「学力」などをめぐって沖縄の人々の「自己」への内省や開発を強いた点を指摘する必要がある。このような「自己」への開発の拡大は、自らの「豊かさ」のとらえ方を、沖縄社会や政治との関わりのなかではなく、「自己」という内向きのベクトルからとらえるものに変えてしまったのではないだろうか（これも上記の「日常への回帰」と重なる論点）。これらの変化が、保守系総合雑誌の影響によるものなのか、それとも他の要因によって生じた社会的な変化を、雑誌が記事として取り上げたにすぎないのかは明らかではない。その意味で、上の指摘は、現時点では論点（仮説）の提示にとどまるが、同時期の「豊かさ」における認識の転換を、より立体的にとらえるためにも不可欠なものとなるだろう。

以上のような応答に対して、本章ではそもそも沖縄の「豊かさ」をどのように考えているのか、という疑問も出てくるかもしれない。しかし、ここで重視したのは、復帰後の「豊かさ」をめぐる認識を特定の理念や実践から跡づけることではなく、復帰から一九八〇年代にかけての社会変容や新たなフレームの顕在化のなかで、いかに「豊かさ」が認識されていたのか、という点にあった。一見すると地道で迂遠な作業のように見えるが、沖縄の「豊かさ」を問うには、これまでの「問い方」それ自体を検討することが重要であり、また近道でもあると考えている。

最後に、今後の課題として日本戦後史研究との接点についても触れておきたい。今後の研究では、『沖縄春秋』と『沖縄公論』という、これまでほとんど顧みられることのなかった保守系総合雑誌に着目した点を生かし、一九八〇年代から九〇年代にかけての日本本土の保守系論壇との類似（相違）点や、この時期に広がったとされる《バブル文化》や私生活主義の問題との関連などについて、掘り下げて検討していきたい。

■注

（1）秋山道宏『基地社会・沖縄と「島ぐるみ」の運動――B52撤去運動から県益擁護運動へ』（八朔社、二〇一九年）。

（2）上原こずえ『共同の力――一九七〇～八〇年代の金武湾闘争とその生存思想』（世織書房、二〇一九年）。開発を一つの「暴力」としてとらえることの重要性については、本書を評した阿部小涼の論考を参照のこと（阿部小涼「批評の窓　金武湾闘争史の観察眼――上原こずえ『共同の力――一九七〇～八〇年代の金武湾闘争と生存思想』世織書房　二〇一九」『越境広場』六号、二〇一九年）。また、金武湾闘争とは、「一九七二年の施政権返還時の沖縄において推進されていた石油備蓄基地（Central Terminal Station：ＣＴＳ）の建設とそれに伴う沖縄本島東海岸金武湾の埋立に対して組織された、反開発の抵抗運動」（上原、前掲『共同の力』三頁）のことである。

（3）この時期の議論をまとめた代表的な著書には、新崎盛暉・川満信一・比嘉良彦・原田誠司編著『沖縄自立への挑戦』（社会思想社、一九八二年）がある。

（4）町村敬志『開発主義の構造と心性――戦後日本がダムで見た夢と現実』（御茶の水書房、二〇一一年）。同書において町村は、佐久間ダムをめぐる開発を対象に、戦後日本の開発主義における人々の「心性」（メンタリティ）と、それを取り巻く社会経済的な「構造」を明らかにしている。この研究は、開発主義における社会統合の力学を正面から扱ったものとして重要である。

（5）新崎盛暉『沖縄現代史』新版（岩波新書、二〇〇五年）九〇頁。

（6）町村、前掲『開発主義の構造と心性』一〇頁。ここでの「経済成長」と「豊かさ」の認識は密接に結びついているが、画一化の作用と同時に、開発の意味の拡張にも目を向ける必要がある。後者の側面については、多田治『沖縄イメージの誕生――青い海のカルチュラル・スタディーズ』（東洋経済新報社、二〇〇四年）においても指摘されている。

（7）大田昌秀・宮城悦二郎・保坂広志「復帰後における沖縄住民の意識の変容」（科学研究費補助金（一般研究（B））研究成果報告書、一九八四年）。

（8）河野啓「本土復帰後四〇年間の沖縄県民意識」（『NHK放送文化研究所年報』五七号、二〇一三年）。

（9）河野、前掲「本土復帰後四〇年間の沖縄県民意識」九六頁。

（10）秋山道宏「グローバリゼーションのもとでの沖縄経済の変容――脱軍事化・脱公共事業依存と日本国家」（『新しい歴史学のために』二八八号、二〇一六年）および「日本復帰前沖縄の政治経済と経済界――建設業界の動向に着目して」（『南島文化』四二号、二〇二〇年）。

(11) 戦後沖縄においては、創業者の親族を中心的な担い手とした同族企業が企業グループを形成し、経済活動のみならず政界にも影響力を発揮していた。代表的な同族企業としては、工業関連の企業を中心とする宮城（琉展（りゅうてん）会）や具志堅（琉鵬会（りゅうほう））、建設業を中心とする大城鎌吉（大扇会（だいせん））や國場（國和会（こくわ））を挙げることができる。括弧内は、いずれも企業グループの名称である。

(12) 秋山、前掲「日本復帰前沖縄の政治経済と経済界」一二三頁。

(13) 大澤聡「「編輯」と「綜合」――研究領域としての雑誌メディア」（吉田則昭編『雑誌メディアの文化史――変貌する戦後パラダイム』増補版、森話社、二〇一七年）五三頁。

(14) 秋山、前掲『基地社会・沖縄と「島ぐるみ」の運動』四九～五二頁。

(15) 秋山、前掲「日本復帰前沖縄の政治経済と経済界」をもとにこの項はまとめた。

(16) 沖縄戦によって戦前の経済団体は機能停止の状態にあったが、一九五〇年に沖縄商工会議所が再建され、翌年に琉球商工会議所（旧）と改称した。五八年には、任意団体として那覇地域で那覇商工会議所（旧）が結成されたが（会員七〇〇名）、会員の重複などの不都合が生じたため、六三年に琉球商工会議所（旧）と統合され、那覇商工会議所（新）を発足。同年、各地の商工会議所の連合体として琉球商工会議所（新）が発足したが、会員数の多い那覇商工会議所（新）の会頭が琉球商工会議所（新）の会頭を兼務し、影響力を保持したとされる（那覇商工会議所編『那覇商工会議所五五年史』（那覇商工会議所、一九八三年））。

(17) 沖縄開発庁編『沖縄開発庁十年史』（沖縄開発庁、一九八三年）一三〇～一四一頁。

(18) 國場組社史編纂委員会編『國場組社史――創立五〇周年記念　第二部國場組社史』（國場組、一九八四年）一三四頁。

(19) 沖縄タイムス編『あすへの選択　沖縄経済――実像と展望（上）』（沖縄タイムス社、一九七九年）七七～七八頁および『琉球新報』一九七七年一一月六日。選挙の行われた一号議員の選出では、定員五〇名に対して五八名が立候補し、新人二〇名が当選していた（『沖縄タイムス』一九七七年一一月九日）。

（20）那覇商工会議所編、前掲『那覇商工会議所五五年史』四六〇頁。
（21）（株）サンエー「有価証券報告書」（二〇二一年五月）および山内昌斗・上間創一郎・城間康文「沖縄における企業の生成・発展に関する史的研究」（『広島経済大学経済研究論集』三六巻二号、二〇一三年）五一頁。
（22）金秀グループ編『運玉森の麓から――金秀グループ六十年史』（金秀グループ、二〇〇七年）一〇三〜一一二頁。
（23）松下博文編著『「青い海」解題・総目次・執筆者索引』（三人社、二〇二〇年）。
（24）一九四〇年三月三〇日兵庫県尼ヶ崎生まれ。琉球国際短期大学二期生。中部日報社、月刊沖縄社、沖縄時報社を経て、復帰後に沖縄公論社を創設。その後、沖縄ジャーナル社を自営し出版活動を続けていた（沖縄フリージャーナリスト編『沖縄の新聞がつぶれる日』月刊沖縄社、一九九四年）。
（25）一九二〇年生まれの真栄田は、沖縄の教育者・歴史研究者で、教職を経て、五三年琉球政府文教局長、六一年に沖縄大学学長に就任し、六四年以降、文化財保護委員会委員長を歴任。真栄田は、戦時中に国体論まがいの戦意高揚の論説を書きながら、一方で、沖縄戦を疎開地視察のため体験していなかった。そして、戦後初期には米軍にすり寄り文教局長として教員を抑圧する側にまわったとされる（秋山、前掲『基地社会・沖縄と「島ぐるみ」の運動』七二頁）。
（26）このミニコミ誌は、季刊で発刊されており、ＣＴＳ阻止闘争を拡げる会編『琉球弧の住民運動』（三一書房、一九八一年）として書籍もまとめられている。
（27）たとえば、玉野井と宇井が書き手・語り手として登場した回数は、『青い海』では本論で取り上げた八二号の特集のみ、より社会運動に近いと考えられる『新沖縄文学』でも玉野井で四回、宇井で九回となっていた（松下、前掲『「青い海」解題・総目次・執筆者索引』および沖縄タイムス編『新沖縄文学』（九五号、一九九三年）より）。『新沖縄文学』では、編集に携わったメンバーをのぞき、冒頭で取り上げた新崎（三六回）や沖縄文学研究者で思想家でもある岡本恵徳（三四回）が多く寄稿している。
（28）青い海出版社編『青い海』（八二号、一九七九年）二〇頁。

(29) いずれも沖縄タイムス編『新沖縄文学』（九五号、一九九三年）七五～八一頁より。

(30) 原宏之『バブル文化論――〈ポスト戦後〉としての一九八〇年代』（慶應義塾大学出版会、二〇〇六年）。本書では、ストリート文化や大衆文化の転換に着目し、一九八四～八六年の間に《バブル文化》期に突入し、〈ポスト戦後〉をむかえたと論じている。「おわりに」でも指摘するとおり、復帰後の沖縄における「保守化」が、日本本土の《バブル文化》や私生活主義とどのように関わっていたのかは、現在の沖縄を考える上でも、非常に重要な論点となるだろう。

(31) 主要な雑誌紙の休刊・廃刊の時期としては、『情況（第一期）』（一九七五年）、『流動』（八二年）、『現代の眼』（八三年）、『日本読書新聞』（八四年）および『朝日ジャーナル』（九二年）などが挙げられる。なお、メディアと社会運動の関係については、「社会運動とメディアの連環――一九六〇年代から七〇年代の新左翼系雑誌と編集者に着目して」『社会運動史研究三　メディアがひらく運動史』（新曜社、二〇二一年）という筆者の共著論文も参考のこと。

(32) 名城政次郎「現実路線を重視せよ」（『沖縄公論』創刊号、一九八〇年）九～一〇頁。

(33) 砂川恵勝「経済を語り合おう」（『沖縄春秋』創刊号、一九七二年）八四頁。

(34) 「政治過剰の島」（『沖縄春秋』二号「読者のひろば」、一九七二年）九八頁。

(35) 「生活の安定を」（『沖縄春秋』二号「読者のひろば」、一九七二年）九八頁。

(36) このように経済的な「豊かさ」や「現実路線」を対置し「政治」を一方で回避しつつも、極めて政治的な態度をとる動きは、一九九〇年代以降にもみられる。二〇〇〇年代初頭に争点となった沖縄イニシアティブ論については、秋山道宏「日本復帰前後からの島ぐるみの論理と現実主義の諸相――即時復帰反対論と沖縄イニシアティブ論との対比的検討から」（『沖縄文化研究』四一号、二〇一五年）を参考のこと。上記の論考で示した論点については、本章の知見も交えて今後さらに検討していきたい。

(37) 「これからの沖縄観光」（『沖縄春秋』創刊号、一九七二年）六九頁。

(38) 主要な記事の内容としては、観光産業の振興（『沖縄春秋』一九号、一九七六年）、経済自立・成長策（同二二号、一九七七年)、観光の発展のために求められる主体性(同四七号、一九八〇年)などがある。

(39)「戦跡地へのモラル」『琉球新報』一九七八年五月五日。

(40)『琉球新報』一九七八年五月一二日。

(41)「わびしい県民性」『沖縄タイムス』一九七八年五月一四日。

(42)「観光沖縄総反省のとき」『沖縄タイムス』一九七八年五月一四日。

(43)ただし、一九八〇年代に入って『沖縄公論』でも、観光の拡大を批判的にとらえる必要性が指摘されていた。「沖縄観光は「海」という自然がテーマ。それに純朴な人情がよし、とされた。人気も上々で、ここ数年、観光客の数はうなぎのぼりである。それについて、観光地としての俗化が懸念されている今日、この頃だが、業界にはびこっているリベート商法や、県外資本と地元資本のあつれきなど、「観光沖縄」は今、大きな曲り角にさしかかっているようだ。県の「誘客・三百万人構想」に水を差すわけではないが、この辺りで立ち止まり、その中味をじっくり点検したうえで前進しなければならないのではないか。将来に悔いを残さないためにである」(『沖縄公論』一三号、一九八二年、編集後記)。

(44)このコーナーは、『沖縄公論』でも継続し、受験生・OBOG・保護者・知識人を含めた受験勉強による「学力」の強調がなされた。『沖縄公論』での主要な記事としては、「尚学院創立三〇年特集」(一四号、一九八二年)、「沖縄尚学高等学校入学式」(二四号、一九八三年)、予備校競合他社への批判(「県内予備校の誇大広告の実態」三号、一九八〇年および「那覇高等予備校の宣伝」二二号、一九八二年)などがある。

(45)浅野誠『沖縄教育の反省と提案』(明治図書、一九八三年)。

(46)「どうみる学力低下の現実!」(『沖縄春秋』一八号、一九七五年)七六頁。

(47)「本土の受験生と戦おう　明るく、たくましく知的に勉強を」(『沖縄春秋』四八号、一九八〇年)二〇~二一頁。

(48)「新春放談　世界的視野に立って奮起せよ」(『沖縄公論』一三号、一九八二年)九〇頁。

(49)両誌の読者層や読まれ方については、さらなる調査・研究が必要であり今後の課題である。

（50）倉橋耕平『歴史修正主義とサブカルチャー——九〇年代保守言説のメディア文化』（青弓社、二〇一八年）。倉橋は、保守論壇における「読者の育成」をある種の教育的効果としてとらえている。本章で言及した沖縄における保守論壇の形成や「読者の育成」の阻害という論点は、今後、より立ち入って検証する必要があるだろう。なお、現在、日本本土の保守論壇と近い主張を載せている雑誌には、一九七一年の『沖縄世論』から改題を経て発刊された『現代公論』（閣文社、通巻八号）があり、二〇一〇年代以降も継続して出版されている。

【付記】本章は「戦後沖縄の経済界の形成と展開に関する政治経済史的研究——建設業界を主な対象として」（若手研究、研究課題・領域番号18K12510、研究代表者・秋山道宏）の成果の一部として公表される。また、本章は、二〇二〇年一一月に行われた第三回沖縄社会学会シンポジウム「一九七〇～八〇年代の沖縄を考える」（コーディネーター：櫻澤誠）での筆者の報告「一九七〇／八〇年代沖縄を問う視座～沖縄の「豊かさ」再考」がベースとなっている。同学会での報告に対するコメントも拙稿に一部反映しているため、記して感謝したい。

第4章　沖縄県による自治体外交と中台問題

小松　寛

はじめに

沖縄県は二〇一〇年に策定された基本構想「沖縄二一世紀ビジョン」にて、アジアとの交流を経済振興策の一環として打ち出している。その地理的・歴史的な独自性を発揮することで、成長するアジア経済の恩恵を沖縄へもたらし、アジア各国との関係性を深めようというものである。具体的な成果としては観光客の増加という形で現れた。沖縄への外国人観光客は二〇一四年度の約九九万人から二〇一八年度には約三〇〇万人と、約三倍となった。そのうち、台湾（中華民国）、韓国、中国本土、香港からの観光客が七九・九％を占める。沖縄県の経済関係強化は観光客誘致だけではない。たとえば、二〇一五年に台湾とは那覇港管理組合と台湾港務のパートナーシップ港として覚書に署名、那覇港と高雄港の物流サービスの促進やクルーズ船の展開などでの連携強化を打ち出した。二〇一六年には、沖縄県は福建省と「沖縄県商工労働部と福建省商務庁の経済交流促進に係る覚書」を締結し、福建省自由貿易試験区での優遇措置や通関の簡素化により、沖縄と福建をパイプとしての日中輸出入の拡大が図られている[1]。

ここで企図されているのは、地政学上「太平洋の要石」とされ軍事基地の集積をもたらした地理的条件を、琉球王国の記憶から経済上のメリットとしてとらえ直し、アジア各国との「架け橋」となることで地域の安定と平和を達成しようというものである[2]。

このような沖縄による東アジアでの国境を越えた活動は、米軍占領下にあった琉球政府時代から実施されていた。一九六三年に大田政作琉球政府主席（現在の県知事に相当）が台湾を訪問し、蔣介石総統と会談を行ったことはその一例である[3]。また一九六〇年代から七〇年代にかけて、台湾から沖縄へ技術者・労働者の派遣事業が行われてきた[4]。この交流の目的には、東アジア冷戦構造における米国をハブとした反共陣営の関係強化があった[5]。そして一九七二年の日本復帰後は、米軍当局による統制から解放されたため、沖縄県が主体となって自治体外交を進めていくこととなる。しかし、その自治体外交もまた、常に国家間関係の影響を強く受けてきた。とくに懸案となっていたのが、台湾の帰属問題であった。

そこで本章は、沖縄県のアジアにおける自治体外交の特質を明らかにする。そこで注目するのが屋良朝苗県政の沖縄県中国訪問団、西銘順治県政の沖縄県台湾事務所の設置、大田昌秀県政の中国福建省との友好県省提携および台湾の国民党による沖縄投資構想である。

自治体外交とは地方自治体による国際活動を指す。日本においてその端緒は一九五〇年代の姉妹都市提携に求められ、これは主に文化交流を目的とした。一九八〇年代末には、冷戦崩壊によるグローバリゼーションや旧自治省による国際活動の促進により、環日本海経済交流や北東アジア自治体連合など、地方間の緊密な連携による地域発展が目指された。二〇〇〇年代以降は少子化対策や地域社会の活性化を図るため、海外から企業および観光客の誘致が行われるようになった。(6) 国際行為体としての自治体は中央政府と民間組織（企業やＮＧＯなど）の中間的性質を持っており、国家に準ずる外交的地位によって、中央政府や非政府アクターのどちらも果たすことができない、貴重な役割を演ずることが可能とされている。その活動分野は大別して、国際交流、国際協力、経済外交、安全保障に分けられる。(7)

日中・日台関係における自治体外交に関する先行研究は、管見の限り多くはない。数少ない例としては、日中国交正常化前の神戸市による対中接近の試みを論じたものがある。(8) ただし、一九八〇～九〇年代の横道孝弘北海道知事による訪韓・訪ソを対象とした研究が登場するなど、(9) 資料の公開に伴って冷戦末期から崩壊直後にかけて実施された自治体外交の内実に迫る実証的研究が今日進みつつある。

そこで本章は日本復帰後の沖縄県の自治体外交を、新聞報道の他、沖縄県公文書、政治家による日記、回顧録およびインタビューなどの資料から詳述する。そして冷戦後期からその終焉後に展開された沖縄の自治体外交への検討を通して、東アジアにおける非国家行為体としての活動実態を詳らかにする。そこから沖縄県による国際活動の意義を論じ、その可能性と限界を考察する。

沖縄と中国および台湾との関係に関する実証的な研究は、「中国が沖縄を狙っている」という過剰な中国脅威論とも、「アジアとの交流がそのまま平和の実現へつながる」という楽観的展望にも与することはなく、今日の東アジアと沖縄の在り方について現実的かつ地に足の着いた議論に資することができよう。

1　屋良朝苗県政による中国訪問

（1）第一次沖縄訪中団

一九七一年七月、キッシンジャーによる中国訪問が発表された。この米中対立の融和を契機として、日本でも財界などによる訪中団が相次ぐことになる。さらに一〇月、中華民国に代わって中華人民共和国が国連に加盟することが決定する。この米中関係の変容によって、日本政府内でも日中国交正常化を支持する声が高まっていた[10]。米中接近はアメリカ側にとっては泥沼化していたベトナム戦争からの「名誉ある撤退」、中国側にとっては六八年のチェコスロバキアの民主化運動（プラハの春）に対するソ連の軍事介入や、六九年の珍宝島（ダマンスキー島）をめぐるソ連との軍事衝突など切迫するソ連の脅威への対応、この両者の思惑が一致した結果であった[11]。沖縄においては、米中接近はアジアに緊張緩和をもたらし、米軍基地の整理縮小を促進する要因になると期待されていた。しかし実際には、米中接近によって米軍は台湾から撤退することになるため、在沖米軍基地の重要性がより高まると米国は認識していた[12]。

他方で、一九六九年一一月の日米共同声明で沖縄の日本への返還が決定していた。この日米共同声明では沖縄返還のみならず、台湾地域の平和と安全が日本の安全にとって極めて重要とする「台湾条項」が挿入されていた。これは沖縄返還の代償として、アジア冷戦における安全保障上の責任分担を日本がより引き受けることを意味していた。日本は経済大国となって台湾への影響力を高めながら、安全保障上の役割も担うことになったのである。安全保障および経済上の存在が拡大していく日本について、中国政府はかつて台湾を植民地として支配し、中国大陸を侵略した日本帝国の姿と重ね合わせていた(13)。

これに対し、台湾の国民党政府は、日米がアジア地域安全保障を考慮したことは評価したものの、沖縄の帰属問題について関係国との協議を経ず性急に決定されたことは遺憾であるとしていた。すなわち、領土問題の処理としては不満が残るが、安全保障問題については一定の理解と満足感を持っていた(14)。

このような国際情勢下にあった一九七二年一月、第一回沖縄県中国友好訪問団が結成された。団長は仲吉良新（なかよしりょうしん）沖縄県労働組合協議会が務め、仲宗根悟（なかそねさとる）沖縄県祖国復帰協議会（復帰協）事務局長や福地曠昭（ふくちひろあき）沖縄県教職員組合書記長など九人によって構成されていた。これらの団体は復帰運動を推進し、当時の屋良朝苗琉球政府主席を支える革新陣営の中核であった。この訪中団は一月一四日に香港から中国入りし(15)、広州を経由して二一日には北京に到着した。そこで日本本土から参加していた社会党および総評・中立労連の訪中団らと合同で周恩来首相との会談に臨んだ。

ここで周首相は前年に締結、批准された日米による沖縄返還協定を「ペテン」と語った。しかし沖縄が日本へ返還されること自体は「百万県民の奮闘の結果」と評価し、完全返還への第一歩とした。またアメリカ帝国主義、日本帝国主義との戦いの第一線に立つ沖縄県民は英雄であり、中国人民とは兄弟にあるとたとえた。周は続けて台湾について言及し、沖縄の次には台湾の返還、そして北方領土がそれに続くだろうとした。また、インドシナからの米軍撤退を要求し、中国の核実験は米ソの核独占から防衛するためと主張した。その他、日中の友好関係が結ばれれば東北アジアの緊張緩和につながるとも述べた。当時の解説記事では、北方領土への言及は日ソ接近への警戒であり、日本の革新勢力との会談は「半ば説得口調」であったと報じている[16]。

二四日には中日友好協会主催の夕食会が開催され、そこで王国権会長は中国と沖縄の人事文化および経済交流の推進に賛成の意を示した。その上で、復帰闘争は沖縄県民によるアメリカ帝国主義、日本軍国主義への抵抗運動であるという評価を示した[17]。

訪問団は北京のほか南京、上海などを訪問し、二月一日に沖縄へ戻った。訪問団は記者会見にて「①中国側は沖縄返還はペテンだが、完全復帰に向けての初歩的な勝利であると評価していた②中国は、攻撃されない限り核兵器を使用して沖縄を攻撃しないと言明した③沖縄―中国間の人事、文化交流をはじめるとともに、友好商社を早めに沖縄に設け準備ができれば年内にも経済交流を開始することで合意をみた」と報告した[18]。

また、後日には新聞紙上で座談会が実施された。全体的には中国の社会主義体制への好意的な印象が語られた。とくに中国側の沖縄認識について、吉田勇（よしだいさむ）全沖縄軍労働組合（全軍労）委員長は中国人民が「沖縄闘争についてよく知っており、強く支持していることが理解できた。また、全軍労の戦いについても、多くの人が知っており、想像以上だった」と述べている。団長の仲吉も「中国全体が県民の戦いを理解し、〝戦友〟として評価してた」とし、これは「中国自体が戦っていることを意味するし、これらを確認し得たことは、こんごの闘争に大きな影響をおよぼす」と語った。[19]

（2）第二次沖縄訪中団

第一回中国訪問からおよそ二年後の一九七四年四月二〇日、第二次中国友好訪問団が結成された。団長は琉球政府行政主席から沖縄県知事となった屋良朝苗が務め、革新政党、革新市町村長、労組、婦人団体、大学など各種団体の代表および同行記者を含めて二四名で構成された。今回の訪中は中国日本友好協会（廖承志会長）の招待を受け実現した。目的は友好親善および中国の社会経済の発展状況の見学、中国―沖縄の定期航路の開設、そして在留県出身者の一時帰国への協力要請にあった。[20]具体的な日程や面会者は広州での打ち合わせで決定することになっていたが、沖縄側は周恩来首相との面会と、福建省への訪問を希望していた。福建省には琉球王国時代の進貢船が入港する福州市があり、琉球王国の交易連絡所である琉球館（柔遠駅）が設置されていた。当時の琉球王国の使節団は琉球館を拠点として北京へと向かっていた。[21]琉球王国にとって福建省はいわば中国大陸への入り口であり、沖縄にとって中国との交流を象徴する地域であった。しかし今回の訪中で沖縄側の要望は実現せず、福建省訪問については外国人の受け入れ態勢が整っていないため不可と説明された。[22]

今回の訪中も前回と同じく香港経由となった。屋良は香港について日記に「実に貧富の差が甚だしい。全く植民地都市の好モデルだ」「スラム街が多く、電燈さえない生活で気の毒に見える。水もなければあかりもなし」「全くの消費都市で生産はない」と否定的な印象を書き残している。[23]他の参加者も「これが異族統治五十年後の沖縄の姿だったかもしれない」（平良良松那覇市長）、「米軍支配を経験しているだけに香港を見てすぐ沖縄を思った。現にアメリカは琉大に国文科はいらないなどと、露骨に植民地化政策をとろうとした。ねらったところは香港のような植民地化だったろう」（知花英夫社大党書記長）と語っている。[24] これらからは米国統治下にあった沖縄と英国統治下にあった香港を重ね合わせながら、いち早く日本への返還が実現した沖縄側の感慨が看取できる。

訪問団は二一日に北京へと入り、学校や工場、工芸展などを見学する日程をこなしていく。沖縄からの訪問団はいたるところで「反米闘争の前線から来た英雄的な沖縄人民の代表」として迎えられた。訪問団は乗用車十数台に分乗し、交通は警官が配置されノンストップ、沿道では一般市民が拍手、人民公社や工場では幹部職員が総出で出迎えるという準国賓級の扱いであった。[25] 二二日の歓迎レセプションでは廖承志中日友好協会会長は「米帝に反対する前線から来られた皆さんを歓迎する。沖縄人民の戦いは中国人民に励ましを与えた」と挨拶した。[26]

二五日、訪問団は中日友好協会を訪問し、張香山副会長、孫平化秘書長、林麗韞らと九時から一三時まで面会をもった。屋良日誌によれば中国側による発言概要は以下のとおりである。[27] まず沖縄は第二次世界大戦後アメリカの支配を受け、アジア侵略の軍事的拠点とされた。そのなかにあって沖縄人民は基地に反対し復帰を勝ち取った。その闘争はアメリカに反対するアジア闘争そしてベトナム人民への支援でもあり、アメリカは中国を敵視していたがその中国を支持することでもあり励ましでもあった。そして中国人民はプロレタリヤ国際主義を堅持して一貫して沖縄を支持し、米軍基地を撤去するまで中国は沖縄側に立って米帝国主義に反対し、米帝国主義は世界共通の敵であるとした。

次に世界情勢と日中関係についての説明があった。世界情勢については、鄧小平副総理が国連演説で唱えた「三つの世界論」に基づいて述べられた。これは世界を資本主義、社会主義、第三世界の三つに分ける従来の区分ではなく、第一世界をアメリカとソ連の超大国、第二世界をヨーロッパや日本などの先進国、第三世界をアジアやアフリカ、中国など途上国とするものである。ここではアメリカのみならず、ソ連もまた他国への侵略と干渉を企てる帝国主義国であり、中国そして世界における敵と位置づけられた。とくにソ連による脅威について重点的に説明された。

日中関係については林から説明された。まず日中ともに反米闘争をたがいに支援してきたとした上で、国交回復は両国民の努力、県民の努力、相互支援があったからだとした。大平正芳外相が台湾との関係は断絶すると表明したことは中日外交のキーポイントであった。しかし台湾問題について両政府間で決着しているにもかかわらず、福田赳夫蔵相からは消極的な発言があり、青嵐会などが日中友好の邪魔になるのではないかと懸念を示した。蔣介石による賠償金放棄については、これは中国人民の意思を示すものではないとした上で、日本人民に負担をかけないことが日中友好に必要であることを重ねて表明してきたと述べた。

続いて二六日、訪中団は鄧小平副総理と面会した。屋良は鄧の印象を「小柄な人で五〇台（ママ）位と思って居たが七〇台（ママ）になるそうだ。蔣介石を完全にしめ出した時の解放軍の総司令官だったとの事。円席になっていて私の左側に副総理、その次が廖承志、その次が長香山（ママ）、その次が林女史、その次の次が孫秘書長と云う順序。私の方は右にずらりと坐る」と書き残している[28]。

屋良日誌による鄧の発言内容は以下のとおりである[29]。歓迎の挨拶後、まずは祖国復帰闘争を反帝国主義の闘いと高く評価し、同じ闘争をしている中国人民に大きな励ましとなったと述べた。次に四月

会談の様子。前列右から鄧小平中国副総理、屋良朝苗沖縄県知事、平良良松那覇市長〔写真＝沖縄県公文書館所蔵〕

二〇日に調印された日中航空協定について言及し、これは国交回復の精神に沿って締結されている[30]にもかかわらず、自民党内がもたついているることに不満を示した。そして福田蔵相や青嵐会を厳しく批判し、さかのぼっては吉田茂、岸信介、佐藤榮作らも非難した。また、日本の国会は日中航空協定を批准できるかと問うた。

鄧は次に台湾問題に触れた。今さら航空協定と台湾問題がからむのは心外とし、台湾は中国の領土であることを強調した上で、「台湾は出来得れば平和裡に解放したい。どうしても出来なければ非平和的にも解決する」と強硬な態度を示した。そして「沖縄が日本に帰るのは当然でみな支持したはず。日本の北方領土も戻るべきと思う。それと同じく中国の領土である台湾が中国に戻るのも日本人として異議があるはずはない」と強く言い切った。

続いて帝国主義国、とくにソ連へ対する非難を展開した。ソ連と中国間の国境に一〇〇万の軍隊を配置していることを「ナンセンス」とし、三〇〇万を配置すれば意味はあるかもしれないが、そうすると東欧ががら空きになると「泰然としてせせら笑っている如くであった」。

なお、屋良によれば鄧の発言内容は張香山、林麗韞らの話と大差はなかったようである。屋良自身は鄧へ①沖縄訪問団招待の御礼②日中航空協定調印に対する祝意とその他の諸協定並びに平和友好条約の早期実現の期待と努力の意志表示③復帰闘争に対する支援の感謝④平和五原則に基づく中国外交の評価と今後の発展への期待の表明⑤沖縄と中国の歴史的関係と今後の友好運動推進の決意表明と連帯の確認、以上の五点を述べた。

北京での日程を終えた訪中団は以後、南京、上海、広州と周り五月四日に帰国した。帰国時の会見で屋良は「鄧小平副総理はじめ、幹部との懇談で直接、高い評価がなされたが、沖縄県民の闘争は、幹部クラスだけでなく、各地の労働者、青少年までよく知っていた。これは二千年来の友好関係を持ち、歴史的、地理的にも深い関係にある沖縄県民への友情の表われと思う。沖縄と共通した民芸、風物に接し、いよいよその感を深くした」と述べた[31]。

ここまで一九七二年と七四年に実施された沖縄訪中団について概観してきた。中国側の沖縄認識の特徴として、まず沖縄返還への評価がある。周恩来は沖縄返還を日米両政府による「ペテン」としながらも、沖縄返還闘争自体は評価した。そして中国人民と沖縄人民の関係を兄弟にたとえ、沖縄人民は英雄だと讃えた。その沖縄闘争の敵は米国帝国主義のみならず、日本軍国主義でもあるとし、それらを中国と共通の敵と措定した。

この中国の沖縄人民による沖縄返還闘争への支持は、一九五〇年代後半から続くものであった。当時沖縄では「島ぐるみ闘争」と呼ばれた大規模な反基地闘争が展開されていた。一九五八年三月二六日の『人民日報』は、琉球政府立法院議員選挙で反米派が伸長し、親米派が議席数を減らしたことを高く評価する文脈で、沖縄返還闘争への支持を表明した。以後、安保闘争と関連づけながら、沖縄人民の日本復帰闘争を支持する評論が増える。ここで沖縄は日本の領土であると明確に表現され、毛沢東も同様の認識を有していた。しかし、佐藤榮作による沖縄返還交渉については、アメリカ帝国主義を助けるものであると否定的に評価していた。一九六九年の沖縄返還を決定した日米共同声明についても日本本土の「沖縄化」であり、日本の国家主権と民族の利益をアメリカに売り渡したと非難していた。[32] このような中国側の姿勢は七四年の鄧小平との会談でも引き継がれていた。

他方で中国の沖縄返還闘争への解釈は、沖縄で論じられた「反戦復帰論」との同調を示していた。「反戦復帰論」とは、現実の沖縄返還が米軍基地の残置を伴うものであったことへの反省から、沖縄の日本復帰はあくまで反戦平和を目指し、ベトナム反戦運動と連帯しながらアジアの平和を実現する手段とすべきと再解釈するものである。復帰運動を支えてきた沖縄の革新系の団体が一九七一年の沖縄返還協定の調印および批准に対して、ゼネストを実施してまで反対したことはこの文脈から理解できる。中国側の復帰運動への解釈は、このように「反戦復帰論」と同調しながら、沖縄の日本復帰運動を反帝国主義の闘争として位置づけた。そして、アメリカのみならずソ連も含めた帝国主義国を、沖縄との共通の敵として示したのであった。

しかしこうした中国側の認識について、沖縄側が全面的に受け入れていたかは疑問が残る。復帰運動への中国側の解釈が「抽象的」であると感じた同行記者の大城朝次郎（琉球新報）は、「沖縄の復帰運動をどうみているか」「沖縄本土復帰したことは、中国にどういう意味を持つか。とくに米軍の対中国軍事包囲網との関係で」と訪問先で機会あるごとに問いかけた。しかし答えは「懇談会での要人たちの発言の範囲を出なかった」。ここから「沖縄の復帰問題が抽象的にしかとらえられていないのではないか」と解している[33]。

次に中国側が強調したのが、台湾問題である。中国側は台湾の帰属について領土問題としてとらえ、沖縄返還になぞらえた。そして日本政府が沖縄返還を実現し、続けてソ連から北方領土の返還を求めるのであれば、日本側も中国による台湾の「解放」も賛同すべきであると語った。この背景には沖縄返還を決定した一九六九年の日米共同声明に台湾条項が含まれていたこと、日中国交正常化が実現し日本政府と国民党政府は断交したにもかかわらず、自民党内の青嵐会など親台派の動向への懸念があったためと思われる。そして沖縄の米国統治が終わり、米中接近によって米国による台湾への関与が減じていくと予測されるなかで、台湾の帰属問題へも断固たる姿勢を示したのであった。

しかし沖縄側にとって当時の台湾問題がどの程度シリアスにとらえられていたかは定かではない。沖縄側としては、米中接近によって東アジアへ緊張緩和がもたらされたこと、日中国交正常化によって日中関係が進展したこと、台湾の帰属問題よりも米軍占領によって途絶えていた中国大陸との交流が、沖縄返還によって再開したことに大きな意義を見出していた。そしてそれは福建省の訪問を希望していたことからもわかるように、琉球王国時代から続く記憶の延長線上に位置づけられていた。

2 西銘順治県政による台湾事務所設置

(1) 西銘県政による自治体外交と台湾琉球館の設置

一九七二年の日中国交正常化と日華断交に続き、七九年にはアメリカが中国と正式に国交を樹立、アメリカと台湾の国交および米華相互防衛条約は廃棄された。七〇年代の東アジア冷戦は部分的には緩和されたが、中国と台湾の地位は完全に逆転した。以後、台湾は主要国とは民間関係のみを維持することになる。[34] 他方で一九七〇年代の東アジアは目覚ましい経済成長を遂げ、とりわけ台湾、韓国、香港、シンガポールは新興工業経済諸国（ＮＩＣｓ）と呼ばれた。台湾の年平均経済成長率は一九六三年から七九年にかけて、おおよそ八～一〇％に上り、「台湾の奇跡」と言われた。[35]

沖縄では一九七八年、自民党の西銘順治が沖縄県知事に就任した。米軍占領下の琉球政府行政主席が選挙で選ばれるようになって以来、初めて保守派が沖縄県のトップを務めることとなった。西銘県政による自治体外交の業績のひとつは沖縄系移民ネットワークの形成にある。具体的にはアメリカ・ハワイ州やブラジル・マットグロッソ州など、沖縄系移民を多く受け入れた地域との姉妹都市提携を結んだ。一九九〇年には世界各地の沖縄系移民が一斉に集う「世界のウチナーンチュ大会」の開催に至った。[36]

もうひとつの業績が台湾との交流強化である。一九八七年四月、那覇商工会議所と県工業連合会によって台北に「琉球館」が設置された。この背景にはＮＩＣｓの一角としての台湾の台頭のほか、台湾との貿易で沖縄側の輸入が大幅に超過している状況があった[37]。そこで台湾に琉球館を設置し、経済、貿易促進、人的・文化的交流、技術交流、企業間交流を図ることで、輸入超過を是正することが目的とされた。運営を行う「琉球館運営協議会」の会長には國場幸太郎國場組社長、名誉会長に西銘知事、顧問に方治（方希孔）中琉文化経済協会理事長が就任した[38]。

　中琉文化経済協会とは一九五八年、蔣介石の指示によって設立された団体である。総統府国策顧問の方治は蔣介石の命を受け、沖縄を訪問し同協会を設立、初代理事長となった。そこでは経済界、新聞などのメディア、大学の知識人らとの関係の強化、沖縄と台湾での多数の留学生の交換、沖縄の政治指導者との友好関係の増進、琉球華僑総会の創立などが図られた。とくに財界人としては、國場幸太郎（國場組創業者）、大城鎌吉（大城組創業者）、宮城仁四郎（糖業、パイナップル農園経営および琉球セメント社長）、具志堅宗精（オリオンビール創業者）のいわゆる「沖縄財界四天王」を重視していた[39]。このような組織が必要とされたのは、米国統治下にあった琉球政府とは外交部を介した通常の外交関係を持つことができなかったためであった。台湾からはパイン工など労働者・技術者の派遣事業が実施されていたが、一九七二年の沖縄返還および日中国交正常化に伴う日華断交により、派遣事業は停止され、中琉文化経済協会の交流事業は文教関係に限定されていった[40]。

　沖縄返還後の中琉文化経済協会は「駐琉球弁事処」として領事館としての役割を担ってきた。日本本土の「台北駐日経済文化代表処」と異なるのは、周辺国との協議を経ずに実施された沖縄返還の正当性を台湾側が認めていないためである。二〇〇六年には日本本土と同様の扱いとなる「台北駐日経済文化代表処駐琉球弁事処」に変更されたが、「沖縄」ではなく「琉球」という呼称が引き続き用いられている。[41]

(2) 台湾事務所設置をめぐる議論

台湾琉球館の設置からおよそ三年後の一九九〇年一月一日、西銘知事は新聞紙上の「新春インタビュー」にて台湾に沖縄県事務所を設置する構想を明らかにした。実現すれば沖縄県にとって初めての海外事務所となる。その背景には一九九七年に予定されていた香港の返還があった。すなわち、これまで香港が担ってきた自由貿易拠点の役割を、返還後は台湾がとって代わるのではないかという展望に基づくものであった。[42] 台湾琉球館の実情としては、県産品展示場として泡盛や黒糖などが展示されていたものの、駐在員が不在となり、十分な実績をあげているとは言えなかった。[43] その原因は台湾とは国交がなく、県が直接手掛けることができなかったためであった。[44] しかし日本外務省は国交のない台湾に沖縄県が事務所を設置することに難色を示した。三月一日、沖縄県としては休眠状態となっていた琉球館に県職員を派遣することで事務所成立を目指したが、その方法は断念すると報じられた。[45]

この台湾事務所の設置については沖縄県議会でも議論された。[46] 三月一日、西田健次郎（自民党）は、台湾事務所関連の質問に先立って、沖縄および台湾に関する歴史観を述べた。琉球王国は朝貢と中継貿易によってアジアにおける万国の津梁となって繁栄していたが、薩摩侵入によって貿易による利益が搾取され、琉球処分から第二次世界大戦終了まで沖縄は差別と貧困の歴史にあったとする。そして台湾も、日清戦争後、日本帝国の植民地となったが、台湾総督府による産業振興政策は今日の台湾の発展の基礎になったと評価する。そして第二次世界大戦後は「沖縄が祖国日本から隔絶をされ、米軍占領下に苦しんでいたときに、蔣介石総統を初め中琉文化経済の交流に多大な貢献をされてきて、お墓まで沖縄につくられまして方治先生の御好意により、沖縄は筆舌に尽くせぬ恩義を受けてきた」「中華民国（台湾）とはお互いは兄弟同士としての心の込もった交流を進める必要」「特に、弟分である琉球国の知事が、これまでの台湾への恩返しと、またポスト香港構想ということは、台湾抜きでは絶対不可能であるという認識に立つならば、日本国と国交がないとの理由で政府に交渉のできない台湾の方々にかわって県知事が先頭に立って我々ウチナーンチュが行動を起こす、こういう姿勢が必要かと思います。官僚の発想の枠を突破する沖縄ナショナリズムで県行政を展開することが、さすが西銘知事と拍手喝采を受けることになることを申し上げておきます」と訴えた(47)。

当日朝刊で報じられた「台湾事務所断念」の記事については、「琉球と台湾の歴史、そして本当に隣同士、兄弟同士だということでやるなら、外務省が何をがたがた言おうが、沖縄は沖縄としての何らかの形で作業ができるはず」と畳み掛けた。さらに基地問題についても言及され、外務省が米国と交渉を行う際には沖縄側の要請が「外務省の政策の中のオブラートに包まれてしまう」と外務省の姿勢を批判した。そして沖縄側の要望を直接米国へ伝えるために西銘知事が訪米した実績を「外務省の壁を乗り越える努力」と評価し(48)、「その壁を乗り越える努力を特に台湾事務所においてはやっていただきたい」と迫った。

これに対して西銘知事は「我が国と台湾とは国交がないこと等諸般の情勢から県の機関として設置することは困難である」が「本県と台湾とは地理的、歴史的に深いかかわりがあり、またこれまでの民間における貿易、経済、技術交流等の実態等にかんがみましてこれらをさらに発展させるため、民間レベルによる連絡事務所の設置を検討している」と答えた。

三月九日には林瑞龍中華民国国際貿易局副組長が沖縄県庁を訪問し、沖縄との貿易を促進するためにも情報交換が必要であること、琉球館の運営を「資料を置くだけでなく、常駐職員を配置して商品の説明や相談に応じる体制にしてほしい」と要望した。これに対し宮城宏光(みやぎひろみつ)副知事は「外交的な問題があるので、県が全面に出ての対応は難しい。琉球館のような民間団体を活用する形で貿易振興を図っていきたい」と応じた。林はさらに「香港以外に経済貿易の拠点を探している。私個人の考えだが、治安も良く、台湾と近い沖縄が最適地だと思う」と述べ、沖縄への台湾企業の進出可能性を示唆した。(49)

以上の経緯を経て、五月二一日に台北事務所を開設することが決定した。設置者は沖縄県ではなく県物産振興会となり、事務所の駐在員は県職員が休職した上で出向するという形式になった。これは中国に配慮した外務省が「正式な国交がないのに行政が設置するのはおかしい」と要望し、あくまで民間組織による事務所開設という形態をとったためであった。(50)開所式のために台湾を訪問した西銘知事は、まず李登輝総統の就任式典に出席した。日本本土からは金丸信元副総理ら三一人、沖縄からは一一人の出席者であった。(51)翌二一日に行われた開所式には西銘知事、呉慶堂中華民国経済部国際貿易局副局長らが参加した。新聞報道によれば、民間主導で始まった台湾琉球館が三年で行き詰まったため、運営協議会は県に支援を求めたが、県は当初、行政による民間への支援は難しいと難色を示していた。しかし事実上の事務所開設が実現した理由は「沖縄と台湾のかかわりは深く、県も無視することはできない現実があった」と解説された。(52)

以上が西銘県政による台湾との関係の一端である。一九七〇年代の革新県政がこれまで関係の途絶えていた中国大陸側との関係再開を目指したのに対し、保守県政は台湾との関係修復に乗り出した。沖縄と台湾は米国占領期から経済協力関係にあった。しかし沖縄返還および日中国交正常化に伴う日華断交により、沖縄と台湾の関係は相対的に低下したと考えられる。その関係を修復する具体策が台湾事務所の設置であった。日本外務省は国交のない台湾への事務所設置には難色を示していたが、設置主体は民間とし、県職員は出向という形式で実現させるに至ったのであった。

3 大田昌秀県政による沖縄自立の構想と中台問題

（1）福建省との友好県省提携と台湾問題

一九七九年のソ連によるアフガニスタン侵攻をきっかけに米ソ対立は再び激化、新冷戦に入っていた。八五年、ソ連共産党書記長となったゴルバチョフは国内の政治経済はペレストロイカ（改建、改造）による刷新を図った。国際政治では新思考外交を展開し、アメリカおよび中国との和解に至る。このようにペレストロイカは冷戦の終焉をもたらしたが、ソ連保守派はクーデタを起こす。クーデタ自体は失敗するものの、その帰結はソ連の解体であった(53)。

台湾は国民党一党支配の下、永久戒厳令体制が続いていたが、八七年に蔣経国総統はその解除を決断した。翌年、蔣経国の死去を受けて総統に就任した李登輝はさらなる民主化を進めた。九六年には中国が台湾海峡にて大規模軍事演習を行うなか（第三次台湾海峡危機）、台湾初の直接総統選挙にて当選を果たした[54]。中国は台湾などのアジアＮＩＣｓの経済発展に焦燥感を抱き、鄧小平が「改革開放」の名の下に市場経済の導入を試みる。しかし、民主化運動は弾圧され（天安門事件）、共産党一党独裁体制は維持された[55]。このように国際政治は冷戦の終焉という変動期を迎えており、それは東アジアにおいても例外ではなかった。

一九九〇年一一月の県知事選では四選を目指した西銘に対して、革新陣営の支援を受けた大田昌秀が勝利を収めた。大田は選挙戦で「反戦平和」と「公正公平」を掲げ、冷戦終結による「平和の配当」が沖縄へも与えられることを求めた[56]。自治体外交については、沖縄系移民のネットワークや台湾との関係を重視した西銘に対し、大田県政は中国との友好関係構築を図った。具体的には福建省との交流である。一九九二年、沖縄の日本復帰二〇周年を記念して琉球王国時代の朝貢ルートを実際に踏破する「中国大陸三〇〇〇キロ踏査行」が、沖縄県と福建省の共同事業として実施された。これは福州から北京までの約三〇〇〇キロを六〇日間かけて踏破するというものであった。沖縄県内の若者約二〇名は全行程に参加し、その他にも約七〇名は部分ごとに参加した[57]。

この事業には大田県政で政策調整監および副知事を務めた吉元政矩（よしもとまさのり）が関わっていた。琉球政府および沖縄県庁職員として労働運動に携わっていた吉元は、その一環として中国を三回ほど訪問していた。大田県政で福建省との交流を実施するために、歴史を再現するプロジェクトとしてこの踏査行を持ち込んだ。吉元によれば本プロジェクトの目的は、沖縄と福建のつながりを歴史ではなく現代に位置づけること、沖縄の若者に東京ばかりではなく中国や南の方に目を向けさせることにあった。すでに姉妹都市として提携していた那覇市と福州市の経緯も踏まえながら、六〇〇年の歴史を沖縄県と福建省の行政間で再確認したという。そのなかで中国側より「琉球館」復元の提案があり、友好会館として建設することになる(58)。

大田県政はこれを機会に福建省へ友好県省提携を提案、九四年からは「沖縄県・福建省サミット」の開催が始まった。本サミットは「華南経済圏にあって、今日目覚ましい発展を遂げつつある福建省と、二一世紀に向けた新たな関係構築を目指し、日中両国の友好と相互理解を深める」ことを目的とした(59)。以後、主催地を沖縄県と福建省で交互に持ちまわりとし、二〇〇一年まで毎年開催され、その回数は計七回を数えた。その間に福建・沖縄友好会館建設など交流実績を積み重ね、九七年に友好県省が締結された(60)。中国側では友好県省の提携は一省につき一県が原則であり、福建省はすでに長崎県と締結していた。しかし沖縄—福建の友好提携については、沖縄県との歴史的関係や交流実績が評価

『沖縄県広報誌　大きな和』201 号の特集「中国大陸 3,000 キロ踏査行」に掲載された朝貢ルート

されたため、中国政府の承認を得るに至った。(61) 九八年には「沖縄県・福建省サミット共同コミュニケ」を発表、農業・水産業分野や商工業・交通等分野をはじめとする五つの分野で人的交流を図ることなどが確認された。(62)

他方で、福建省との友好県省締結には大きな懸案が存在した。台湾との関係である。それは行政文書「第四回沖縄県・福建省サミットの開催要領」から確認できる。(63) この文書には「福建省政府側からは、友好県省締結の条件として「知事、副知事等が公務で台湾を訪問することは認められず、また県行政レベルでの台湾との交流はできない」ものと心得てもらいたい、旨の申し入れがある。（九五年八月初旬福建省外事弁公室との会議）ただし、民間レベルでの交流は一向にかまわない」とある。つまり、友好県省締結にあたって、福建省は沖縄県に台湾との公的関係の断絶を求めていた。

さらに本文書は「台湾は中国の一部」という中国側の主張を一九七二年の日中共同声明で日本政府も尊重する立場にあることを確認した上で、一九九四年度までは中華民国の国慶節（建国記念日）祝賀レセプションに知事名で祝辞を出していたが、一九九五年度からは取りやめたこと、一九九六年八月の李登輝総統就任式典には政策調整監ら五名の職員が出席したことが記されている。それは「台湾との公的対応（要人対応、行事出席、出張を含む各種交流等）は、政策調整監以下の関係部局職員レベル」で対応すること、この方針は「平成八（一九九六）年一一月に開催された第三回沖縄・福建サミットの一般交流部会において、福建省側代表（王百余外事弁公室副主任）に対し、行政側の台湾との交流はどのレベルまで福建省は許容できるのか質問したところ、副知事クラス以上の交流はやめてほしいとの回答があった」ためであった。

（2）台湾の国民党による沖縄投資計画

このように沖縄県が中国福建省と友好県省提携を進め、他方で台湾との知事・副知事レベルでの公的交流を取り止めたが、一九九六年一〇月に突如として国民党の党営事業[64]による沖縄投資構想が持ち上がる。中国大陸に偏った投資を分散するため、沖縄のホテル事業などに初期投資として四億円以上の規模となると報じられた。しかし、ノービザや航空路線の拡大など、規制緩和がその条件とされた[65]。

台湾側が投資の条件として規制緩和をあげた背景には、当時沖縄県が公表した「国際都市形成構想」がある。米兵による少女暴行事件をきっかけに在沖米軍基地が日米間で大きな懸案となっていた一九九六年、沖縄県は約二〇年をかけてすべての在沖米軍基地の返還の道程を示した「基地返還アクションプログラム」を提示した。さらに基地の整理縮小の進んだ沖縄が基地に依存せずに自立できる体制の展望を「国際都市形成構想――二一世紀に向けたグランドデザイン」で示した。この基本理念と目標は「二一世紀に向けて、「共生」の思想や「平和」を志向する沖縄の心を大切にし、本県の「自立」を図ることを理念に、自らの歴史・文化・自然環境等の特性を生かした多面的交流を推進することにより、本県の自立的発展を図るとともにアジア太平洋地域の平和と持続的発展に寄与する地域の形成を目指す」と示された[66]。ここには一九九〇年代の冷戦崩壊と経済のグローバル化を受け、軍事力の相対的縮小と国家間の相互依存による緊張緩和への期待があった。そして経済についても当時進められていた規制緩和の流れを受け、全県を自由貿易地域とし、中国および台湾との貿易を拡大するとされた。それにより、東アジアにおいて深まる相互依存のなかで沖縄の経済振興を図ることが日指された[67]。

本構想の実現性はともかく、日本政府も当初は沖縄政策協議会（閣僚および沖縄県知事によって構成）を設置するなど、沖縄振興策の進展に理解を示していた。中琉文化経済会琉球弁事処の呉嘉雄代表は「日本政府は沖縄の経済振興に本気で取り組もうとしており、将来の規制緩和や自由化の可能性を見据えている」と投資計画の方針について語った[68]。

同年一二月、李登輝総統は沖縄へ一〇億ドルの投資計画があることを明らかにした。稲嶺恵一沖縄経営者協会会長（後の沖縄県知事）は台湾を訪問し、李総統の意向を確認した。李は「東南アジアに対する三〇〇億ドル海外投資のうち沖縄に一〇億ドルの投資をしたい」考えがあるとし、稲嶺は「沖縄県の国際都市形成構想を踏まえたものだと思う。具体的には規制緩和の要求はなかったが、例えばノービザ制度などを期待している」と語った。台湾側としては、香港の返還による政治情勢の変化への対応の一環として、沖縄への投資に関心を持っていた[69]。なお、稲嶺へのインタビューによれば、吉元副知事も東京から合流し、李登輝との面会に同席していたという。しかし中国から知事・副知事による台湾との公的交流の禁止を求められていたため、公にすることはなかった[70]。

一二月一五日には台湾から五十余名の調査団が沖縄入りし、観光施設や中城湾工業団地、フリーゾーンなどを視察した。調査団副団長の楊宗哲中央投資有限公司董事長は、県担当者が開催した説明会で「台湾は国際化、自由化が実現できなかったが、沖縄はぜひ実現してほしい。沖縄は場所的には香港に負けない。一国二制度が実現すれば台湾や韓国、中国、香港からいろんな投資が入ってくるだろう」と述べた[71]。大田知事との会談では「規制の緩和ではなく規制の撤廃をしてもらいたい」と要請した。これに対し大田知事は「規制緩和やノービザの問題を一生懸命、政府と交渉しているが、日本は中央集権が強く、都道府県レベルでは難しい問題もある」と応えた。視察の日程をすべて終えた後、楊宗哲は記者へ「思い切った税制の優遇措置がなければ、投資する魅力はない」と感想を述べた(72)。調査団団長の劉泰英中華開発信託有限公司董事長は、投資先としての沖縄は「インフラは最高だが、全然だめ。システムが問題だ。法人税は五〇％と高い。香港は一七％、フィリピンの特区は免除。台湾は二五％だがそれでも高いと海外に進出する」とインタビューに答えた(73)。

台湾側は沖縄県の国際都市形成構想への期待を示したが、中国との関係については齟齬も生じていた。国際都市形成構想では台湾・沖縄・中国福建省によって構成される蓬莱経済圏などの局地経済圏の創出と、その経済圏の結節点としての沖縄の役割が強調されていた(74)。しかし、一九九七年三月、李登輝総統は当時提唱されていた蓬莱経済圏構想に反対すると言明した。李は台湾の家電産業が沖縄で製品を組み立て製造するなど、台湾と沖縄による「中琉経済圏」を想定していた(75)。

そして翌年七月、国民党党営事業グループによる沖縄投資計画の保留が、台湾紙の記事を引用する形で報じられた。その理由について、沖縄を「ポスト香港」とする可能性が検討されたものの、沖縄へのノービザ制度導入や台北—沖縄間の追加就航について、沖縄県は日本政府に積極的に要請したにもかかわらず、ついに認められなかったためとされた(76)。

当時、沖縄経済界の代表として台湾側と交渉した稲嶺は、国民党による沖縄投資構想が頓挫した理由をインタビューで以下のように語った。

だから僕が代表団長で、一〇〇〇億の枠をもらってきた。もらったんだけど、なんでダメだっていうと、つまらない話なんですけど、要するに繊維工場をつくるために中城のフリーゾーンに一〇〇〇億出すと言ったわけ。〔中略〕

あの当時、もう二〇年以上前の話だから、メイド・イン・ジャパンはメイド・イン・タイワンより一五％高かった。そうすると、台湾から持ってきた原料をもとにここでつくって、当然コストが高くなるでしょ。それをメイド・イン・ジャパンにすると算盤が合ったんですよ。それでやりたいと言ってた。そのときは、僕というよりかむしろ吉元副知事が中心になって、大田さんが中心になって日本政府ともやり合ったんだけど、政府がとうとうイエスと言わなかった。

つまり、付加価値の大半、原料代は、原料を向こうから持ってくるのをメイド・イン・ジャパンと認めないと。日本のお役人というのはすごいですよ。だから「不自由貿易地帯」と僕は言ったの。そういうことがあったんですよ。それで結局、その一〇〇〇億の話が消えちゃったというのはあるんですよ。(77)

結果として、「国際都市形成構想」が実現することはなかった。本構想は規制緩和と自由化による沖縄経済の自立を目指したが、日本政府による理解は得られなかった。また沖縄経済界の内部においても、政府による補助金に依存していた産業分野は動揺し、現状維持を求めていた。一九九七年一〇月、本構想の策定を主導した吉元副知事の再任は県議会で否決され、退任に追い込まれた。(78) そして一九九八年の県知事選で保守陣営から稲嶺が出馬し、現職の大田を破り当選した。

（３）稲嶺知事による訪台と訪中

一九九九年三月、稲嶺は台湾を訪れ李登輝総統に沖縄開発特別措置法の改正など沖縄の現状を報告し、台湾企業誘致のための「トップセールス」を行った。李登輝は一〇億ドルの投資計画は今も変わらないと応えた。その他、物産商談会も盛況だったとして、稲嶺は「大成功」と自己評価した[79]。

次に稲嶺は一九九九年七月、上海との定期便を要請するため北京を訪れた。しかし稲嶺が面会した中国外交部や政府関係者は李登輝総統の「中国と台湾の関係は国と国の関係」発言を問題視し、「李発言は台湾の独立を狙うもので、中国は絶対許さない」を県側へ語った[80]。稲嶺知事は北京の次には福建省を訪れ、琉球人墓への献花や琉球館の視察などを行ったことが報じられた[81]。

このことについて稲嶺は回顧録にて、同年三月に台湾にて李登輝と面会していたこと、その時点では大田県政が県三役は台湾を訪問しないことを知事名で中国側に一筆入れていたことを知らず、それゆえに中国側の強硬な態度を引き起こしたのではないかと推測している[82]。インタビューでは「最初に李登輝とこへ行ったから、もう全然相手にしてくれない」「知事になってすぐ李登輝に会いに行って、それから中国に行ってさんざんいじめられた」と表現した[83]。他方で吉元は稲嶺知事の台湾訪問について、台湾に有利となる投資制度を説明するために知事が先頭となって乗り込んでしまったために、福建省と北京政府から正式に文書で沖縄に抗議があったこと、この点について吉元は稲嶺知事から相談を受けたこと、稲嶺が北京の次に福建省を訪れたのは関係修復のためであったと証言している[84]。

以降、稲嶺は訪台を控えたため、二〇〇〇年の訪中では友好的対応に変わり、最終的には外交部長にも面会することができた。しかし稲嶺は台湾との関係を完全に断ち切ったわけではない。公式訪問は行わなかったが、たとえば双十節（中華民国国慶節）には私的に訪問し挨拶だけを行うという形で交流を継続していた[85]。

冷戦終結という国際政治の大きな変わり目において、沖縄では「平和の配当」を求めた大田昌秀が県知事となった。革新の大田県政は中国との関係強化を図る。これは環日本海圏など、社会主義国との地域間交流による局地経済圏の創出が企図された全国的な潮流と軌を一にするものであった。ここに沖縄独自の文脈として、米軍基地問題への対応という要因が加わった。規制緩和および貿易の自由化により、基地依存経済からの脱却がなされ、沖縄の経済的自立が実現するという構想が描かれた。それが国際都市形成構想であった。

沖縄県と中国との関係強化は福建省との友好県省提携という形でなされたが、現実には台湾との断交という条件が付されていた。これは日中国交正常化に伴う日華断交の相似形であった。この時期に台湾の国民党側から提示されたのが一〇〇〇億円の沖縄投資構想である。ポスト香港および国際都市形成構想による規制緩和という状況が、台湾から沖縄への関心を惹き寄せることとなった。さらに推測を重ねれば、福建省友好県省提携に伴う関係断絶への反発として、台湾側の存在感を提示することも目的の一つであったかもしれない。東南アジアなど他の投資先と比較して、沖縄の人件費および法人税が高いことに鑑みれば、沖縄への投資構想がどれほど真実味を有していたか疑問は残る。

他方で沖縄側としては、アジアでの関係強化を図ったものの、中台間の対立に巻き込まれたことは否めない。中国側は台湾との知事・副知事の訪問と行政レベルでの交流の禁止を迫り、新知事となった稲嶺が先に台湾を訪問したことに怒りを隠さなかった。本論では言及できなかったが、一九九九年四月に東京都知事となった石原慎太郎が中国を批判し[86]、一一月の台湾訪問時には「台湾は国家」と発言するなど[87]、自治体首長の言動が日中間の外交問題となっていたことも影響していた可能性はある。いずれにせよ、沖縄はアジアにおける「結節点」を目指したが、その理想は国家の論理という現実に大きく制約されることとなった。

おわりに

ここまで一九七〇年代から九〇年代にかけての沖縄県による自治体外交の変遷を中台問題に焦点を当てながら追ってきた。沖縄返還、日中国交正常化、冷戦終結など国際政治の変動とその影響に合わせながら、沖縄県は自治体外交を行ってきたと言えよう。そして革新である屋良県政および大田県政は中国との関係強化を、保守の西銘県政は台湾との関係強化を重視した。ここから県政の党派性が自治体外交の方針にも影響を与えていたことが確認できた。しかし、いずれの県政においても共通するのが琉球王国としての記憶である。万国の津梁となって繁栄していたという大交易時代のロマンは沖縄のアジアにおける自治体外交を推進する際の象徴として機能していた。

これに対し、知事による台湾訪問禁止が大田県政から稲嶺県政へ引き継がれていなかったことは、不可解である。これほど重要な取り決めが単なる引き継ぎ忘れとは考えづらい。県庁内でいかなる事情があったのか、現時点で判断はできない。しかし少なくとも本事例から言えることは、県政の交代があっても地方政府としての外交に一貫性を保てるよう、県に「外務省」的な役割を担う組織を恒常的に有する必要性ではないだろうか。

他方で、中国側にとって一義的に重要であったのは台湾の帰属問題であった。七〇年代の訪中団との会談および九〇年代の台湾との断交要請や稲嶺知事への対応などからは、地方政府間の交流であっても「台湾は中国の一部」という原則を貫徹するものであった。

台湾側においては、米軍占領期から続く非公式ながらも実態の伴う沖縄との関係を継続することが肝要であった。民間団体による台湾事務所の設置や県知事の私的訪問など、中国との関係により公的にはなりえない場合においても、実際に機能していることに重きが置かれた。沖縄県のアジアにおける自治体外交は、このように常に両者間の整合を図りながら展開されてきたのであった。

■注

（1）小松寛「沖縄県の自治体外交によるサブリージョン形成と安全保障の可能性」（多賀秀敏・五十嵐誠一編『東アジアの重層的サブリージョンと新たな地域アーキテクチャ』勁草書房、二〇二〇年）一六八～一六九頁。

（2）小松寛「沖縄県の対外活動による地域秩序形成の可能性」（『早稲田琉球・沖縄研究』五号、二〇一七年）。

（3）『朝日新聞』一九六三年八月三日。

（4）八尾祥平「戦後における台湾から「琉球」への技術者・労働者派遣事業について」（『日本台湾学会報』一二号、二〇一〇年）。

（5）沖縄返還に至るまでの冷戦下における沖縄と台湾の関係については成田千尋『沖縄返還と東アジア冷戦体制——琉球／沖縄の帰属・基地問題の変容』（人文書院、二〇二〇年）を参照。

（6）大西楠テア「グローバル化における地方自治体の役割」（『社會科學研究』六九（一）、二〇一八年）三〇～三一頁。

（7）プルネンドラ・ジェイン（今村都南雄監訳）『日本の自治体外交——日本外交と中央地方関係へのインパクト』（敬文堂、二〇〇九年）。

（8）孫若聖「日中国交回復前の神戸市による対中接近の発想と実践——友好都市提携を中心に」（『鶴山論叢』第一二・一三号、二〇一三年）。

（9）前田亮介「「自治体外交」の時代（1）——横路道政期の訪韓・訪ソ（一九八三—一九九一）」（『北海道史への扉』二号、二〇二一年）。

（10）井上正也「第二章　国交正常化」（高原明生・服部龍二編『日中関係史一九七二—二〇一二　Ⅰ政治』東京大学出版会、二〇一二年）四五頁。

（11）青山瑠妙「アジア冷戦の融解としてのニクソン訪中と田中訪中」（和田春樹ほか編『岩波講座　東アジア近現代通史　第八巻　ベトナム戦争の時代　一九六〇—一九七五』岩波書店、二〇一一年）三一五頁。

（12）野添文彬『沖縄米軍基地全史』（吉川弘文館、二〇二〇年）一二一～一二二頁。

（13）井上正也『日中国交正常化の政治史』（名古屋大学出版会、二〇一〇年）三八一～三九一頁。

（14）波多野澄雄「沖縄返還交渉と台湾・韓国」（『外交史料館報』一七号、二〇一三年）四二頁。

（15）『沖縄タイムス』一九七二年一月一六日。

（16）『沖縄タイムス』一九七二年一月二二日。

（17）『沖縄タイムス』一九七二年一月二八日。

（18）『琉球新報』一九七二年二月二日。

（19）『沖縄タイムス』一九七二年二月四日。

（20）『沖縄タイムス』『琉球新報』一九七四年四月二〇日。
（21）嘉手納宗徳「柔遠駅」（沖縄タイムス社編『沖縄大百科』一九八五年）。
（22）『沖縄タイムス』一九七四年四月二五日。
（23）『屋良朝苗日誌一〇三』（沖縄県公文書館所蔵、一九七四年四月一九日）。なお引用の際には適宜句読点を補い、仮名まじりの熟語は漢字へ直した。
（24）『沖縄タイムス』一九七四年五月七日。
（25）『琉球新報』一九七四年五月七日。
（26）『琉球新報』一九七四年四月二五日。
（27）『屋良朝苗日誌一〇三』『屋良朝苗日誌一〇四』（一九七四年四月二五日）。
（28）『屋良朝苗日誌〇三四』（一九七四年四月二六日）。
（29）『屋良朝苗日誌一〇四』（一九七四年四月二六日）。
（30）日中国交正常化交渉において、日中両政府は実務協定を締結し、その後平和友好条約交渉へと進むことで合意していた。しかし、その先鞭となった航空協定は予想以上に長期化し、一年半以上の時間を要した。詳しくは福田円「第三章　日中航空協定交渉　一九七三—七五年」（高原明生・服部龍二編『日中関係史一九七二—二〇一二　Ⅰ政治』東京大学出版会、二〇一二年）を参照。
（31）『琉球新報』一九七四年五月六日夕刊。
（32）石井明「中国の琉球・沖縄政策——琉球・沖縄の帰属問題を中心に」（『境界研究』一号）九三〜九四頁。
（33）『琉球新報』一九七四年五月八日。
（34）若林政丈「「中華民国台湾化」の展開——台湾における「七二年体制」下の政治構造変動」（和田春樹ほか編『岩波講座　東アジア近現代通史　第九巻　経済発展と民主革命　一九七五—一九九〇年）一四七頁。
（35）和田春樹「経済発展と民主革命　一九七五—一九九〇年」（和田春樹ほか編『岩波講座　東アジア近現代通史第九巻　経済発展と民主革命　一九七五—一九九〇年）一九頁。

(36) 小松、前掲「沖縄県の自治体外交によるサブリージョン形成と安全保障の可能性」一五六～一五七頁。
(37) 一九八七年度実績で輸出が一七億五八〇〇万円、輸入が一二二億五七〇〇万円であった。『沖縄タイムス』一九九〇年一月四日。
(38)『沖縄タイムス』一九八七年二月四日。
(39) 石井、前掲「中国の琉球・沖縄政策――琉球・沖縄の帰属問題を中心に」八七～八八頁。
(40) 八尾、前掲「戦後における台湾から「琉球」への技術者・労働者派遣事業について」。
(41)『沖縄タイムス』二〇〇六年六月二日。
(42)『琉球新報』一九九〇年一月一日。
(43)『琉球新報』一九九〇年一月四日。
(44)『沖縄タイムス』一九九〇年三月一日。
(45)『琉球新報』一九九〇年三月一日。
(46)「沖縄県議会定例会」第一回第二号、一九九〇年三月一日。沖縄県議会 <http://www2.pref.okinawa.jp/oki/Gikairep1.nsf/> 二〇二〇年一〇月一日アクセス。
(47) 琉球王国時代からの歴史伝統を重視しながら革新陣営と対峙する保守派沖縄ナショナリズムは、米軍が占領政策として実施した親米保守派涵養の流れとして理解できる。小松寛『日本復帰と反復帰――戦後沖縄ナショナリズムの展開』（早稲田大学出版部、二〇一五年）一九五～二〇〇頁。
(48) 西銘知事は一九八五年に沖縄県知事として初めて訪米し、ワインバーガー国防長官らにキャンプ・ハンセンでの演習の中止などを要請していた。『沖縄タイムス』一九八五年六月八日、小松、前掲「沖縄県の対外活動による地域秩序形成の可能性」三八頁。
(49)『琉球新報』一九九〇年三月一〇日。
(50)『沖縄タイムス』一九九〇年五月二日、『琉球新報』一九九〇年五月一〇日。
(51)『琉球新報』一九九〇年五月二一日。

(52)『沖縄タイムス』一九九〇年五月二二日、『琉球新報』一九九〇年五月二三日。
(53)和田、前掲「経済発展と民主革命　一九七五—一九九〇年」三一～三二、三六～三七頁。
(54)若林、前掲「「中華民国台湾化」の展開」一五六～一五九頁。
(55)加茂具樹「改革開放と天安門事件」(和田春樹ほか編『岩波講座　東アジア近現代通史　第九巻　経済発展と民主革命　一九七五—一九九〇年』一八五～二〇五頁。
(56)櫻澤誠『沖縄現代史』(中央公論新社、二〇一五年)二三三～二三四頁。
(57)「中国大陸三〇〇〇キロ踏査行　進貢使路五〇〇年の歴史をいま青年たちが体現する」(『沖縄県広報誌　大きな和』二〇一号、一九九四年)一四～一五頁。
(58)吉元政矩『吉元政矩オーラルヒストリー』(政策研究大学院大学COEオーラル・政策研究プロジェクト、二〇〇五年)九四～九五頁
(59)沖縄県・福建省サミット実行委員会「第一回沖縄県・福建省サミット報告書」(沖縄県公文書館所蔵、一九九五年)一頁。
(60)沖縄県「姉妹・友好都市提携(海外・国内)」＜https://www.pref.okinawa.jp/site/bunka-sports/koryu/honka/shimaitoshi.html＞二〇二〇年一〇月一日アクセス。
(61)『沖縄タイムス』一九九六年一一月一三日。
(62)『琉球新報』一九九八年七月三一日。
(63)沖縄県「第四回沖縄県・福建省サミットの開催要領」(沖縄県公文書館所蔵、資料コード136074、一九九七年)一一頁。
(64)国民党独自の営利事業は公営事業とは異なり、各企業は株式会社である。一九七〇年代以降には政府の開発・金融行政の政策ツールとなり、政府の産業・金融政策を補完する役割を担った。一九九三年六月には党営事業管理委員会が設置され、李登輝の腹心である劉泰英がそのトップについた。この「李登輝・劉泰英体制」は投資規模を拡大させ、高収益をあげていた。また、政治的には地方派閥の集票能力の強化という側面もあった。詳しく

は松本充豊「台湾の政治的民主化と中国国民党「党営事業」」（『日本台湾学会報』三号、二〇〇一年）を参照。
(65) 『沖縄タイムス』一九九六年一〇月二三日。
(66) 沖縄県「国際都市形成構想――二一世紀に向けた沖縄のグランドデザイン」（沖縄県公文書館所蔵、資料コード41714、一九九六年）五頁。
(67) 島袋純『「沖縄振興体制」を問う――壊された自治とその再生に向けて』（法律文化社、二〇一四年）一二三頁。
(68) 『琉球新報』一九九六年一〇月二四日。
(69) 『琉球新報』一九九六年一二月一〇日。
(70) 琉球政府研究会編『戦後沖縄の証言』（科学研究費助成事業「琉球政府を中心とした戦後沖縄政治の再構築」報告書、課題番号15K03283、研究代表平良好利、二〇一八年）一九四～一九六頁。
(71) 『沖縄タイムス』一九九六年一二月一五日。
(72) 『沖縄タイムス』一九九六年一二月一七日。
(73) 『沖縄タイムス』一九九六年一二月一九日。
(74) 小松、前掲「沖縄県の自治体外交によるサブリージョン形成と安全保障の可能性」一五四～一五五頁。
(75) 『沖縄タイムス』一九九七年三月二一日。
(76) 『沖縄タイムス』一九九七年七月一五日。
(77) 琉球政府研究会編、前掲『戦後沖縄の証言』一九五頁。
(78) 島袋、前掲『「沖縄振興体制」を問う』一二四～一二七頁。
(79) 『沖縄タイムス』一九九九年三月二〇日、二一日。
(80) 『沖縄タイムス』一九九九年七月三一日。
(81) 『沖縄タイムス』一九九九年七月二八日。
(82) 稲嶺惠一『我以外皆我が師――稲嶺惠一回顧録』（琉球新報社、二〇一一年）一六〇～一六二頁、小松、前掲「沖縄県の自治体外交によるサブリージョン形成と安全保障の可能性」一五八～一六一頁。

(83) 琉球政府研究会編、前掲『戦後沖縄の証言』一九四〜一九五頁。
(84) 吉元、前掲『吉元政矩オーラルヒストリー』九六頁。
(85) 琉球政府研究会編、前掲『戦後沖縄の証言』一九四〜一九六頁、小松、前掲「沖縄県の自治体外交によるサブリージョン形成と安全保障の可能性」一五八〜一六〇頁。
(86)『朝日新聞』一九九九年五月八日。
(87)『朝日新聞』一九九九年一一月一四日。

第5章　沖縄県庁の幹部人事
――「保革の論理」と「行政の論理」の交錯

川手　摂

はじめに

本章では、沖縄県庁の部長級以上の職員（以下、幹部職員あるいは単に幹部）の人事について詳述・分析する[1]。琉球政府行政府各局の局長は琉球政府公務員法上の「特別職」であり、行政主席は（同法の定める資格任用の原則などの制限を受けずに）自由に任用することができた。しかし、沖縄県庁の部長は地方公務員法の適用を受ける「一般職」となり、知事はその任用に一定の制約を受けることになったと考えられる。また、日本「復帰」（以下、原則的には、単に復帰と表記する）から時が経つにつれ、組織としての県庁は徐々に独自の「行政の論理」を確立し、それに基づく人事を行うようになっていったのではないか。一方、あくまで知事が任命権者であり、行政の長である以上、その意にまったく沿わない幹部人事が行われるということはおおよそありえず、とりわけ県政の「保革」が入れ替わった場合には、ある種の「刷新」が各方面から求められたであろう。そうなれば、沖縄県庁の幹部人事は、「保革の論理」と「行政の論理」の交錯のうちに行われていったのではないかという仮説を立てることができる。その検証が、本章を貫く脊椎となる。

論述にあたっては、人事を知事の交代に伴って行われた「移行期人事」とそれ以外の「平常時人事」に分けて考える。そして知事ごとに節を設け、とくに移行期人事について詳述する。平常時人事については、印刷局『職員録 下巻』の各年版で各年六／七月一日時点[2]における配置を調べて各年間の異動を把握し、特筆すべき点を抽出的に論じる。

なお、本章が分析対象とする幹部職員とは、特別職である副知事・出納長および公営企業管理者（企業局長）、病院事業管理者（病院事業局長、二〇〇六年から）、教育長と、一般職の職員のうち管理職手当の区分が「一種」であるものを指す[3]（なお、企業局長・病院事業局長・教育長は、基本的には一般職の部長級職員と同格と扱う）。対象とする期間は、復帰直後から翁長県政期までとする。

1　屋良県政——屋良行政府との継続性と「革新色」

琉球政府行政主席の屋良朝苗（やらちょうびょう）は、一九七二年五月一五日の復帰にともない暫定的に沖縄県知事となり、同年六月に行われた県知事選で当選し、六月二九日に（再）就任、一期四年を務め任期満了で退任した。

（1）移行期人事

屋良県政については、復帰時点の人事を「移行期人事」ととらえて論じる。表1は、復帰直後の沖縄県庁の幹部職員の前職を示したものである（注記にあるとおり、一部で七月段階までの人事を含む）。副知事には副主席の宮里松正（みやざとまつしょう）がスライドした。宮里は弁護士で、屋良の主席時代からのブレーンである（一九七〇年から副主席）。先取りになるが、宮里は屋良の知事任期中一貫して副知事を務め、屋良の退任とともに辞任する。(4)

出納長には総務局長だった新垣茂治（あらかきしげはる）が就任した（表1の※1を参照）。新垣は、屋良主席の下で総務局長を務め、「女房役」とも評された(5)人物である。

総務部長の仲松庸幸、企画部長の喜久川宏、厚生部長の平安常実、労働商工部長の前田朝福は、それぞれ琉球政府の労働局長、通産局長、厚生局長、法務局長を務めていた。また、表1の※2にあるとおり、企画局長だった宮里栄一は当初企業局長に就いたが、五月中に退職している（宮里は建築士。沖縄教職員共済会会館・八汐荘の設計を手掛けたことから、屋良と知己を得た）。後任の企業局長には東京事務所長の大嶺永夫が就任し、大嶺の後任の東京事務所長には公務員等共済組合理事長で元主税局長の糸洲一雄が就任した。

表中の「主な経歴」の欄を参照するに、平安は屋良とのつながりが濃く、糸洲も労働運動に関係が深い。反対に仲松や大嶺は行政官であり、民間から屋良主席時代に局長／部長職に採用された前田や喜久川はその中間にありそうである。

前述の局長から部長に転任した面々以外では、農林水産部長の比嘉行雄、土木部長の安里一郎、教育長の津嘉山朝吉が琉球政府の部長職（局長に次ぐナンバー2で、一般職の最上位ポスト）からの「昇

表１　復帰直後の沖縄県庁幹部の前職

職	氏名	前職	主な経歴
副知事	宮里松正	行政副主席	弁護士、主席時代の屋良のブレーン
出納長 ※1	新垣茂治	総務局長	沖縄教職員会、中央教育委員会、主税局長、総務局長、屋良の「女房役」
総務部長	仲松庸幸	労働局長	労働局次長、計画局参事官、厚生局民生部長、土地調査庁長
企画部長	喜久川宏	通商産業局長	琉球農業協同組合連合会、沖縄経済開発研究所常務理事
厚生部長	平安常実	厚生局長	「屋良さんを励ます会」事務局長、厚生局民生部長
農林水産部長	比嘉行雄	農林局農政部長	林務課長、畜産課長
労働商工部長	前田朝福	法務局長	琉球上訴裁判所法制調査官、弁護士、総務局行政部長
土木部長	安里一郎	建設局土木建築部長	那覇市役所下水道課長
東京事務所長 ※2	糸洲一雄	公務員等共済組合理事長	沖縄官公庁労働組合副委員長、労働金庫理事長、主税局長
教育長	津嘉山朝吉	文教局総務部長	佐敷中学校長、南部連合教育区教育長
企業局長 ※2	大嶺永夫	東京事務所長	企画局企画部長、日米琉諮問委員会事務局長、琉球政府東京事務所長
知事公室長 ※3	大島修	総務局渉外広報部長	沖縄教職員会、65年立法院選出馬（社大党公認）

※1　出納長は当初喜久川企画部長が兼務し、7月10日から新垣が就任した。

※2　企業局長には企画局長だった宮里栄一が就いたが、5月末で退職し、6月1日付で大嶺が後任となった。それに伴い、大嶺の後任となったのが糸洲である（なお大嶺は復帰前から東京事務所長であった）。

※3　知事公室長はこの時点では管理職手当2種（次長級）であるが参考までに掲出した。

任」である。比嘉・津嘉山は、琉球政府で主席に関わらず累進してきた行政官／教員だが、安里は屋良時代に那覇市役所から琉球政府に「一本釣り」されており、屋良（周辺）との直接的な関係が強かった可能性が高い。

なお、これらの「昇任組」は琉球政府の局・組織に対応する部・組織での就任で、局長から部長に就任した人たちの局と部が必ずしも対応していない（たとえば仲松労働局長→総務部長、前田法務局長→労働商工部長など）のとは対照的である。

また、知事公室長（この時点では部長級ではない）には大島修が就任した。教職員会幹部を務め、社大党（沖縄社会大衆党）公認で六五年の立法院選に立候補して落選したのち、六九年四月に渉外広報部長に就任しており、屋良とつながりの深い革新系の人物と言えるだろう。

ちなみに、復帰直前の局長陣のうち県庁に残らなかったのは屋部博主税局長、翁長林正農林局長、仲村栄春建設局長、中山興信文教局長の四名である。屋部は担当事務が国政事務だったために中央政府の沖縄国税事務所長に転出、仲村は外郭団体の住宅供給公社理事長に転出し、翁長・中山は公職を退いた。

以上、屋良の移行期人事では、副主席・局長として屋良主席を支えた面々が多く幹部陣を固めた。付け加えれば、屋良行政府の局長人事は七一年後半に一度大きく動揺しており、復帰時点まで残っていた局長は、その（革新色を強くする方向で行われた）「改造」によって就任した局長や、それを経ても辞任しなかった局長だった。そもそも屋良は「今回の人事が復帰およびこれに伴う行政機構の改定によるものであり、知事選挙をひかえていることなどから、できるだけ現体制のままでいく方針」であった。[6] かくして屋良県政の幹部人事は、復帰前との連続性を強く残していたのである。

（2） 平常時人事

屋良県政において最初の部長級の大きな異動が実施されたのは一九七四年一月一一日で、総務部長に総務部次長の赤嶺武次、企画部長に那覇市企画部長の平良清安、農林水産部長に沖縄国際海洋博覧会協力局長の野島武盛、土木部長に土木部参事（次長級）の安里長徳、沖縄国際海洋博覧会協力局長（七三年四月から部長級に格上げ）に東京事務所長の糸洲一雄、企業局長に土木部長の安里一郎が就任した。

前項ですでに経歴を記した糸洲・安里一郎以外では、赤嶺は琉球政府時代に労働運動に従事し、屋良が主席に就任して以降、課長級～部長級と短期間に駆け上がってきた経歴をもつ。また平良は、官公労書記長から革新市政下（平良良松市長）の那覇市役所で市長公室長～企画部長を務め（後、八〇年から助役となり、八四年には県議となる）、「革新三党や民主団体とは魚と水の関係」と評される人物であった。[7] 野島と安里長徳は経歴的に行政官である。

この人事、わけても企画部長のそれには、明瞭な政治的背景があった。すなわち、与党各派が「〝革新屋良体制〟の確立」を求めており、いったんは内部からの起用が内定していた「与党、革新団体とのパイプとなる」企画部長ポストに「注文をつけた」ため、「最後の段階で宮里副知事が平良那覇市長に平良清安企画部長の県庁入りを要請」したのである。[8]

さらに四月、それまでの六部制を、企画調整・総務・生活福祉・環境保健・農林水産・労働商工・

表２　1974 年１・４月人事後の屋良県政幹部の顔ぶれ

職	氏名	備考
副知事	宮里松正	主席時代の屋良のブレーン
副知事	新垣茂治	屋良の「女房役」
出納長	屋部博	
企画調整部長	平良清安	革新那覇市政の幹部から外部任用
総務部長	赤嶺武次	労働運動、屋良行政府でスピード昇進
生活福祉部長	平安常実	「屋良さんを励ます会」事務局長
環境保健部長	照屋善助	
農林水産部長	野島武盛	
労働商工部長	前田朝福	屋良行政府で部長級に外部任用
土木部長	安里長徳	
渉外部長	大島修	沖縄教職員会、立法院選出馬（社大党公認）
海洋博協力局長	糸洲一雄	沖縄官公庁労働組合副委員長、労働金庫理事長
東京事務所長	大城盛三	屋良主席専属秘書
企業局長	安里一郎	屋良行政府で那覇市から外部任用
教育長	津嘉山朝吉	

土木・渉外の八部にあらためる機構改革が実施され、さらに異動が行われた。副知事に出納長の新垣茂治が就任し、後任の出納長には前述のとおり沖縄国税事務所長に転出していた屋部博（やぶひろし）が就任する。屋部は琉球政府で一貫して税務畑を歩んだ行政官で、七一年八月に主税局税務部長から主税局長に「昇格」していた。

機構に変動のなかった総務部、農林水産部、労働商工部、土木部、海洋博協力局、教育庁、企業局については長もそれぞれ留任した。また、部名は変わっているが、企画調整部長は企画部長の平良清安が、生活福祉部長は厚生部長の平安常実が、それぞれ事実上の留任である。

新設の環境保健部長には厚生部医療専門官の照屋善助が就いた。琉球政府の初代厚生局長も務めた公務員医師である。東京事務所長には、知事公室参事の大城盛三が昇格した（知事公室参事は管理職手当三種＝課長級であり、「二段階特進」となる）。大城は教員から文教局職員となり、屋良の行政主席専属秘書を務めた。また、渉外部長には知事公室長の大島修が昇格した。

以上、七四年一月・四月の異動を経た時点での副知事・出納長・部長級職員一五人のリストを表2に示す。備考欄に示したとおり、宮里・新垣・平良・赤嶺・平安・前田・大島・糸洲・大城（・安里一郎）の九（一〇）人は、労働運動の経験があるなど革新色が強いか、屋良の側近を務めた経歴をもっていた。

2　平良県政——革新県政の継承と「革新色」の希薄化

平良幸市（たいらこういち）は、屋良知事自身も推す後継候補として[9]一九七六年六月の県知事選に出馬・当選し、六月二五日に就任した。七八年一一月二三日、病を得て任期途中で辞任する（八二年三月五日に逝去）。

（1）移行期人事

平良の就任後に初めて実施された部長級人事は就任二カ月後の一九七六年八月のもので、宮里副知事に代わって農林水産部長の野島武盛（のじまたけもり）が就任したことを引き金としている（もう一人の副知事であった新垣茂治は屋良県政期に退任していた）。農水部長を副知事にしたのは、平良の農林水産重視の選挙公約の反映であった[10]。なお、当初平良は副知事を二人とし「政務、事務の両面体制をとる構想」であったが、「政務担当副知事に気に入った人がみつから」ず、断念したようである[11]。

野島の後任の農林水産部長には、同部次長の島崎盛武が昇任した。また、労働商工部長に総務部次長の金城慎徳が昇任している。島崎も金城も琉球政府草創期からの職員で、主席にかかわらず累進してきた行政官である（ただし金城には五〇年代末から六〇年代頭にかけて労働局職労の幹部を務めた経歴がある）。土木部長には、屋良県政の移行期人事で企業局長となった大嶺永夫がリゾート開発公社専務から出戻りとなった（大嶺は七四年にリゾート開発公社に転出していた）。

その他のポスト、すなわち出納長、企画調整部長、企画調整部技監（七五年六月に新設）、総務部長、生活福祉部長、環境保健部長、渉外部長、東京事務所長、企業局長、教育長は留任している。

以上、平良の移行期人事では、副知事は交代したものの、後任の副知事は屋良県政の農水部長が「昇任」し、出納長も留任した。部長級においても異動が行われたのは三ポストのみで、あとは軒並み留任している。屋良の後継であった平良の移行期人事においては、「刷新」が基本的に求められていなかったのだと考えられる[12]。

(2) 平常時人事

その後の平良県政の人事を、前節の(2)と同様、革新／側近色の推移という面から簡単に検証したい。

平良時代の副知事は、革新色の薄い行政官タイプの二人（野島武盛・屋部博）が担った。結局「政務担当副知事」は置かれなかったことになる。一方、出納長はやや革新色の濃い赤嶺武次（一九七七年一月に総務部長から就任）が多くの期間を務めた。

部長級については、屋良時代から引き続いての革新／側近系の顔ぶれもいながら、次長から昇任してきた行政官タイプが漸増する。総務部長・企画調整部長・東京事務所長の枢要ポストは革新／側近系（平良清安・赤嶺武次・大城盛三）が押さえていたものの（注12に記したとおり、平良が企画調整部長に沖教組の福地を充てようとしていたらしいことも、ある種の意志を感じさせる）、このうち企画調整部長は県政後半には行政官の吉元嘉正（主な経歴は表3の東京事務所長の欄を参照）に交代している。

平良が退任する直前、七八年七月時点での副知事・出納長・部長級一五人中、革新／側近色のある人物は五人（赤嶺出納長、平良総務部長、大島生活福祉部長、大城東京事務所長、安里一郎企業局長）となった。前節で見た屋良時代の七四年四月時点からほぼ半減したことになる。平良時代は二年半ほどしか続かなかったが、この短い間にも行政官の部長級への進出があり、屋良時代の革新／側近色は随分薄まったと言えるだろう。

3　西銘県政――「保守／派閥の論理」と長期県政下の安定

西銘順治（にしめじゅんじ）は、一九七八年一二月に行われた県知事選で当選し、一二月一三日に就任した。以後、八二年一一月、八六年一一月に実施された県知事選にも連続して当選を果たし、三期一二年を任期満了まで務めた。屋良〜平良と続いた革新県政を覆す、明確な保守系知事である。

（1）移行期人事

西銘は、就任直後の一九七九年一月（一部は二月）に、三役・部長級の大幅な異動を実施した。表3にその直後の顔ぶれと前職を示す。

副知事は二名とも外部任用である。比嘉幹郎（ひがみきお）は当時衆議院議員だった國場幸昌（こくばこうしょう）の娘婿で、「自民党県連内で圧倒的勢力を持っていた国場派が……大浜博貞（元水道公社総裁）を推してきたが、西銘が難色を示し」[13]、「選挙直後から……考えていた」[14]比嘉を指名した。座喜味彪好（ざきみたけよし）は五七年から五九年まで琉球政府に勤めてＵＳＣＡＲ（琉球列島米国民政府）に転じ、六八年に再び琉球政府に戻り、復帰とともに沖縄総合事務局に転じた人物で、「同じ東大〔出身〕……ということもあって、古くから西銘のブレーンのひとり」[15]であった。

出納長には嘉手納町長の古謝得善（こじゃとくよし）が就任する。嘉手納村役場に勤め、六八年に村長となり、七二年、七六年と無投票で再選されており、役場職員としての経験はあるが「政治家」である。この人事は「副知事の比嘉が本島北部……座喜味が宮古出身ということもあって、〔沖縄島〕中部から……起用することで、ある程度地域バランスも図ったもの[16]」とされた。

続いて部長級である。企画調整部長は比屋根俊男に代わった。琉球銀行からの外部任用である。「西銘は琉銀の某幹部をほしがっていたが、琉銀側は将来の頭取候補を手放すことに難色を示し……代わりに……推薦してきたのが比屋根だった[17]」。前任の吉元嘉正は東京事務所長に転任、東京事務所長だった大城盛三は、労働商工部参事監に回された。参事監は七九年一月、この人事に合わせて新設

移行期人事

主な経歴	発令日
政治学者	79.2.1
USCAR、日米琉諮問委員会琉球政府代表補佐官	79.1.17
嘉手納村役場、町長3期	79.1.17
エコノミスト	79.1.24
法務局刑事部長、コザ渉外労務管理事務所長、渉外部次長	79.1.24
東京事務所長、企業局長、土木部長	-
総務局総務課長、総務局行政部長、沖縄放送協会専務理事	79.2.1
医師。厚生局長、厚生部保健医療専門官、環境保健部長	-
総務局行政部長、労働商工部次長、総務部次長	79.1.24
企画局計画官、東京事務所財政企画課長、地方課長、生活福祉部次長	79.1.24
医師。厚生局公衆衛生部長、厚生部次長、環境保健部次長	-
農林漁業中央金庫、通産局総務課長、企画調整部次長、農林水産部次長	-
総務局行政管理課長、通産局通商課長、知事公室参事、労働商工部次長	79.1.24
屋良行政主席専属秘書、知事公室参事	79.1.24
総務局渉外広報部長、知事公室長、渉外部長	79.1.24
通産局運輸部長、地方労働委員会事務局長、労働商工部次長	79.1.24
高校教員、文教局施設課長、教育庁総務課長、土木部参事	-
通産局商工部長、東京事務所次長、生活福祉部長	79.1.24
那覇市企画部長、企画調整部長	79.1.24
文教局義務教育課長、教育庁総務課長、教育次長	-

郭：外郭団体。表6、表8～10も同じ。

された部長級ポストである。企画調整部の参事監には渉外部長の久貝誠善が転任する。企画調整部技監はすでに平良県政期に作られていたポストで、七八年九月に土木部長から転任した大嶺永夫が西銘県政になっても留任した。

総務部長の嶺井政治も外部任用である。戦前からの行政官で、沖縄放送協会専務理事に転じ、復帰後NHK沖縄放送局長を務めていた。嶺井本人は「〔西銘が〕那覇市長の頃、私は行政課〔・地方課〕におって、那覇市を指導したりしていた

表3　西銘県政の

職	氏名	前職	
副知事	比嘉幹郎	琉球大学教授	外
副知事	座喜味彪好	沖縄総合事務局農林水産部調整官	外
出納長	古謝得善	嘉手納町長	外
企画調整部長	比屋根俊男	琉球銀行事業開発部長	外
企画調整部参事監	久貝誠善	渉外部長	転
企画調整部技監	大嶺永夫	留任	留
総務部長	嶺井政治	NHK 沖縄放送局長	外
総務部医療技監	照屋善助	留任	留
総務部参事監	金城慎徳	労働商工部長	転
生活福祉部長	新垣雄久	教育次長	昇
環境保健部長	伊波茂雄	留任	留
農林水産部長	宮城宏光	留任	留
労働商工部長	米村幸政	観光振興局長	昇
労働商工部参事監	大城盛三	東京事務所長	転
労働商工部参事監	大島修	生活福祉部長	転
渉外部長	大浜賢永	八重山支庁長	昇
土木部長	城間勇吉	留任	留
東京事務所長	吉元嘉正	企画調整部長	転
企業局長	平良清安	総務部長	転
教育長	前田功	留任	留

注：前職欄の右端にある記載は、以下を表す。外：外部任用、転：転任、留：留任、昇：昇任、

ので、その頃から付き合いがあった[18]」と振り返っている。同じ総務部の医療技監も平良県政期から存在したポストで、照屋善助が留任している。照屋は七七年に環境保健部長から転任して以来このポストにあった。

生活福祉部長には教育次長の新垣雄久が昇任する。「与那原の出身で、南部の首長からの推薦もあった」という[19]。本人は「渉外官で〔琉球政府東京事務所に〕いたときには〔西銘さんは〕代議士でしたから、よくお供をして……お付き合いをさせていただきました[20]」と

振り返る。前任の大島修は、大城盛三と同じ労働商工部参事監に回された。西銘と同じ八重山出身[21]の大島は、「西銘知事が辞任を示唆すれば辞めるつもりだった……ライン[22]を外れて参事監になった後、知事から「君の能力はよく知っている。何とか活用したいが周りがうるさくてどうにもならん。しばらく我慢してくれ」とよく八重山方言で声を掛けられた」と回想している[23]。しかし以後、大島が（大城も）ラインの部長職に戻ることはない。

環境保健部長の伊波茂雄と農林水産部長の宮城宏光は留任である。伊波は七七年から、宮城は七八年から両職を務めていた。宮城はインタビューで「部長は復帰前の特別職（局長）だというイメージを持っている人が多かった……「知事が変わったのに、なんであんたはやめないのか」という声とかがいろいろあった[24]」と語っている。

労働商工部長には観光振興局長の米村幸政が昇任、前任の金城慎徳は総務部参事監に回された（後、リゾート開発公社に出向）。渉外部長には八重山支庁長の大浜賢永が昇任している。七八年から支庁長を務めていた大浜は、自身の人事を「八重山出身の部長を、という地域バランスも考慮したのだろう[25]」と振り返っている。

既述の大嶺永夫が七八年九月、土木部長から企画調整部技監に転任した際、後任の土木部長となったのが城間勇吉で、西銘県政になっても留任した。城間は平良県政期の七八年四月に土木部参事に就任後五カ月にして部長に昇任しており、「抜擢」の色が濃い（その後八四年に自民党県議となる）。

企業局長には総務部長の平良清安が転任した。西銘は当初、「沖縄開発庁からも評判がよく、行政手腕もある」平良を東京事務所長に起用する考えだったが、「旧官公労組の書記長で革新県政時代の主要部長をしてきただけに、自民党県連の反発が強く、結局……企業局長にまわした」[26]という。なお、これ以後の人事のパターンを見ると、翁長県政期に至るまでに就任した二〇人の企業局長のうち実に一三人が総務部長からの転任で、他も企画調整部長、商工観光部長、知事公室長、土木建築部長などいずれも部長級からの転任である。企業局長は特別職であり、この人事を皮切りに筆頭部長のいわば「名誉の転任」先として扱われるようになったと言えよう。

教育長の前田功は留任で、七八年四月からこのポストにあった。

以上、西銘の移行期人事についてまとめると、副知事・出納長、そして一般職のなかで枢要ポストである企画調整部長・総務部長については、政治的な任用や西銘個人の知己などの外部任用が行われ、独自色が打ち出された。屋良～平良県政の流れをくむ革新色の強い人物は、もはや大城・大島・平良清安の三名のみとなり、とりわけ前二者については参事監というライン外の「閑職」に追いやられる[27]。代わって、ラインの部長職には行政官タイプの職員が多く昇任した。また、平良県政の部長であった久貝・金城は行政官タイプでありながらスタッフ職の参事監に移され[28]、企画調整部長であった吉元も東京事務所長に転任している。ただし、後に見る大田・稲嶺の移行期人事に比べると、三部長＋教育長が留任になっているなど、「刷新」の度合は意外に小さかった。

（2）平常時人事の特徴

三役人事：出納長～副知事のパターン化

西銘時代の副知事は七名（座喜味彪好・比嘉幹郎・古謝得善・嶺井政治（みねいまさはる）・新垣雄久（あらがきたけひさ）・宮城宏光（みやぎひろみつ）・翁長助（おながすけ）

裕）にのぼるが、移行期人事で就任した座喜味・比嘉を除くとすべて出納長からの就任であった。なお、米村幸政は西銘の知事選敗北により一九九〇年一二月に退任したため、彼だけが出納長を務めながら副知事になれなかった。

出納長は政治家タイプの任用（古謝得善・翁長助裕[29]）と行政官タイプの任用（嶺井政治・新垣雄久・宮城宏光・米村幸政）が混在していた。

革新系幹部の参事監への「押し込め」

すでに述べたように、平良県政末期における革新／側近系の幹部職員は五人（赤嶺出納長、平良総務部長、大島生活福祉部長、大城東京事務所長、安里企業局長）であったが、西銘の移行期人事で赤嶺と安里は県庁を去り、大島と大城は参事監、平良は企業局長となった。

その後、七九年八月の組織改編（労働商工部が商工観光部、渉外部が労働渉外部、土木部が土木建築部となった）に合わせ、企業局長にしてもなお「自民党県連の反発」が強かった平良は企画調整部参事監に回される[30]。また、大島は商工観光部の、大城は生活福祉部の参事監となり、西銘県政に残された革新／側近系の三人はすべて参事監ポストに押し込められた。

平良はその年の一二月に、大城は八九年に（途中、八三年の組織改編に伴い企画開発部に異動。大島も同様）、大島は九〇年にそれぞれ職を辞す。平良と大城はいずれも那覇市助役（当時の市長は平良良松／親泊康晴。どちらも革新市政である）に転身する（平良はさらに八四年から県議会議員となった）。かくして革新／側近系の部長級職員が完全に姿を消した直後、大田県政がやってくることになる。

企画調整部技監から技監へ

平良時代の七五年、企画調整部に技監ポストが新設された。当初就任したのは内務官僚（ダム技術者）の野島虎治であった。野島は熊本出身で、「沖縄の本土復帰に当たっての河川行政の引継ぎ、特に沖縄最大の水瓶である福地ダム〔六九年七月に米軍が着工、復帰後に日本政府に工事が引き継がれ七四年竣工〕の建設継続[31]」に関わり、復帰とともに沖縄総合事務局次長に就任していた。

企画調整部技監に代わって西銘時代の八一年に新設されたのが、部に属さない「技監」である。初代は建設省四国地方建設局企画部長の中西秩が就任した。四国地方建設局大度ダム調査事務所長[32]などを務めた、野島と同じ建設省河川系のダム技術者である。

これ以後、技監ポストは県政に関わらず存続し、二〇〇六年に廃止されるまで総勢一〇人の建設省の技術系職員、それも河川系と道路系の二系統の職員がほぼ交代で就任することになる。

外部任用と側近人事

移行期人事では総務部長と企画開発部長が外部任用されたが、その後はどうだっただろうか。前述の技監を除けば、部長級における外部任用は、西銘県政の目玉政策の一つであった県立芸術大学の設置にかかって琉球大学事務局長から企画調整部参事監に任用された真栄城朝潤に限られる（八二年）。関連してもう一人、我謝正俊が琉大学生部次長から企画調整部参事（次長級）に任用され（これも八二年）、その後、県立芸大設置準備事務局次長・参事を経て八五年に企画開発部参事監になる。

この我謝のように、部長級より下のポストで外部任用されて部長級まで昇任した、川上康雄と饒波正之の例があるが、この二人は、より政治的な背景が色濃い。八四年時点で総務部参事監に昇任した川上は、西銘の知事就任とともに秘書から知事公室秘書課副参事に就任、そこから知事公室秘書課長、東京事務所次長、総務部参事と昇任し、八三年四月から商工労働部次長を務めていた。「西銘と川上の〝出会い〟は古く……昭和三七（一九六二）年、……那覇市長となった西銘が、大学を卒業して那覇市役所入りしていた旧知の川上を秘書課に引っ張り込んだ」[33]。明確な「側近」人事である。川上はのち、西銘の三期目に新設された総務部審議監に転任する。このポストが置かれたのはこの時だけ、このポストに就いたのは川上だけで、まさに川上のためのポストだった。

また、八六年時点で観光・文化局長に昇任した饒波は、稲嶺一郎（いなみねいちろう）参院議員の元秘書で（七二年の県議選に出馬、落選）、七九年四月に國場組営業部長から労働商工部参事に外部任用され、そこから商工観光部参事、同次長を経て、八三年四月より企画開発部次長を務めていた。移行期における比嘉副知事の任命の背後に國場派への配慮があったことは述べたが、これもまた「配慮」の跡かもしれない。その比嘉が副知事を退任したのと同時期に饒波が部長級に昇任しているのは象徴的である。実際、新聞では「自民党内の派閥の圧力もあったようだ」と報じられている[34]。

このような外部任用の例以外にも、「西銘色」のある人物がいた。移行期人事における嶺井政治・新垣雄久については言及したが、他に、八五年時点で農林水産部長に昇任した久手堅憲信がいる。久手堅は屋良行政府で初めて課長級となり、屋良・平良県政でも累進した行政官ではあるが、「西銘の〝弟分〟として知られる久手堅憲次沖縄銀行頭取の実弟」で「西銘一家」の一人[35]、「西銘知事の〝秘蔵っ子[36]〟」と評されていた。そして、嶺井については、七九年の県議選において「総務部長の嶺井政治

表４　２年サイクルに乗った部長級職員の比率（知事任期ごと）

屋良・平良	西銘１	西銘２	西銘３	大田１	大田２
46.9%	33.3%	10.1%	52.0%	51.7%	40.3%
稲嶺１	稲嶺２	仲井眞１	仲井眞２	翁長	
49.0%	74.7%	55.9%	39.1%	55.6%	

が各選挙区の情勢を三役に報告。これに基づき、西銘を中心に、副知事の比嘉幹郎、座喜味彪好、出納長・古謝得善が手分けし、資金面も含めテコ入れした[37]」といい、一般職でありながら政治的な仕事も引き受けていた節がある。

二年サイクルの破れ

後のことになるが、人事を報じる新聞記事には「現部局長は任期二年の異動時期だ」（大田県政移行期[38]）、「県は就任二年以上の部局長は原則として異動させるとの基本方針」（稲嶺県政一期[39]）といった記述が散見される。これは人事における「行政の論理」を示すものであろう。

では実際、この「論理」はどれほど貫徹していたのだろうか。本章が取り上げる期間中の包括的な部長級の在職期間データは残念ながら用意できないので、『職員録』をもとに作成した各年時点の名簿において、二年連続で同一ポストに現れている職員を選別し、これを二年サイクルの人事に乗っていたものとみなす（たとえば総務部長の米村幸政は八二年時点・八三年時点に現れる。これを八二年に就任し、八四年に退任したと考え、就任期間が二年であったと推定する）。そして、各年時点の部長級職員のうち、この二年サイクルに乗っている職員の数が全数に占める割合を算出した。それを知事の任期ごとに示したのが表４である。

一見して明らかなように、西銘の二期目だけこの数字が極端に低い。すなわち、

表5　西銘県政（1979年・1983年・1987年）における三役・部長級の出身地域別人数

	全体			ラインのみ		
	1979年	1983年	1987年	1979年	1983年	1987年
那覇	2	9	13	1	6	10
北部	7(1)	6	3(1)	5(1)	5	2(1)
中部	5	2	3	5	2	2
南部	4	5(1)	7	3	4(1)	5
沖縄離島	1	3	2(1)	1	3	2(1)
宮古	1(1)	0(2)	0(1)	1	0(2)	0
八重山	2(1)	1(1)	1(1)	1(1)	0(1)	0(1)
その他	0	1(1)	1	0	0(1)	0

この四年間の部長級人事が、二年サイクルを破って行われていたことが示唆されるのである（一方、最も高いのは稲嶺の二期目である）。具体的にこの四年間の人事の動きを観察すると、三～四年にわたって現れる職員が多いことがわかる。たとえば総務部長の平良正夫や知事公室長の国吉真暢、生活福祉部長の金城祐俊は八四～八六年時点の三年連続、企画開発部長の池田光男、環境保健部長の原実は八三～八六年時点の四年連続、農林水産部長の喜久山盛忠は八一～八四年時点、久手堅憲信は八五～八八年時点の四年連続で現れている。具体的な背景は不明だが、ここまで顕著な傾向が出ている以上、西銘二期目の部長級人事においては、二年サイクルという「行政の論理」を破ろうという意志が働いていたと考えるのが自然ではないだろうか。

地域バランス

西銘は幹部人事において地域バランスを重視していた、という直接的な証言・記事などが散見される[40]。そこで最後にこの点を検証したい。表5に、一期目・二期目・三期目のそれぞれの最初の年になる七九年、八三年、八七年時点の出身地域別の人数を掲げた。[41] 表には幹部職員すべてを見た数と、部長級をラインの長に限った場合の数を示している。カッコ内の数字は、出生地と思われる地名が付記されている場合にその数をカウントしたものである。[42]

七九年においては那覇出身者が少なく、北部・中部・南部が勢力を分け合い、沖縄離島・宮古・八重山の出身者も配置されており、バランスが意識されていたことがうかがえる。しかし、二期目、三期目と、北部・中部と宮古・八重山の勢力が減少し、那覇・南部が伸長している。また、沖縄離島が一定の存在感を示している。一期目の時ほどは、地域バランスが意識されなくなったと言えそうである。これは、当選を重ねるごとに西銘の県政の基盤が安定していったことを意味しているのかもしれない。

4　大田県政――「保革の論理」による大刷新と「大田流」人事

大田昌秀（おおたまさひで）は、一九九〇年一一月の県知事選で現職の西銘順治を破って当選し、一二月一〇日に就任した。革新陣営による一二年ぶりの「県政奪還」であった。以後、九四年一一月に実施された県知事選にも当選し、二期八年を任期満了まで務めた。

(1)　移行期人事

表6に、一九九一年一月（一部は前年一二月）に行われた大田の最初の三役・部長級人事の顔ぶれ

移行期人事

主な経歴	発令日
通商産業省通商課長、工業技術院総務部技術審議官、沖縄電力理事	90.12.23
那覇市人事課長、総務部長、企画部長	90.12.23
祖国復帰協議会事務局長、沖縄官公労書記長、県職労執行委員長、企画調整室	90.12.20
総務局職員厚生課長、総務部次長、労働商工部次長、農林水産部次長	91.1.16
総務局公務員制度審査官、総務部人事課長、総務部次長、環境保健部次長	90.12.10
総務局行政管理調整官、人事課長、教育次長、総務部次長、知事公室長	91.1.16※1
観光第一課長、行政管理課長、人事課長、教育次長、生活福祉部長	91.1.16 ※2
労働局渉外労働課長、企業立地対策課長、観光・文化局次長、振興開発室次長	91.1.16
総務局行政管理課長、観光課長、総務部次長、東京事務所長、商工労働部長	91.1.16
財政課長、東京事務所次長、総務部次長	- ※ 3
財政課長、企画開発部次長、開発室長、総務部次長	- ※ 4
通産局中小企業課長、離島振興課長、商工課長、都市モノレール対策室参事	91.4.1
通産局工業課長、企業立地対策室長、商工労働部次長、振興開発室次長	91.1.16 ※5
獣医師免許有。環境整備課長、医務課長、環境保健部参事	91.1.16
東京事務所文教厚生課長、商工課長、教育長総務課長、出納事務局長	91.1.16 ※6
医師。那覇保健所次長、コザ保健所長、環境保健部予防課長	91.1.16
医師。コザ保健所長、環境保健部次長、県赤十字血液センター長	-
人事課長、地方課長、総務部参事、企業局次長	- ※ 7
(東京事務所長の欄を参照)	91.4.1
軍用地転用対策室長、県民生活課長、行政管理課長	91.1.16
厚生局医事診療課長、公害規制課長、土木建築部次長、東京事務所長	91.1.16
総務局行政管理課長、人事課長、労働商工部次長、コザ渉外労務管理事務所長	91.1.16
県民文化課長、教育庁文化課長、商工労働部参事、工業試験場長	-
総務局公務員制度審査官、広報課長、東京事務所次長、県庁舎建設局長	91.1.16
労働局労政課長、労商総務課長、国際交流課長、文化振興課長、商工労働部参事	91.1.16
建設局建築課長、住宅課長、建築課長、県庁舎建設準備室長	91.1.16
地方課長、企業局次長、総務部次長、企画開発部次長	- ※ 8
秘書課長、東京事務所総務課長、総務課長	91.4.1
医師。中部病院長	-
企画局財投計画官、財政課長、東京事務所次長、東京事務所長、企画開発部長	- ※ 9
(総務部参事監の欄を参照)	91.4.1
総務局文書課長、秘書課長、生活福祉部次長、芸大設置準備事務局長	-
文教局経理課長、総務部次長、知事公室長、商工労働部長、総務部長	- ※ 10
学校指導課補佐、知念高校長、社会教育課長	91.4.1
企画調整部参事、交通方法変更対策室長、地方労働委員会事務局長	-

へ、※ 4 ＝ 91.4.1 対米請求権事業協会専務理事へ、※ 5 ＝ 91.4.1 対米請求権事業協会専務理事へ、
局長へ、※ 9 ＝ 91.4.1 退職、※ 10 ＝ 91.4.1 退職。

表6　大田県政の

職	氏名	前職	
副知事	仲井眞弘多	沖縄電力理事	外
出納長	宮平洋	那覇市収入役	外
政策調整監	吉元政矩	沖縄県地方自治研究センター事務局長	外
総務部長	新垣勝市	県立芸大事務局次長	昇
知事公室長	大城進一	公園・スポーツ振興協会理事長	郭
総務部参事監	石川秀雄	総務部長	転
総務部参事監	平敷昌一	農林水産部長	転
県庁舎建設局長	与座弘喜	土木建築部参事監	転
企画開発部長	仲里全輝	海洋博管理財団常務理事	郭
企画開発部参事監	久場貞男	留任	留
振興開発室長	新垣徳夫	留任	留
➡	与那嶺敏光	自治研修所長	昇
土地調査事務局長(参事監)	町田昇	企画開発部参事監	転
生活福祉部長	山里明	保健医療福祉事業団常務理事	郭
生活福祉部参事監	伊敷亀栄	生活福祉部次長	昇
環境保健部長	金城毅	環境保健部次長	昇
環境保健部医療技監	平田久夫	留任	留
病院管理局長	上原勲	留任	留
➡	比嘉清一	東京事務所長	転
農林水産部長	山城正栄	総務部次長	昇
農林水産部参事監	大城清吉	生活福祉部長	転
商工労働部長	比嘉秀雄	那覇渉外労務管理事務所長	昇
商工労働部参事監	城間茂松	留任	留
商工労働部参事監	松堂忠健	観光・文化局長	転
観光・文化局長	比屋根隆和	商工労働部次長	昇
土木建築部長	澤村宏明	県庁舎建設局長	転
東京事務所長	比嘉清一	留任	留
➡	饒平名知宏	観光開発公社事務局長	郭
中部病院医療顧問	新垣浄治	留任	留
企業局長	金城祐俊	留任	留
➡	石川秀雄	総務部参事監	転
芸大事務局長	儀間常盛	留任	留
教育長	高良清敏	留任	留
➡	津留健二	教育次長	昇
議会事務局長	宮城調一	留任	留

※1 = 91.4.1 企業局長へ、※2 = 91.4.1 畜産公社専務理事へ、※3 = 91.4.1 観光開発公社専務
※6 = 91.4.1 長寿社会振興財団常務へ、※7 = 91.4.1 総務部参事監へ、※8 = 91.4.1 病院管理

とその前職を示した（引き続き四月にも部長級人事が行われたため、そこで異動があったポストについては「➡」で記している）。

西銘が知事選で敗退した直後、自民党県連と三役は「特別職の県三役と特別職的意味合いをもつ川上〔康雄〕審議監については、西銘知事の任期満了となる来月九日までに辞任」し、「西銘県政の主軸をなした総務部長、企画開発部長、知事公室長については、配置替えを要求する」方針を確認している。[43] この方針どおり、副知事と出納長は全員交代となった。新しく副知事になったのは仲井眞弘多、出納長になったのは宮平洋である。仲井眞は元通産官僚で、沖縄電力理事からの外部任用であった。宮平は元那覇市職員で、「同郷〔久米島〕の大田……に請われ」[44] て、那覇市収入役から外部任用された。なお、この時点で副知事が一名なのは、女性副知事の登用を公約に掲げた大田が示した人事案を「共産党色が強い」として県議会の多数派野党（自民党）が否決したためである。[45]

新設の政策調整監には吉元政矩が就任した。吉元は琉球政府時代に官公労書記長、復帰後も県職労執行委員長を務め、平良県政時代には専従から県庁に復帰、西銘県政時代の八三年に課長補佐級で退職して沖縄県労働組合協議会事務局長となり、その後沖縄県地方自治研究センター事務局長となっていた。明確に革新系の人物である。大田は当初、吉元を副知事に据えようとしたが、「社大、社会、共産、公明の革新政党や労働団体関係者から難色を示す意向があり」、「無理を通せば革新内部の足並みの乱れにつながるのは必至」ということで、[46] 政策調整監ポストを新設してそこに置くことに落ち着いたようである。

大田は当初、「一月は三部長程度にとどめ、残りは外郭団体役員人事と連動させた四月一日付異動」、という「二段階人事構想」をもっていた（「三部長」というのは、先の自民党県連が前県政首脳と確認した方針と呼応しているのだろう）が、現任の部局長の一部に[47]「一月の異動対象に含まれなければ、辞表を出す」という動きが表面化、「結果的に全面入れ替えを決断せざるを得なくなった[48]」。新聞は、吉元政策調整監が「『部局長はあくまで一般職。県政が変わったから辞めるというのでは公務員としておかしい』と……困惑顔」、と報じている[49]。西銘の一二年の県政は、（少なくとも）一部の部長にこのような意識を持たせるに十分な期間だったということだろう。

一月までの人事での副知事・出納長を除く部長級の前職類型は、外部一、外郭三、昇任六、転任七、留任一一である。一見すると留任が多いようであるが、ラインの部長職（知事公室長を含む）に限って見ると、八ポスト中昇任が四、外郭からの出戻りが三、転任が一と、全面的な刷新となった。知事公室長の大城進一と企画開発部長の仲里全輝が外郭からの出戻り、総務部長の新垣勝市は芸大事務局次長という、本庁から外れた非主流ポストからの昇任である。また、生活福祉部長の山里明は外郭から出戻り、環境保健部長の金城毅、農林水産部長の山城正栄、商工労働部長の比嘉秀雄は昇任、土木建築部長の澤村宏明は県庁舎建設局長からの転任であった。このうち比嘉は、屋良行政府で課長級（総務局行政管理課長）になり、屋良〜平良県政で人事課長・労働商工部次長を務めた後、西銘県政期には出先の渉外労務管理事務所長に回されており、「復権」の匂いが感じられる。

その他、振興開発室長の新垣徳夫、病院管理局長の上原勲、東京事務所長の比嘉清一、企業局長の金城祐俊、教育長の高良清敏は留任しているが、四月一日に追加的に実施された人事異動で新垣は外郭へ出向、上原は総務部参事監へ回され、比嘉は病院管理局長に転任、金城と高良は退職となった。

後任人事は外郭からが一、昇任が二、転任が二である。

このうち特記しておきたいのは教育長人事である。既述のとおり、西銘の移行期人事において教育長（前田功）は留任したが、その次の人事（八二年）では総務部長の新垣雄久が転任し、これ以後、西銘県政期の教育長はすべて（筆頭格の）部長からの転任人事となる。新垣の後任の米村幸政は同じ総務部長から、その次の池田光男は企画開発部長、高良清敏は総務部長からの就任である。それ以前の革新県政期にも、続く大田・稲嶺・仲井眞県政期にも、教育長は例外なく教育畑からの起用となっており、これは明確な西銘県政の教育長人事の特徴をなしていた。しかし、大田の知事就任により「従来続いていた知事部局からの教育長へというルートを見直し、教育現場経験者から教育長へという意見があった。とくに、新知事の選出母体の一つである教職員団体の意向は強かった[50]」のだという。そこで、この時教育長となったのは、教育畑を歩んできた教育次長の津留健二であった。

西銘県政期最後の部長の行先を見ておくと、石川秀雄総務部長と平敷昌一農水部長が総務部参事監へ（四月人事において石川は企業局長へ転任、平敷は外郭へ出向となる）、大城清吉生活福祉部長が農林水産部参事監にそれぞれ回され、村山盛敏知事公室長、久手堅憲信企画開発部長、前村善徳環境保健部長、饒波正之商工労働部長、高良尚光土木建築部長の五人は外郭団体に出向となった[51]。部長以外では、観光・文化局長だった松堂忠健が商工労働部参事監に回され、企画開発部参事監だった町田昇は土地調査事務局長（参事監）に回されている（町田は四月に外郭出向となる）。同じく企画開発部参事監だった久場貞男は一月人事では留任したが、四月にやはり外郭に出向となった。

以上まとめると、大田の移行期人事において、純然たる「外部任用」は三役と政策調整監にとどまった。西銘県政で部長（級）ポストにあった職員の多くは「外郭団体送り」となり、外郭団体からの出戻りや昇任人事によって「刷新」が行われた。それは、必ずしも革新陣営のみならず、保守陣営（西銘時代の幹部職員自身も含む）が求めたものでもあった。出戻り、あるいは昇任した職員の多くはどの知事（あるいは主席）の下でも、したがって西銘県政期にも累進していたが、新垣勝市や比嘉秀雄のように主流のポストから外されていたと思われる職員も存在した。

(2) 平常時人事

三役人事（の困難）

大田県政期の三役は副知事五名、出納長二名である。すでに述べたとおり、県政開始にあたって最初に任命されたのは仲井眞副知事と宮平出納長である。もう一人の副知事は、議会の多数派野党の反対に遭ってただちに決まらず（承前）、就任は一九九一年八月にずれ込んだ。就任したのは琉球大学教授の尚弘子（しょうひろこ）であった。大田は「女性副知事」を選挙公約としていたため、尚の後任も女性で、沖縄県国際交流財団専務理事の東門美津子（とうもんみつこ）である（東門はのち二〇〇〇年に衆院議員、〇六年に沖縄市長）。

九三年に退任した仲井眞に代わり副知事となったのは政策調整監の吉元政矩だが、これもまた議会の多数派野党の反対で一度継続審議とされた。吉元はさらに九七年九月・一二月にも再任を否決され（今度は一部与党議員も「造反」して反対した[52]）、結局九八年一月に、大田の就任以来出納長を務めてきた宮平洋が副知事に就任。宮平の後任には、読谷村長だった山内徳信（やまうちとくしん）が就任した（山内はその後、〇七年に参院議員となる）。

以上、大田県政の三役人事は西銘県政期のようにパターン化されることはなく、さらに議会の多数派を握るのが野党・自民党であった（さらに県政末期には与党の支持も失っていった）ことから、度重なる困難を抱えることとなった。

部長級ポストの増殖

大田時代には部長級ポストが過去最多水準に膨張した。公務員医師のための環境保健部医療技監や、公務員看護師・看護教育者のための同参事監をはじめ、参事監ポストが各部に増設され（既述の、移行期人事に続く九一年四月の人事では、多数の医療技監・参事監が新規に任命され、その多くが昇任人事であった）、これまで置かれていなかった企業局や教育庁にまでポストが新設されている（あまつさえ企業局には企業技監というポストまで作られた）。

医療技監は平良県政期に置かれたポストだが、大田県政の一期目には五人まで膨らんだ。また、環境保健部参事監は事務系職員も就いているポストだが、大田県政期には大城芳枝・仲里幸子・許田英子・大嶺千枝子という四人の看護師が就任している。このポストの積極的使用が、後で述べる「女性の登用（／処遇）」という役割を果たしたとも言える。

さらに九六年には、出納事務局長・宮古支庁長・八重山支庁長・監査委員事務局長・人事委員会事務局長が部長級に引き上げられ、九七年には大田知事の目玉政策を担う国際都市形成推進室の室長も部長級となった。一方で、参事監・医療技監は九七年に管理職手当二種（次長と同格）に引き下げられている。ただし人事運用上は引き続き部長級の扱いを受けていた。

表7　各年時点での部長級職員の前職別人数・比率（知事ごと）

	屋良・平良		西銘		大田		稲嶺		仲井眞		翁長	
留任	36	60.0%	151	60.9%	106	48.8%	82	53.6%	65	54.6%	27	50.0%
転任	9	15.0%	45	18.1%	30	13.8%	27	17.6%	12	10.1%	10	18.5%
昇任	12	20.0%	42	16.9%	71	32.7%	35	22.9%	36	30.3%	13	24.1%
外郭団体	1	1.7%	9	3.6%	8	3.7%	9	5.9%	5	4.2%	4	7.4%
外部任用	2	3.3%	1	0.4%	2	0.9%	0	0.0%	1	0.8%	0	0.0%
	60		248		217		153		119		54	

「大田流」人事

大田に続く稲嶺県政の移行期人事に際して、「〝大田流〟人事で、流れを無視した抜てき人事が続」いた、という「県庁内の一部」の声が報じられている[53]。

そこで表7には、各年時点での部長級職員の前職を留任（前年もそのポストにあった）・転任（別の部長級ポストにあった）・昇任（次長級以下のポストにあった）・外郭団体（県の外郭団体のポストにあった）・外部任用（県庁・外郭団体以外のポストにあった）の五類型に分け、その比率を知事ごとに示した[54]。屋良・平良、西銘、稲嶺県政と比べると大田県政の「昇任」人事が突出して多いことがわかるだろう（一方、仲井眞県政期も三割を超えていることに留意）。表には出していないが、任期ごとに見るととりわけ大田二期目の昇任人事の比率は三六・五％に達する。これは、「抜擢」を旨とする「大田流」の一端を表しているのかもしれない。

個別人事に目を移してみると、たとえば次のような「異例」が観察される。九三年の人事で総務部次長から企画開発部長に昇格した高嶺朝幸は「次長わずか二年余で重要ポストに抜てきされた[55]」。また、同じ人事で知事公室次長から生活福祉部長に昇任した花城可長も、「若手の実務型起用という大田の強い意向」を受けて、「知事公室次長に昇格し、わずか一年で部長という異例の大抜てき」であった[56]。

九八年の人事では、新垣徳盛が八重山支庁長から政策調整監に就任した。新聞は「支庁長から主要ポストへ、しかも定年まで一年を残すだけの新垣氏起用は意表を突いた。大田知事は、八重山支庁長として新石垣空港建設問題で反対派住民ともひざ詰め談判を重ね、地元で留任運動も起きた交渉能力を高く評価。当初は企画開発部長または商工労働部長への起用も検討した節がある[57]」と報じている。

また、右記ほど「異例」の人事ではないが、九五年の人事で総務部参事から農林水産部長に昇任した当銘勝雄は、「もともと有能ながら、保守県政時代は窓際的ポストが長」く、「大田県政発足と同時にライン復帰[58]」、と紹介されている。当銘は琉球政府時代、「屋良建議書」の作成に関わっており[59]、何らかの「色」をつけられていたのかもしれない。なお当銘は後、九八年・〇二年の豊見城市長選で連敗し、〇四年・〇八年と県議会議員に当選する（社民党系）。

外部任用も「抜擢」の一つの形である。移行期には政策調整監以外の外部任用はなかったが、平常時においては、二つの外部任用が見られる。まず九二年に知事公室長に就任した高山朝光である。高山は八九年からNHK沖縄放送局副局長を務めており、「大田が琉大の教官時代からの仲」であった[60]。高山はその後九四年に政策調整監となり、九七年からは那覇市助役（当時は親泊康晴市政の四期目）に転出する。

また、九八年には商工労働部長に宮城弘岩が就任している。宮城は沖縄県工業連合会専務理事から、九三年に設立された県物産公社（社長は大田知事）の専務に就任していた。物産公社は外郭団体だが、宮城には県庁での勤務経験はない。当時の新聞記事は、「在野で全県自由貿易地域導入に積極的な言論を繰り広げた県内屈指の論客。歯に衣着せぬ発言が時に波紋を広げることもあり……当初は、経済界との摩擦を心配した周辺が、政策調整監か企画開発部長への起用を模索した」[61]と記す。宮城は大田県政の終わりとともに物産公社専務に戻るが、稲嶺県政下の〇一年に「解任」され、株式会社沖縄物産企業連合を設立して「独立」することになる。

さらに、大田時代の人事の目立った特徴は、女性の登用であろう。副知事に尚弘子・東門美津子という二人の女性が就いたことは既述だが、部長級においても女性が登用されている。まず、九三年時点で生活福祉部次長の安里和子が参事監に昇任し、さらに九五年時点では沖縄県庁初の部長職（生活福祉部長）となった。安里は「大田の肝入りで発足させた初代女性政策室長」[62]を務めており、象徴的な人事だったことは間違いない。九六年時点における生活福祉部長、すなわち安里の後任も女性の大城喜代子である（商工労働部次長から昇任。以後、九八年時点まで三年連続で現れる）。これもやはり「女性の積極登用を人事戦略に据える大田の強い意向」があったといい、彼女も女性政策室長を経験していた[63]。

5　稲嶺県政――繰り返された大刷新、西銘県政の残影

稲嶺惠一（いなみねけいいち）は、一九九八年一一月の県知事選で現職の大田を破って当選し、一二月一〇日に就任した。二期八年続いた大田革新県政を覆す、保守県政の復活であった。その後稲嶺は二〇〇二年一一月に行われた県知事選で再選され（この選挙には大田県政で政策調整監・副知事を務めた吉元政矩が立候補して

いる)、二期八年を任期満了まで務めた。

(1) 移行期人事

部長級以上の人事の「刷新」は、稲嶺が知事に就任してほぼ一カ月後となる一九九九年一月(一部は九八年一二月)に実施された。一月の大規模人事の実施は、これまで見てきた西銘・大田に引き続くものである。その顔ぶれと前職を表8に示す(表には大田の移行期人事と同様、四月一日付で行われた人事についても「⬇」で記してある)。

副知事・出納長は通例どおり全員交代となった。副知事に新しく就任したのは石川秀雄と牧野浩隆である。石川は西銘二期目に部長級となり、大田県政期に企業局長に転任した元行政官で、当時は民間企業の会長職にあった。稲嶺は「新垣雄久さん、嶺井政治さん、宮城宏光さん、米村幸政さんら県庁OB〔いずれも西銘時代の三役経験者〕は「……石川秀雄さんが最適だ」と、一本に絞って副知事に推薦してきた[64]」と振り返っている。牧野は琉球銀行のエコノミストで、稲嶺の知事選におけるブレーンの一人だった[65]。出納長の比嘉茂政は琉球政府時代からの職員で、県庁で課長補佐級まで上がって恩納村助役に転出し、八四年一〇月から村長を務めていた。行政経験はあるが「政治家」枠である。稲嶺はこの人事には北部の市町村長からの推薦があったとしている[66]。

一般職を見ると、一月一四日付で二五のポストのうち一五のポストで異動が行われ、さらに四月一日付で五つのポストの異動が行われた。したがって、四月一日時点で留任したのはわずか五ポストである。技監の人事は県政の交代と連動しないのが通例であった。この時の安川歩は大田県政期の九八年七月に就任している。また、福祉保健部長の平良健康は医師で、「本人は医療現場に戻ることを希望したが、県医師会の強い要望で続投となった」[67]。ほか、国際都市形成推進室長・人事委員会事務局長・議会事務局長が留任である。大田の目玉政策の推進のために置かれた国際都市形成推進室長が更迭されなかったのは一見奇異に映るが、このポストは四月一日付で管理職手当二種に格下げされ、翌二〇〇〇年三月末をもって室自体が廃止となる（ただし室長の与儀朝栄はその後、稲嶺県政下でも企画開発部長・政策調整監という主要ポストを歴任する）。

一月一四日付の一五ポストの異動は、昇任が七、外郭団体からの出戻りが同じく七、転任が一である。唯一の転任であった政策調整監の人事は紆余曲折を経た。当初、副知事に目されていた牧野が、同じ知事選ブレーンだった政治アナリストの比嘉良彦を政策調整監に据えるよう希望したが[68]、石川は「行政系」、牧野は「経済系」の副知事であれば、「政務を担える人材を調整監に配置すべき」とする自民党が難色を示し、元県議で沖縄メディアモール常務の比嘉勝秀を強く推したためである[69]。けっきょく両比嘉の起用は見送られ、政策調整監には企画開発部長の花城可長が転任した（ちなみに比嘉良彦は非常勤の「政策参与」に就く）。既述のとおり花城は大田県政で抜擢され、枢要ポストにあった。稲嶺自身の回想によれば、当初花城を副知事か出納長に起用したいと考えており、「支持団体幹部に相談した〔ところ〕……大田県政の部長という理由で全員が反対」[70]。自民党との駆け引きの末、政策調整監が落としどころになったのだろう。

総務部長の與那嶺恒雄は地域・離島振興局次長から、知事公室長の親川盛一[71]は県議会事務局次長からの昇任である。これらは「パターンを打ち破った人選」と評された[72]。とりわけ前者につき、屋良県

移行期人事

主な経歴	発令日
知事公室長、総務部長（西銘県政）、企業局長（大田県政）	98.12.15
エコノミスト。琉球銀行調査部長、総合企画部長	99.1.19
琉球政府～沖縄県庁職員、恩納村助役	98.12.15
知事公室次長、生活福祉部長	99.1.14
建設省（河川系技官）。九州地方建設局筑後川工事事務所長	-
農林水産部参事兼農林総務課長	99.1.14
環境保健部保険総務課長、総務部参事兼職員厚生課長	99.1.14
商工労働部参事、振興開発室長、国際都市形成推進室長	99.1.14
産業政策課長、国際都市形成推進室参事	-
商工労働畑。産業振興課副参事、土木総務課長、商工労働部次長	99.1.14
環境保健部自然保護課長	99.1.14
出納事務局会計課副参事、知事公室女性政策室長	99.1.14
医師。県立病院副院長、環境保健部次長	-
地域振興課長、都市モノレール建設室参事	99.1.14
農林技術職。農業試験場、県農林漁業技術開発協会	99.1.14
土地対策課長、「約４年ぶりの県庁復帰」	99.1.14
観光畑。海洋博覧会記念公園管理財団	99.1.14
土木畑。東京事務所次長、沖縄県建設技術センター常務理事	99.1.14
地方労働委員会事務局長	-
地方労働委員会事務局総務課長	99.4.1
農林畑。企画開発部企画調整室副参事	99.1.14
商工労働部参事、病院管理局次長、沖縄県土地開発公社	99.1.14
東京事務所企画財政課長、沖縄県公文書館副館長	99.1.14
地域離島振興局次長	-
環境保健部次長	99.4.1
企画調整室長、振興開発室長、農林水産部長、総務部長	-
知事公室次長、知事公室長、政策調整監	99.4.1
教育次長	-
教育庁総務課長	99.4.1
病院管理局次長	-
知事公室平和推進課長	99.4.1
アクアパーク社長	-
議会事務局参事	-

表8 稲嶺県政の

職	氏名	前職	
副知事	石川秀雄	福山商会会長	外
副知事	牧野浩隆	琉球銀行常任監査役	外
出納長	比嘉茂政	恩納村長	外
政策調整監	花城可長	企画開発部長	転
技監	安川歩	留任	留
総務部長	與那嶺恒雄	地域・離島振興局次長	昇
知事公室長	親川盛一	県議会事務局次長	昇
企画開発部長	宮城正治	中小企業団体中央会専務理事	郭
国際都市形成推進室長	与儀朝栄	留任	留
地域・離島振興局長	山川一郎	トロピカルテクノセンター専務	郭
文化環境部長	宮城光男	日本トランスオーシャン航空常勤監査役	郭
文化国際局長	金城勝子	監査委員事務局参事	昇
福祉保健部長	平良健康	留任	留
病院管理局長	古謝昇	沖縄県土地開発公社事務局長	郭
農林水産部長	小那覇安優	農業試験場長	昇
商工労働部長	宮城春一	沖縄県工業連合会専務理事	郭
観光リゾート局長	大城栄禄	アクアパーク代表取締役社長	郭
土木建築部長	銘苅清一	都市モノレール建設室長	昇
出納事務局長	親泊英夫	留任	留
➡	垣花修	県文化振興会（文化国際局参事）	郭
宮古支庁長	下地敏彦	農林水産部次長	昇
八重山支庁長	木場一寿	沖縄県公園・スポーツ振興協会事務局長	郭
東京事務所長	喜納健勇	文化国際局次長	昇
芸術大学事務局長	高原元次	留任	留
➡	新川武雄	県人材育成財団（企画開発部参事）	郭
企業局長	赤嶺勇	留任	留
➡	又吉辰雄	総務部長➝総務部参事監（99.1.14付）	転
教育長	安室肇	留任	留
➡	翁長良盛	教育庁参事監	昇
監査委員事務局長	森山馨	留任	留
➡	知念勇進	おきなわ女性財団（知事公室参事）	郭
人事委員会事務局長	安慶名一郎	留任	留
議会事務局長	仲宗根徳久	留任	留

政期から翁長県政当初までの総務部長人事を見てみると、これ以外に部長級からの転任でないのは屋良県政の赤嶺武次（総務部次長から昇任）、西銘県政の嶺井政治（外部任用）、大田県政の新垣勝市（県立芸大事務局次長から昇任）の三例のみである。

企画開発部長の宮城正治は外郭団体からの出戻りである。宮城は大田県政二期目の九五年に振興開発室長（部長級）に昇任し、企画開発部参事監を経て九七年に国際都市形成推進室長に就任しており、大田県政でも重用されていたと言える。

その他、特筆すべき点に触れておく。トロピカルテクノセンター専務から地域・離島振興局長になった山川一郎は、この後〇〇年一二月に翁長市政一期目の那覇市助役となる。また、農林水産部次長から昇任した宮古支庁長の下地敏彦は宮古出身で、琉球政府時代から勤務した農水畑の人物であるが、後に城辺町助役を経て〇九年から宮古島市長となる。いわゆる「チーム沖縄」の一人であった。

農林水産部長の小那覇安優は、前任の大城喜信（当然、大田時代の人事）と二代続けての農業試験場長からの昇任となった。農業試験場長からの部長就任は珍しい例で、これより前にも、そして後にも例はない。

沖縄県工業連合会専務理事から出戻った商工労働部長の宮城春一は、大田県政一期目においては土地対策課長を務め、「順調な出世が続いている」と言われていたが[73]、その後外郭団体に出ることになり、「約四年ぶりに県庁へ」復帰した[74]。

四月の定期異動で追加的に行われた部長級の人事で異動があったのは五ポストで、外郭からが三、昇任が一、転任が一である。転任で企業局長に就いたのは又吉辰雄で、大田県政の総務部長から一月人事で総務部参事監に「待機」させられていた（〇一年九月に宜野湾市助役に転出）。なお、又吉以外の大田県政の部局長は、一月の人事で軒並み参事監に回され、四月の人事でほとんどが外郭団体に出向となるか、引き続き参事監としてとどめ置かれることになった（一例を挙げれば、知事公室長だった粟国正昭は一月に総務部参事監となり四月に土木建築部参事監へ、農林水産部長だった大城喜信は同部参事監から亜熱帯総合研究所へ）。

以上、稲嶺の移行期人事について見てきたが、特徴的なのは、外郭団体からの出戻りの多さである。大田の移行期にも一定の出戻りがあったことはすでに見たが、それをはるかに凌駕している。しかも、（表には記していないが）次長級の参事で出向し、出戻りで部長級に昇任したケースが多い（山川・宮城・古謝・垣花・木場・新川・知念）。外郭団体に置かれていたことをもって、主流派から外されていたと単純に言うことはできないが、この人事について「県首脳」は「力がありながら前県政で冷遇されていた人材を優先的に起用」することを重視したと語っている（約四年外郭に置かれていた宮城などは象徴的な例かもしれない）[75]。稲嶺は回想録に、この時の人事は「石川秀雄副知事に任せた。職員をよく知らない私が下手に口を出して……はならないと考えていた」[76]と記しているが、その石川副知事を推した県ＯＢは「冷遇されていた職員を本来あるべきポストに就けるべき」と「助言」していたという[77]。西銘県政期の「主流派」の意向が何らか働いていたことはおそらく事実であろう。

（2）平常時人事

三役人事

稲嶺県政における副知事は四人、出納長は三人である。前節で述べたとおり、県政開始にあたって副知事に任命されたのは石川秀雄と牧野浩隆、出納長は比嘉茂政だが、このうち牧野は稲嶺の二期八年を副知事として支える。一方、石川は二〇〇一年六月、就任二年半にして退任する。稲嶺はその時をこう回想する。「〔石川が〕ある日、知事室に来て「就任して二年たち、県の体制もしっかりしてきた。そろそろ勇退したい」と申し出た」[78]。当の石川は「西銘順治知事は内部から順送りに三役を起用した。西銘県政を見ていただけに、私も早めに後輩に引き継いだ方がいい、長くても三年だと思っていた」[79]と語っている。石川は三役人事に「西銘的秩序」（そしてそれはある意味で「行政の論理」でもある）をもたらそうとしていたのである。

石川の後任には出納長の比嘉茂政が就任、比嘉を継いで出納長となったのは嘉数昇明（かかずのりあき）である。嘉数は一九八四年から県議を四期務め、自民党県連の会長も経験、〇〇年一一月の那覇市長選への出馬を目指したものの、候補者選考で翁長雄志に敗れて立候補を断念していた。稲嶺は、〇〇年の末に、沖縄返還運動にも携わったフィクサー・末次一郎に嘉数の「将来について十分配慮してほしい」と伝えられたと回想している[80]。嘉数はその後〇四年に副知事となり、稲嶺県政の終わりまで務める。その意味では、石川の退任は「後輩」＝行政職員に道を譲ることにはつながらなかった。嘉数の跡を継いで出納長となったのは、元行政官で社会福祉協議会常務理事を務めていた新垣幸子（あらかきさちこ）であった（主な経歴は表9の出納長の欄を参照）。

政治化しなかった政策調整監

大田の移行期には側近として吉元政矩が外部任用された政策調整監だったが、先に見たとおり、稲嶺の移行期人事においても「政治化」の含みを見せた。しかし、稲嶺サイドと自民党など後援組織サイドの悶着の果てに、結局内部からの（それも大田県政期の枢要ポストにあった花城可長の）転任人事となった。

それ以降、〇一年には花城の後任に文化環境部長の宮城光男が転任、さらに〇三年には宮城の後任に企画開発部長の与儀朝栄が転任した。稲嶺は与儀を花城とともに「大田県政下で抜擢された」が「優秀」なので「躊躇なく重用した人」のリストに入れている[81]。とまれ、政治化しかけたかに見えた政策調整監ポストは平常時人事になると、けっきょく行政官ポストに落ち着いたのである。

外郭団体からの任用

稲嶺の移行期人事において、外郭団体からの任用が「刷新」のために多用されたことはすでに見たが、平常時人事ではどうだったか。

あらためて表7の「外郭団体」の行を見ると、稲嶺県政の平常時人事における外郭団体からの部長級への任用は九例で、人事全体の五・九％である。移行期においては異動のあった二〇ポストのうち実に半数の一〇ポストが外郭からの任用であったことを考えれば、平常時にはそれほど多くの外郭からの出戻りがあったとは言えないだろう。

行の横を見渡してみると、外郭団体からの任用は、西銘県政期に九例（三・六％）、大田県政期に八例（三・七％）、そして稲嶺県政の九例（五・九％）から、仲井眞県政期には五例（四・二％）といったん減少するも、（一期で異動の母数が少ないことに留意が必要ではあるが）翁長県政では七％を超えている。これは、県の幹部人事のなかに徐々に外郭団体の役員ポストが（単純に「天下り」先としてのみならず）織り込まれていったことを示しているとも解釈できそうである。

6　仲井眞県政――保守県政の継承、「定期異動的移行」

仲井眞弘多は二〇〇六年一一月の県知事選で当選し、一二月一〇日に就任した。この選挙に現職だった稲嶺惠一は立候補しておらず、仲井眞は自民・公明の推薦を受け、稲嶺県政を継承する候補であった。二〇一〇年一一月の県知事選で再選され、二期八年を務めた。

（1）移行期人事

仲井眞就任後初めての大規模な部長級人事は、二〇〇七年四月一日付で行われたものである。表9にその顔ぶれと前職を示した。

副知事は通例どおり交代する。一人は仲里全輝（なかざとぜんき）で、知事の就任とほぼ同時の一二月一四日に就任した。仲里は大田の移行期人事で企画開発部長となっており、その時に副知事だったのが仲井眞である。

また、「那覇商工会議所専務理事として、会頭だった仲井真氏を支えた」という背景もあった[82]。もう一人の安里カツ子は、一九六七年に琉球石油に入社し、八七年りゅうせきビジネスサービス設立に参画。同社社長、りゅうせき専務などを経て〇六年から副社長を務めていた[83]。当初就任依頼を「固辞」したが、仲井眞の求めを結局受諾し[84]、〇七年二月二〇日に就任した。

出納長は新垣幸子が留任した。大田県政期に課長級に昇任し、一年で次長級へ、稲嶺県政期に部長級の出納事務局長になり、福祉保健部長を経て〇四年一〇月に出納長となった[85]。なお出納長は〇七年三月三一日をもって制度的に廃止となる。

以下の部長級人事はすべて四月一日発令で、一八の部長級ポストのうち一三が異動になる大規模な人事であった。前職類型の内訳は、外部任用〇、外郭団体二、昇任七、転任四、留任五で、昇任が多い。留任ポストは企画部長、病院事業局長、土木建築部長、会計管理者（ただし前職は出納事務局長。制度変更によりこの名称となった「事実上の留任」）、人事委員会事務局長である。

知事公室長には総務部長の上原昭が転任した。稲嶺県政の二期目から部長級となっていた職員である。政策調整監ポストはすでに廃止されており、この時「政策審議官」ポストを新設して上原を就任させる構想があったが[86]、「ポストの位置付けや与党との事前調整など課題が多く……見送られ[87]」た。後任の総務部長には東京事務所長の宮城嗣三が転任し、知事公室長だった花城順孝は企業局長に転任している。

その他特筆すべき事項を記す。農林水産部長には農業振興統括監の護得久友子が昇任した。農水部長に女性が就くのは初めてのことである。また、伊波輝美が社会福祉協議会常務理事から福祉保健部

移行期人事

主な経歴	発令日
東京事務所長、商工労働部長（西銘県政）、企画開発部長（大田県政）	06.12.14
りゅうせきビジネスサービス常務、同社長、りゅうせき専務	07.2.20
女性政策室長、文化環境部次長、出納事務局長、福祉保健部長、社会福祉協議会常務理事	07.3.31 退任
企画調整室長、企画開発部次長、地域・離島振興局長	07.4.1
人事課長、教育次長、総務部次長、人事委員会事務局長	07.4.1
企画開発室参事、振興開発室長、科学・学術振興室長	-
文化環境総務課長、病院管理局次長、亜熱帯総合研究所専務理事、県立病院監	07.4.1
石嶺児童園長、男女共同参画室長、女性相談所長、出納事務局長	07.4.1
医師。北部病院副院長、八重山病院長、中部病院総合診療部長	-
園芸振興課長、流通政策課長	07.4.1
地域・離島課長、行政改革推進室長、産業振興統括監	07.4.1
都市計画課長、八重山支庁参事兼新石垣空港建設課長、東京事務所次長、土木建築部次長	-
企画調整室副参事、企画調整室長、企画開発部次長	-
平和推進課課長補佐、宮古支庁総務・観光振興課長、宮古支庁次長	07.4.1
行政管理監、総務私学課長、交通政策室長	07.4.1
広報課長、総務私学課長、東京事務所次長、海洋博覧会記念公園管理財団	07.4.1
企画調整室長、企画開発部次長、商工労働部次長、商工労働部長、企画開発部長	07.4.1
名護高校教頭、県立学校教育課副参事、読谷高校長	07.4.1
平和推進課長、人事課長、教育次長	07.4.1
市町村課長、地域・離島振興局次長	-
経営金融課長、大阪事務所長、浦添職業能力開発校長	07.4.1

表９　仲井眞県政の

職	氏名	前職	
副知事	仲里全輝	前那覇商工会議所専務理事	外
副知事	安里カツ子	りゅうせき副社長	外
出納長	新垣幸子	留任	留
知事公室長	上原昭	総務部長	転
総務部長	宮城嗣三	東京事務所長	転
企画部長	上原良幸	留任	留
文化環境部長	知念建次	病院事業局参事監	転
福祉保健部長	伊波輝美	社会福祉協議会常務理事	郭
病院事業局長	知念清	留任	留
農林水産部長	護得久友子	農業振興統括監	昇
観光商工部長	仲田秀光	社会福祉事業団常務理事	郭
土木建築部長	首里勇治	留任	留
会計管理者	福治嗣夫	留任	留
宮古支庁長	長濱政治	企画部参事	昇
八重山支庁長	兼島規	科学技術統括監	昇
東京事務所長	吉川浩正	自治研修所長	昇
企業局長	花城順孝	知事公室長	転
教育長	仲村守和	教育次長	昇
監査委員事務局長	宮城清志	県立博物館長	昇
人事委員会事務局長	瀬良垣馨	留任	留
議会事務局長	長嶺伸明	議会事務局次長	昇

長となり、女性が二名同時に本庁の部長に就くことになった。

企画部参事（兼地域・離島課長）から昇任した宮古支庁長の長濱政治は宮古の平良出身で、後の一七年、下地敏彦市政の下で宮古島市副市長となる。県立博物館長から昇任で監査委員事務局長となった宮城清志は、「大田県政で初の女性副知事となった尚弘子氏の秘書を務め、稲嶺県政では平和推進課長として「沖縄平和賞」の創設にかかわった」[88]。議会事務局長の長嶺伸明は次長からの昇任であるが、事務局プロパーではなく、「復帰の年に入庁し……主に商工畑を経験。大阪事務所長、浦添職業能力開発校長も務め」てきた[89]。

以上、仲井眞の移行期人事をまとめると、外部任用は稲嶺の移行期人事と同様、副知事に限られた。部長級では大田や稲嶺のそれと比べて留任・転任が多く、外郭団体からの出戻りは少ない（加えて出戻りの両名ともすでに部長級であった）。とりわけ、知事公室長・総務部長・企画部長という枢要ポストはいずれも転任か留任である。そして、西銘・大田・稲嶺の移行期人事が、就任後新年度に入る前、多く一月に行われたのに対し、仲井眞の人事は四月一日付で行われた。日付が象徴するとおり、異動の規模は大きかったものの、基本的に県庁の定期異動の枠内だったと考えてよいだろう。

仲井眞は就任間もない一二月一一日の夕方に「知事応接室で各部局長らと懇談会。県政の課題に協力して取り組むことを確認。副知事起用が内定している仲里全輝氏も同席した」[90]。仲里は一四日の副知事就任にあたって「優秀な部長たちの協力の下、知事を支えていきたい」と語っている[91]。保守から保守への受け渡しであった仲井眞県政では、部長級人事の「刷新」は求められていなかったのである。

（2）平常時人事

副知事人事

仲井眞県政の副知事は総勢六名である。二〇一〇年四月一日、仲里全輝に代わって知事公室長の上原良幸が副知事に「昇任」した。安里カツ子は四年間勤めて一一年二月に退任し、同年四月一日付で弁護士の与世田兼稔が後任となった。上原・与世田は一三年三月三一日にそろって退任し、四月一日、琉球大学教授の高良倉吉と総務部長の川上好久が就任する。

以上、仲井眞県政下の副知事は、二人のうち片方が行政経験者あるいは部長級からの「昇任」、もう一方が外部任用（民間企業、弁護士、大学教員）という布陣が続いた。

女性の登用

副知事に女性を就けるのは仲井眞の選挙公約であり、移行期人事では、副知事の一人（安里カツ子）と本庁部長二人（伊波輝美福祉保健部長、護得久友子農林水産部長）が女性となった。その後〇九年人事で伊波と護得久は退任し、福祉保健部長には奥村啓子が昇任する。農水部長の後任は比嘉俊昭で、男性となった。さらに二期目の最初、一一年の人事では安里も奥村も退任したため女性はゼロとなり、一二年人事で会計管理者に真栄城香代子が昇任したものの、翌年の人事ではそのポストも再び男性のものとなる。以後仲井眞県政期において、女性副知事・部長は現れなかった。

外部任用

仲井眞県政では、一一年人事において、「肝高の阿麻和利」で知られる演出家・平田大一が、新設された文化観光スポーツ部の部長に任用された。新設部署への民間からの登用を主導したのは仲井眞であり、「県庁内では当面は平田氏を統括監や参与などの職で処遇し、後に部長に昇格させる案も検討され[92]」たが、部長任用となった。部長級への外部任用は、既述の大田県政における宮城弘岩以来一三年ぶりで[93]、「データが残る一九八四年以降で最年少の部長」となった（平田は当時四二歳[94]）。平田は二年勤め、一三年人事で退任する（県文化振興会理事長へ）。後継は文化スポーツ統括監の湧川盛順で、行政官の「順当」な昇任人事に戻ったことになる。

7　翁長県政——「普天間の論理」、「行政の論理」

翁長雄志（おながたけし）は、二〇一四年一一月に行われた県知事選で現職の仲井眞を破って当選し、一二月一〇日に就任した。もともとは保守系の経歴をたどってきた政治家であるが、この時は米軍普天間（ふてんま）飛行場の返還・移設問題において現職と明確な対抗案を打ち出し、社民・共産・生活の党の各県連や社大党といったいわゆる革新系諸党の支援を受けた。一八年八月、一期目の途中にして膵がんのため逝去した。

表10に翁長の移行期人事を示す。

副知事には、一二月一六日付で沖縄県議会議員の浦崎唯昭（うらさきいしょう）と那覇市議会議員（議長）の安慶田光男（あげだみつお）が就任した。浦崎は一九八五年、那覇市議に翁長と同期で初当選し、同じ会派に所属。〇〇年に翁長が那覇市長選に立候補（当選）した際も支援したいわば「盟友」であり、安慶田も那覇市議、議長として翁長市政を支持してきた。両名とも自民党県連に所属していたが、辺野古移設に反対し、安慶田は八月に除名、浦崎は九月に離党し、知事選で翁長を支えていた[95]。

県／市町村議会議員経験者が副知事に就任したケースは少なく（西銘県政の翁長助裕、稲嶺県政の嘉数昇明。いずれも県議）、現職からの就任は初である。またこれまでは副知事（および出納長）のうち最低でも一人は行政経験者が任命されるのが通例で、二人ともが政治家という人事は異例であった。「県ＯＢ」は新聞記者に「とんでもない人事だ。衝撃としか言えない」と語っている[96]。ちなみにその後、安慶田は職員人事・教員採用への介入問題によって一七年一月に辞職に追い込まれる（後任は経済学者の富川盛武。なお浦崎は一八年三月三一日まで務め、知事公室長の謝花喜一郎に後を譲った）。

続いて一五年一月二六日付で、知事公室長・総務部長・土木建築部長が交代する。背景には県知事選の中心争点となった辺野古移設問題があった。新聞は「翁長氏は知事選で新基地建設反対と、埋め立て承認の撤回・取り消しを視野に入れると公約して当選した……ため、移設を容認した……前県政で担当部長の又吉進知事公室長、當銘健一郎土建部長〔※土木建築部は辺野古移設に伴う海面埋め立てを所管〕を継続起用すると……〔議会の〕答弁が矛盾しかねないとし、交代に踏み切る。予算や人事など県庁組織の中枢を担う総務部長ポストも刷新の必要があると判断した」と報じている[97]。

知事公室長に就任した町田優と総務部長に就任した平敷昭人は外郭団体からの出戻り、土木建築部長となった末吉幸満は部内からの昇任であった。ちなみに知事公室長だった又吉進は、知事公室参事監に回された後退職し、四月に外務省参与に就任する。そこには仲井眞前知事の首相官邸への「幹

移行期人事

主な経歴	発令日
那覇市議会議員	14.12.16
那覇市議会議員、沖縄県議会議員	14.12.16
沖縄観光コンベンションビューロー、返還問題対策課長、土木企画統括監	15.1.26
広報監、財政課長、農政企画統括監	15.1.26
行政管理監、秘書課長、企画調整統括監	-
行政改革推進課長、人事課長、福祉企画統括監、総務統括監	-
高齢者福祉介護課長、福祉保健企画課長、福祉企画統括監	-
行政改革推進課長、企画調整課長、財政統括監、東京事務所長	-
医師。中部病院呼吸器外科部長、八重山病院長	-
流通政策課長、人事課長、教育管理統括監、教育委員会参事監	15.4.1
産業振興公社、交通政策課長、企画振興統括監、産業振興統括監	-
管財課長、観光政策統括監	15.4.1
都市モノレール事業監、道路街路課長	15.1.26
平和・男女共同参画課長、職員厚生課長、広報課長	15.4.1
交通政策課副参事、青少年・児童家庭課長、財政課長、財政統括監	-
産業政策課長、企画調整統括監、産業振興公社専務理事、商工労働部長	-
県立学校教育課長、教育指導統括監、総合教育センター所長	-
基地対策課長、人事課長	15.4.1
新産業振興課長、土木企画課長、土木企画統括監	-
自治省出向6年。市町村課長、企画調整統括監、総務統括監	-

旋」があったようである。[98] 前任の総務部長（小橋川健二）と土木建築部長（當銘健一郎）も両部の参事監に回され、三月三一日付で退職した。

さらに四月の人事では農林水産部長・文化観光スポーツ部長・会計管理者・人事委員会事務局長の四つの部長級の異動があった。三ポストが昇任（会計管理者は女性）、一ポストが転任で、いずれも定例人事の枠内と言える。

以上、翁長の移行期人事をまとめると、副知事と一部の部長ポストについては、知事選の一大争点となった辺野古移設問題を軸に、定例人事の

表10　翁長県政の

職	氏名	前職	
副知事	浦崎唯昭	沖縄県議会議員	外
副知事	安慶田光男	那覇市議会議員	外
知事公室長	町田優	沖縄美ら島財団常務理事	郭
総務部長	平敷昭人	沖縄観光コンベンションビューロー専務理事	郭
企画部長	謝花喜一郎	留任	留
環境部長	當間秀史	留任	留
子ども生活福祉部長	金城武	留任	留
保健医療部長	仲本朝久	留任	留
病院事業局長	伊江朝次	留任	留
農林水産部長	島田勉	会計管理者	転
商工労働部長	下地明和	留任	留
文化観光スポーツ部長	前田光幸	財政統括監	昇
土木建築部長	末吉幸満	土木整備統括監	昇
会計管理者	金良多恵子	観光政策統括監	昇
東京事務所長	田端一雄	留任	留
企業局長	平良敏昭	留任	留
教育長	諸見里明	留任	留
人事委員会事務局長	親川達男	基地防災統括監	昇
監査委員事務局長	武村勲	留任	留
議会事務局長	比嘉徳和	留任	留

枠を飛び越えた人事が行われたが、それ以外については、いくつかのポストにおいて異動があったものの定例人事の枠内で行われ、部長級の半数以上が留任するなど、「刷新」色は（たとえば保革交代であった稲嶺の移行期人事と比べれば）濃いものではなかった。

なお、翌一六年の四月人事は、部長級一八ポスト中一三ポストが交代する大規模なものになる（部長職の留任は文化観光スポーツ部長のみ、他に留任したのは病院事業局長、会計管理者、人事委員会／監査委員会事務局長）。前職類型では、外部任用〇、外郭団体二、昇任五、転任六、留任五である。ただ、知事公室長・総務部長・企画部長の筆頭三部長はいずれも転任、すなわち、仲井眞県政期に部長を務めた面々であり、「刷新」の色はまたしても濃くはない。この人事で興味深いのは、教育畑からの任用という慣行が大田県政以来続いていた教育長が総務部長からの就任となったことである（付言すれば、二〇一〇年四月に行われたその後任人事でも総務部長からの就任となる）。

おわりに

最後に各知事の移行期人事を中心に簡潔にまとめて結びとしたい。

屋良県政の幹部人事は、屋良行政府との、すなわち復帰前との連続性のうちにあった。そのため、顔ぶれは革新／側近色が色濃い。この傾向は基本的に屋良県政期を通して継続する。また、平良県政は屋良県政の後継としての性格が明確であり、移行期人事において、後に見られるような「刷新」は起こらなかった。ただ、徐々に行政官が累進して部長級ポストを埋めていくことで、すでに平良県政期において革新／側近色は薄まり始めていた。「行政の論理」はすでに展開し始めていたのである。

革新陣営から県政を奪還した西銘県政は、移行期において総務部長や企画調整部長といった枢要ポストへの外部任用を交えながら人事を「刷新」した。そこには単なる「保守の論理」のみならず、保守陣営内の大勢力であった國場派への配慮という「派閥の論理」も働いていた。しかし、後の大田・稲嶺と比べれば、意外にも留任・転任人事が見られる。ただし転任の多くは、平良県政期の部長を参事監に回すものであった。参事監は（すべてではないが）、少なくとも西銘県政期になっても県庁に残った「革新系」の人物を処遇するポストとして利用されたのである。

一二年ぶりの革新県政となった大田県政は、移行期人事で内部昇任・外郭団体からの呼び戻し・転任を織り交ぜ、西銘県政の部長職をすべて更迭する「大刷新」を行った。元職はそのほとんどが外郭団体に出向となるか、参事監に回される（それはどうやら保守陣営や当人たちの願ったことでもあった）。なお三役を除くと、外部任用は新設の政策調整監のみにとどまった。もはや部長級は累進した行政職員が就くのが当然のこととなっていたのであり、その意味では「行政の論理」は確立をみていたと言ってよいだろう。

ふたたび革新から保守への転換となった稲嶺県政の移行期人事では、とりわけ外郭団体からの呼び戻し、そして内部昇任を利用した「大刷新」が行われた。大田県政の部長連は、大田移行期における西銘県政の部長連の処遇と同様、ほとんどが「外郭送り」あるいは参事監への転任となった。移行期人事では、川上を副知事とする人選も含め、西銘県政期の県庁ＯＢが背後で躍動していた節がある。

稲嶺から仲井眞への移行は保守県政の受け渡しであった。移行期人事は就任翌年の四月（のみ）に行われたことに現れているように、県庁の定期異動の枠内で実施される。部長級の顔ぶれはそれなりに変わったものの、枢要ポストの知事公室長・総務部長・企画部長は留任か転任であった。「刷新」は行われなかったし、求められてもいなかったのである。

普天間移設をめぐって転換軸が形成された翁長県政の移行期人事では、移設問題に関わる部長は早々に更迭されたものの、その他の部長は留任する。それまでの「保革」転換期に見られたような

「刷新」はなされなかった。それは「普天間の論理」と「行政の論理」の交錯の帰結であったと言えるのかもしれない。

■注

（1）復帰前の琉球政府について類似の試みを行ったものに、川手摂「琉球政府の特別職公務員」（『都市問題』一〇三巻七号、二〇一二年）がある。

（2）ただし、この内容時点は「原則」であり、実際にはこの時点より後に行われた人事が反映されている場合もある。

（3）「管理職手当に関する規則」では、「一種」の管理職手当の支給額は、職員の給料月額に一〇〇分の二〇を乗じて得た額とされる（ちなみに各部の次長などにあたる「二種」では一〇〇分の一八）。企業局職員については「沖縄県企業職員給与規程」によって管理職手当が設定されており、こちらには「×種」という種別は存在せず、職名に対して支給割合が直で定められている。よって企業局に関しては、「一〇〇分の二〇」を支給されるポストを対象とする。

（4）その後宮里は、一九八二年の参議院議員補欠選挙に「平和と生活・民主主義を守る会」の候補として立候補し、自民党の大城眞順、革新共闘会議の仲本安一を相手に落選している（当選したのは大城）。さらに八六年衆議院議員選挙では、沖縄県全県区で國場幸昌の後継として自民党から立候補し、当選している（以後九三年まで連続三期、いずれも自民党候補として当選）。

（5）『琉球新報』一九七一年八月五日。

（6）『沖縄タイムス』一九七二年四月一三日。

（7）『沖縄タイムス』一九七四年一月一二日。なお平良は、復帰直後の人事において知事公室長候補に挙げられていたこともあった。『沖縄タイムス』一九七二年五月九日。

（8）『沖縄タイムス』一九七四年一月一〇日。

（9）「私も平良氏に直接、出馬決断をうながした」「平良氏の勝利を目ざして選挙戦では私も革新共闘会議の陣頭に立った」。屋良朝苗『激動八年　屋良朝苗回想録』（沖縄タイムス社、一九八五年）二八八〜二八九頁。

（10）『琉球新報』一九七六年八月一日。

（11）『琉球新報』一九七六年七月二五日。

（12）当時の新聞記事にも、「平良知事は、「屋良県政継承」の上からも急激な変化は好ましくないとし、ここ当分はこの体制で県政を進める考え」との記述が見られる。『沖縄タイムス』一九七六年八月二日。一方で、その一週間ほど前には、平良が企画調整部長に沖教組書記長の福地曠昭を任用する「強い意向」を持ち、「同氏もほぼ了承しているようで、沖教組の了解さえ得られれば県庁入りすることは間違いない」と報じられているのは興味深い。『沖縄タイムス』一九七六年七月二六日。

（13）三木健「地方自治体人脈図　沖縄県庁」（『月刊官界』六巻一二号、一九八〇年）四六頁。

（14）琉球新報社編『西銘順治日記　戦後政治を生きて』（琉球新報社、一九九八年）一八三頁。

（15）三木、前掲「地方自治体人脈図　沖縄県庁」四六頁。

（16）同前。

（17）同前、四七頁。

（18）琉球政府研究会編『戦後沖縄の証言』（科学研究費助成事業「琉球政府を中心とした戦後沖縄政治の再構築」報告書、課題番号15K03283、研究代表平良好利、二〇一八年）四一二〜四一三頁。

（19）琉球新報社編、前掲『西銘順治日記　戦後政治を生きて』三一四頁。

（20）琉球政府研究会編、前掲『戦後沖縄の証言』二七七頁。

（21）西銘は与那国島生まれ、大島は石垣島生まれ。

(22)ライン組織とは、たとえば部長が課長を指揮命令し、課長は係長を指揮命令し、係長は係員を指揮命令し……といったように、縦の指揮命令系統でつながる組織である。これに対し、その指揮命令系統の外にあって、主に専門的・技術的観点からライン組織(の職員)に助言を行うことを任務とするのがスタッフ組織である。したがって、ここで大島が言う「ラインを外れて参事監になった」とは、ライン(組織の長)である部長ポストを外れ、スタッフである参事監ポストに回された、といった意味合いになる。

(23)琉球新報社編、前掲『西銘順治日記　戦後政治を生きて』二八一頁。

(24)琉球政府研究会編、前掲『戦後沖縄の証言』四三四頁。

(25)琉球新報社編、前掲『西銘順治日記　戦後政治を生きて』三一五頁。

(26)三木、前掲「地方自治体人脈図　沖縄県庁」五〇頁。

(27)「「あれは参事監ではなく参事檻だ」と半ば同情まじりにみる職員たちもいるくらいだ」。三木、前掲「地方自治体人脈図　沖縄県庁」五一頁。

(28)後に久貝は八一年四月の人事で労働渉外部長の候補に挙がる(当時は国体準備事務局長)が、「革新県政時代の渉外部長」で「反基地政策をとってきた人物を保守県政の基地担当にするわけにはいかない」と「さっそく与党サイドからクレームがついた」という(『沖縄タイムス』一九八一年三月一九日)。その後久貝は商工労働部参事監に長くとどめ置かれる。

(29)「大学卒業後、琉球政府に入ったが、それはほんの一時期だけで、西銘らとともに自民党の結成に参画……〔七九年の〕総選挙〔に出馬して〕敗北後、政治の一線から身を引き、県教育委員となったが、〔昭和〕六一年暮れ、西銘が三選を果たすと三役ポストを熱望、副知事の座を巡って宮城〔宏光〕とし烈な争奪戦を演じた末、出納長ポストにおさまった」。東条正躬「地方自治体人脈図　沖縄県庁」(『月刊官界』一四巻七号、一九八八年)五四頁。

(30)三木、前掲「地方自治体人脈図　沖縄県庁」五〇頁。

(31)http://www.damtech.sakura.ne.jp/

(32) 仁淀村史編纂委員会編『仁淀村史 追補』(二〇〇五年) 五八五頁。
(33) 大山哲「地方自治体人脈図　沖縄県庁」(『月刊官界』一〇巻六号、一九八四年) 五四頁。
(34) 『琉球新報』一九七九年四月一日。
(35) 東条、前掲「地方自治体人脈図　沖縄県庁」五六頁。
(36) 大山、前掲「地方自治体人脈図　沖縄県庁」六六頁。
(37) 琉球新報社編、前掲『西銘順治日記　戦後政治を生きて』三六〇頁。
(38) 『沖縄タイムス』一九九一年一月九日。
(39) 『琉球新報』二〇〇一年二月一六日。
(40) 一例に『沖縄タイムス』一九七九年一月一九日。「三役人事もそうだったが、何よりも特徴的なことは人事の地域配分だ。東京の吉元、総務の嶺井、企業局の平良が北部出身、企画調整の比屋根が中部、労商の米村、生活福祉の新垣、総務参事監の金城が南部、渉外の大浜が八重山出身といったあんばい」。
(41) 情報の内容は照屋栄一『沖縄行政機構変遷史』(一九八四年) を中心に、各種記事や沖縄タイムス社編『沖縄人名録』などによった。
(42) カッコ表記がなされているのは照屋、前掲であるが、これについて凡例が記されていない。たとえば西銘順治は「知念村 (与那国町)」と書かれている。西銘は与那国生まれで、知念は父親の故郷である。あるいは宮里松正は「本部町 (上本部村)」、大城盛三は「名護市 (久志村)」とある。いずれもカッコ内は合併によって消滅した旧村である。以上を総合し、カッコ表記は出生地ではないかと推測した。
(43) 『沖縄タイムス』一九九〇年一一月二一日。
(44) 琉球新報電子版、二〇一九年一月二九日 (https://ryukyushimpo.jp/news/entry-867996.html)。
(45) たとえば『朝日新聞 (西部)』一九九一年三月三〇日夕刊。
(46) 『沖縄タイムス』一九九〇年一二月八日。
(47) 『沖縄タイムス』一九九一年一月六日では、高良土木建築部長と久手堅企画開発部長が「自ら異動を希望している」と報じられている。
(48)『沖縄タイムス』一九九一年一月九日。
(49) 同前。
(50) 津留健二『教職の道に生きて』(ボーダーインク、二〇一四年)八六頁。
(51) この「外郭送り」になった五名が、前述の「辞表提出」の動きを見せた中心にあったのではないかと考えられる。
(52)『朝日新聞』一九九七年一〇月一七日夕刊。
(53)『沖縄タイムス』一九九九年一月四日。
(54) 平常時人事のみを見るため、各知事の就任翌年のデータは除外し、また、建設省からの出向(=外部任用)が通例化していた技監は除いてある。
(55) 新里正次「地方自治体人脈図　沖縄県庁の巻」(『月刊官界』二〇巻三号、一九九四年)九七頁。
(56) 同前、九八頁。
(57)『沖縄タイムス』一九九八年三月二一日。
(58) 新里、前掲「地方自治体人脈図　沖縄県庁の巻」九六頁。
(59)「この人に聞く(八八)前北中城村長　喜屋武馨」(『自治おきなわ』二〇一六年七月号)三頁。ただ、ここには作成に同じく関わった職員として前村善徳の名前が挙がっている。前村は西銘県政の八七年に総務部次長から病院管理局長に昇任、八九年には環境保健部長となっている。
(60) 新里、前掲「地方自治体人脈図　沖縄県庁の巻」九七頁。
(61)『沖縄タイムス』一九九八年三月二一日。
(62) 新里、前掲「地方自治体人脈図　沖縄県庁の巻」九九頁。
(63) 武富和彦「地方自治体人脈図　沖縄県庁の巻」(『月刊官界』二四巻三号、一九九八年)一二二頁。
(64) 稲嶺惠一『我以外皆我が師』(琉球新報社、二〇一一年)一三一頁。

(65) 同前、一一二頁。
(66) 同前、一三一～一三三頁。
(67) 山城興朝「地方自治体人脈図　沖縄県庁の巻」（『月刊官界』二七巻二号、二〇〇一年）一一二頁。
(68) 『沖縄タイムス』一九九八年一二月二四日夕刊。
(69) 『沖縄タイムス』一九九八年一二月二五日。
(70) 稲嶺、前掲『我以外皆我が師』一三〇頁。
(71) 親川はその後、二〇〇四年に県議となり、さらに一〇年には南城市長選に立候補して敗れる。二一年現在はオール沖縄会議共同代表を務めている。
(72) 『琉球新報』一九九九年一月一三日。
(73) 新里、前掲「地方自治体人脈図　沖縄県庁の巻」九八頁。
(74) 『沖縄タイムス』一九九九年一月一四日。
(75) 『沖縄タイムス』一九九九年一月一三日。
(76) 稲嶺、前掲『我以外皆我が師』一三八頁。
(77) 『沖縄タイムス』一九九九年一月四日。
(78) 稲嶺、前掲『我以外皆我が師』二一六頁。
(79) 同前、二一六～二一七頁。
(80) 同前、二一六頁。
(81) 同前、一四〇頁。
(82) 『沖縄タイムス』二〇〇六年一二月五日。
(83) 琉球新報デジタル、二〇一三年一一月七日（https://ryukyushimpo.jp/news/prentry-216369.html）。
(84) 『朝日新聞（西部）』二〇〇七年二月九日夕刊。
(85) 『沖縄タイムス』二〇〇七年三月三〇日。

(86)『沖縄タイムス』二〇〇七年二月二日。
(87)『沖縄タイムス』二〇〇七年二月一三日夕刊。
(88)『沖縄タイムス』二〇〇七年四月二日。
(89)同前。
(90)『沖縄タイムス』二〇〇六年一二月一二日。
(91)『沖縄タイムス』二〇〇六年一二月一四日夕刊。
(92)『琉球新報』二〇一一年二月二日。
(93)〇四年人事で知事公室長に就任した府本禮司の前職は九州大学大学院助教授だが、彼は普天間・那覇港施設返還問題対策室長や観光リゾート局参事などを歴任した行政官で、九大の教員ポストは一年間の出向であった。
(94)『沖縄タイムス』二〇一一年二月一一日。
(95)『沖縄タイムス』二〇一四年一二月一六日。
(96)『琉球新報』二〇一四年一一月三〇日。
(97)『沖縄タイムス』二〇一五年一月七日。
(98)『沖縄タイムス』二〇一五年四月二日。

第6章　沖縄の政党政治と中央・地方関係
——日本復帰から現在まで

平良　好利

はじめに

一九七二年の日本復帰以後の沖縄県の政治を鳥瞰すると、保守勢力と革新勢力の対立構図が基本線にあり、それが形や意味内容を変えつつも今でも続いている、というのが一つの特徴である[1]。つまり、他の多くの県では一九八〇年代に入ると社会党も含めて各政党が知事選挙で相乗りするようになり、保革対立の政治構図が地方政治レベルではなくなっていったのに対し[2]、沖縄県ではその対立構図が今でも続いているのである。

いま一つの特徴は、その保守勢力と革新勢力の力が拮抗し、後述するように「権力の移動」、すなわち県政の交代や県議会での与野党交代などが常態として行われている、ということである。代表制民主主義の要諦の一つがこの「権力の移動」にあるとするならば、同県の政治はまさに〝健全〟に機能しているといえよう。また、少し別の角度から言えば、国政レベルでも地方政治レベルでも本土においては保守の自民党が圧倒的に強く、その自民党を中心に政治が展開されてきたのに対し、沖縄県では自民党とともに革新勢力も強く、いわばこの両勢力で県民の支持を二分しながら政治が展開されてきたのである(3)。

しかも保守勢力と革新勢力の間の対立軸がはっきりしており、ある意味では県民にとって〝わかりやすい〟政治が展開されてきたのも、いま一つの特徴だといえよう。日本復帰後の沖縄県にとって最重要課題は大きく分けて二つあり、一つは米軍基地の問題であり、いま一つが経済振興の問題である。前者の課題により強く関心を注いできたのが革新勢力であり、後者の課題により熱心に取り組んできたのが保守勢力である。よって、沖縄の革新勢力が本土のそれとは異なり今日に至るまで県民から一定の支持を得ているのは、県民にとって切実な問題である米軍基地の問題に力点を置いてきたからであり、一方の沖縄の保守勢力が本土のようには強くないにせよ、県民から一定の支持を得ているのは、これまた県民にとって切実な課題である生活を豊かにすること、すなわち沖縄の経済振興を図っていくことに力を注いできたからである(4)。

このように力の拮抗する二つの勢力が対峙し、しかも「権力の移動」が常態として行われ、さらにわかりやすい政治が展開されてきたとなれば、これは戦後日本では例外的に代表制民主主義が健全に機能してきた、もっと言えば政党政治がうまく機能してきた、といえるのではないだろうか。しかもそればかりか、沖縄県では基地問題や沖縄戦認識などをめぐって大衆運動も活発に展開されており、その上二度にわたり県レベルの住民投票まで行われた経験をもつ。つまり、間接民主主義も直接民主主義もともに活発に機能してきたのが、沖縄県の政治だといえる(5)（その背景にある沖縄県の抱える問題の深さやその種類はとりあえず横においてⅠ。

しかし、一方でこの沖縄県の政治を中央・地方関係のなかに置いて考えてみると、少し異なった風景がみえてくる。つまり、中央・地方関係というフィルターを通して政党政治をみると、うまく機能してきたかにみえる政党政治の別の側面が浮かび上がってくるのである。本章では、これを政党組織の本部・支部関係に注目しながら考察してみたい。同時に、地方政治にとって政党とはいかなる意味をもっているのかも考えてみたい。

現在、地方政治レベルで政党間競争を活性化させるために、あるいは中央政治と地方政治の連動を念頭に置き、地方政治レベルの選挙制度改革の議論が活発に展開されているが、本章は、実際に政党間競争が活発に展開され、なおかつ中央政治とも密接に連動しながら展開されてきた沖縄県の事例を考察することによって、これらの議論に新たな論点を提示することも視野に入れている(6)。

1　五五年体制下の沖縄政治

(1)　保革の対立

まずは日本復帰から一九九〇年代に入るころまでの沖縄県の政治の特徴を、各種選挙結果から確認しておこう。まず知事選挙をみると、表1のとおり、保革で交互に県政を担当しているのがわかる（これは九〇年代以後も同様である）。また得票数をみても、両者が拮抗していた選挙も多く、どちらが

表1　沖縄県知事選挙

区分（選挙期日）		候補者（支援勢力）	得票数
第1回（1972.6）	当	屋良朝苗（革新） 大田政作（保守）	251,230 177,780
第2回（1976.6）	当	平良幸市（革新） 安里積千代（保守）	270,880 238,283
第3回（1978.12）	当	西銘順治（保守） 知花英夫（革新）	284,049 257,902
第4回（1982.11）	当	西銘順治（保守） 喜屋武眞榮（革新）	299,022 285,707
第5回（1986.11）	当	西銘順治（保守） 金城睦（革新）	321,936 252,744
第6回（1990.11）	当	大田昌秀（革新） 西銘順治（保守）	330,982 300,917

出典：令和2年版『選挙管理委員会年報』（沖縄県選挙管理委員会、2021年3月）を参照して筆者が作成。

勝利してもおかしくない状況にあった。一九八二年の第四回知事選挙で二期目を狙う西銘順治（にしめじゅんじ）が革新統一候補の喜屋武眞榮（きゃんしんえい）に僅か一万三〇〇〇票余り差で勝利したことは、その典型的な例である。

また、県議会議員選挙における保革の獲得議席数をみても、両者が拮抗しているのがわかる（表2）。しかも地方政治における二元代表制の下、知事が保守で、県議会の多数派が革新になる場合や、逆に知事が革新で、県議会の多数派が保守になる場合も多く、その際には厳しい県政運営を知事は強いられることになる。自民党の力が強力で、県議会においても同会派が多数を占め、安定した基盤に立って県政を運営してきた他の多くの県知事とは異なって(7)、沖縄県では知事の県政運営に対して強力なチェック機能が働いてきたわけである。これは、五五年体制の時代だけでなく、今日に至るまで同様な傾向をみせている。

一方、国政選挙に目を向けると、こちらも保革が拮抗しているのがわかる。まず定員五名の中選挙区制のもとで行われた七回にわたる衆議院選挙をみると、すべての選挙で自民党が二議席、革新勢力（選挙協力していた公明党も含む）が三議席を獲得し、いわば革新優位のもとで保革が拮抗していたのがわかる（表3）。また、毎回一議席を争う参議院選挙では、保革が交互に勝利し、それぞれが一議席を確保するというパターンをみせている（表4）。

このように多くの県とは異なり沖縄県では、革新勢力が自民党と拮抗する、いや優位に立つ場面さえあったわけだが、その背景には革新勢力が政党間対立を超えて共闘し、自民党と正面から対峙しえたということがあった。たとえば、知事選挙では統一候補を擁立して保守陣営と対峙し、革新県政を誕生させている。また衆議院選挙では、社会党、共産党、公明党で三議席を獲得することをめざし、一方の参議院選挙では統一候補を擁立して一議席を確保することをめざし、それを実現させている。

このように本土ではある一時期にしかみられなかった「革新共闘」が冷戦期を通じて沖縄では存続しており、しかもそれは形を変えながら今でも続いているのである。

(2) 自民党の派閥対立と一九九〇年の知事選挙

一方、保守の自民党をみると、革新勢力とは異なって政党としては一つにまとまっていたが、党内での派閥間競争は激しく、決して一枚岩であったとはいえな

表2　沖縄県議会議員選挙

区分（選挙期日）		議席
第1回（1972.6）	保守	21
	革新	23
第2回（1976.6）	保守	21
	革新	24
第3回（1980.6）	保守	24
	革新	22
第4回（1984.6）	保守	26
	革新	21
第5回（1988.6）	保守	25
	革新	22

出典：『戦後六十年沖縄の政情――自由民主党沖縄県連史』（2005年）を参照して筆者が作成。

表3　衆議院議員選挙

区分（選挙期日）		候補者（所属政党）	得票数
第33回（1972.12）	当	西銘順治（自民）	74,073
	当	上原康助（社会）	68,999
	当	國場幸昌（自民）	65,961
	当	瀬長亀次郎（人民）	64,433
	当	安里積千代（社大）	57,203
		玉城栄一（公明）	44,520
		桑江朝幸（自民）	38,255
		山川泰邦（保守系無所属）	22,716
第34回（1976.12）	当	瀬長亀次郎（共産）	93,309
	当	玉城栄一（公明）	90,735
	当	上原康助（社会）	77,685
	当	西銘順治（自民）	70,365
	当	國場幸昌（自民）	69,322
		桑江朝幸（自民）	54,904
		安里積千代（民社）	35,278
第35回（1979.10）	当	上原康助（社会）	96,126
	当	瀬長亀次郎（共産）	90,757
	当	國場幸昌（自民）	90,559
	当	大城眞順（自民）	82,400
	当	玉城栄一（公明）	70,216
		小渡三郎（自民）	60,201
		安里積千代（民社）	33,555
		翁長助裕（新自由クラブ）	13,613
第36回（1980.6）	当	上原康助（社会）	96,132
	当	玉城栄一（公明）	93,956
	当	小渡三郎（自民）	88,580
	当	國場幸昌（自民）	88,457
	当	瀬長亀次郎（共産）	87,511
		大城眞順（自民）	75,214
第37回（1983.12）	当	瀬長亀次郎（共産）	118,421
	当	國場幸昌（自民）	107,525
	当	上原康助（社会）	95,460
	当	仲村正治（自民）	90,577
	当	玉城栄一（公明）	83,800
		小渡三郎（自民）	78,641

第38回（1986.7）	当 当 当 当 当	小渡三郎（自民） 上原康助（社会） 宮里松正（自民） 玉城栄一（公明） 瀬長亀次郎（共産） 仲村正治（自民）	108,995 99,873 99,104 95,837 91,658 91,583
第39回（1990.2）	当 当 当 当 当	古堅実吉（共産） 仲村正治（自民） 宮里松正（自民） 上原康助（社会） 玉城栄一（公明） 西銘順志郎（自民）	131,992 125,446 112,798 99,378 89,744 82,894

注：得票数が1万票に満たない候補者は省いた。
出典：表1に同じ。

表4　参議院議員選挙

選挙期日		候補者（支援勢力）	得票数
第9回（1971.6）	当	稲嶺一郎（保守） 金城睦（革新）	188,085 175,289
第10回（1974.7）	当	喜屋武眞榮（革新） 尚詮（保守）	261,396 182,689
第11回（1977.7）	当	稲嶺一郎（保守） 福地曠昭（革新）	249,496 230,163
第12回（1980.6）	当	喜屋武眞榮（革新） 大浜方栄（保守）	282,926 248,593
補欠選挙（1982.11）	当	大城眞順（保守） 仲本安一（革新） 宮里松正（革新）	253,895 191,436 137,806
第13回（1983.6）	当	喜屋武眞榮（革新） 西銘順志郎（保守）	309,006 231,890
第14回（1986.7）	当	大城眞順（保守） 仲本安一（革新）	297,228 281,419
第15回（1989.7）	当	喜屋武眞榮（革新） 比嘉幹郎（保守）	337,250 210,224

注：得票数が2万票に満たない候補者は省いた。
出典：表1に同じ。

い。五五年体制下では西銘順治を領袖とする西銘派と、衆議院議員の國場幸昌を領袖とする國場派の二大派閥が存在し[8]、両派閥がしのぎを削っていた。この派閥間競争がエスカレートして内部の足並みが崩れた場合、革新候補が勝利することもたびたびあったのである。自民党が強い他県では、もし保守陣営が分裂した場合、革新陣営がその一方の側を支援し、その革新に支援された保守系候補者が勝利するという場面も見られたが[9]、沖縄県の場合は保革が拮抗するなか保守陣営が分裂した場合、革新側が勝利することもたびたびあったわけである。その最も象徴的な事例が、一九九〇年の知事選挙における大田昌秀の勝利である。

　同選挙では西銘順治が四期目を狙って立候補する一方、革新陣営は元琉球大学教授の大田昌秀を擁立し、選挙戦に臨むことになる。結果は大田が西銘を約三万票差で破って勝利するが、その大田勝利の背景の一つには、保守陣営内部の足並みの乱れがあった。そしてその対立の背景には、知事選挙の九カ月前に行われた衆議院選挙における内部抗争があった。

　保守政界のドンであった西銘順治は、知事になる前の衆議院議員時代（一九七〇～七八年）は田中（角栄）派に属しており、知事に就任後は仲村正治をその後継者としたが、その仲村は二期目を狙う一九八六年の衆議院選挙で落選し、この九〇年の選挙では再選を期していた。また、國場幸昌から國場派を受け継いだ宮里松正衆議院議員も、前回の初当選に続いて再選を狙っていた。こうした状況のなかで西銘がみずからの長男である西銘順志郎の出馬を容認したことから、自民党県連内では内部抗争が勃発したのである。

　前述したように、日本復帰後のすべての衆議院選挙で自民党は二議席しか獲得できず、革新陣営が三議席を維持するといういわば革新優位の状況にあった。こうした保守劣勢のなか西銘の長男が自民党から出馬するとなると、仲村と宮里にとってはより不利な状況に置かれることになる。それで両者は強く反発したのである。とりわけ、西銘順治の後継者であった仲村からすれば、その西銘の行動は裏切りに映り、その反発は極めて強いものがあった。かくて利害をともにする仲村派と國場派が手を組んで選挙戦を戦い、西銘順志郎はあえなく落選し、仲村と宮里が再選を果たすことになる（この選挙でもこれまでと同様に革新陣営が三議席を獲得）。

この内部対立のしこりはその後も強く残り、それから九カ月後に行われた知事選挙では、自民党県連として一枚岩で戦うことができず、結局のところ大田勝利を許すのであった。その後も県連内の対立は尾を引き、九三年に入るや仲村正治が羽田孜や小沢一郎らとともに自民党を離党し、新生党結成に参画するのであった。

以上のように保守陣営内部の対立などもあったが、五五年体制期の政治構図を大きくとらえると、保守陣営と革新陣営が真っ向から対決する構図にあり、しかも中央政治との関係でみれば、保守陣営は政府・自民党と連携し、一方の革新陣営は本土の革新陣営と連携するという政治構図であった。

また、この時代の保革の対立軸は、前述したように、保守陣営が基地問題よりも経済振興に力点を置き、一方の革新陣営が経済よりも基地や平和の問題に力点を置くというかたちで、もちろん単純な「基地か経済か」というものではなかったものの、この両課題をめぐって展開されたのである。

また、広大な米軍基地の存在や沖縄戦の経験があるがゆえに、日米安保条約や自衛隊といった国政の最重要争点も沖縄では争点となり、それをめぐって保革両陣営が対立した。保守の自民党は日米安保条約を支持し、その安保条約によって根拠づけられる在沖米軍基地についても「応分の負担」を引き受けるという姿勢を示し、また自衛隊に関してもこれを容認するという態度をとった。一方の共産党、社会党、社大党（沖縄社会大衆党）の革新三党は、日米安保条約にしても在沖米軍基地にしてもさらに自衛隊にしても、そのスタンスに若干の濃淡はあれ、否定的な態度をとったのである。[10]

2 五五年体制の崩壊と沖縄政治の流動化

（1）仲村派の離党と自民党の動き

こうした政治構図が大きく変化するのは、米ソ冷戦が終結した一九九〇年代に入ってからである。冷戦期を特徴づけたあの五五年体制が崩壊し、保革対立の政治構図が流動化していったのである。

三八年間にわたって政権の座にあった自民党が野に下り、細川非自民非共産連立政権（社会党、新生党、公明党、日本新党、民社党、新党さきがけ、社会民主連合、民主改革連合の八党派による連立政権）が誕生したのは、九三年八月である。[11] この政権交代および政界再編の波は沖縄にも及び、前述したように仲村正治が自民党を離党し、新生党の結成に参画する。そして、そのあとを追って仲村派の県議会議員五名も離党し、[12] 同年一二月には新しく新生党沖縄県連を発足させる。周知のように、この時期の自民党は派閥が重要な単位となっており、仲村正治はみずからが所属する羽田派の一員として羽田孜や小沢一郎と行動をともにしたのであり、また仲村派の県議会議員五名もその仲村本人が離党したために、それに従って自民党を離党したわけである。

こうして新生党沖縄県連ができ、また中央における細川非自民非共産連立政権が軌道に乗るにつれて、沖縄では保守の新生党県連、革新の社会党県本、中道の公明党県本の三党が徐々に接近していくことになる。

一方、他県と比べてただでさえ強くなかった自民党県連は、この保守分裂によってさらに力を削ぎ落とし、県政はおろか国政でも野党となり、八〇年代とは打って変わって困難な時代を迎えることになる。この困難を克服していま一度県民の支持を取り付けるために、また政権与党としての責任から解放されたことも背景にして、同県連はこれまであまり踏み込んで検討することのなかった米軍基地の問題にも積極的に取り組む姿勢を示す。同県連副会長の嘉数知賢（かかずちけん）は、その取り組みの背景を次のように説明している。「国策よりも県益を守るための思い切った政策に転換できるようになり、県民の意向も変化してきた」[13]。こうして翌九四年六月に専門委員会を立ち上げた同県連は、「基地の整理縮小」というこれまでの方針からさらに一歩踏み込んで、「基地撤去」も含めた基地政策の大幅な見直しを検討していくことになる。

しかし、基地問題を本格的に検討しようとしたその矢先、すなわち六月三〇日に、中央において自民党と社会党のよもやの連携、すなわち自社連立政権ができ、再び自民党が政権を取り戻すことになる[14]。みずからの党が責任政党に返り咲いたことによって、同県連は結局のところ検討作業を中止することになる。この県連の動きをみると、いかに政権政党であることが同県連の米軍基地に対するスタンスに大きな影響を与えているのかがよくわかる（これは二〇一〇年代の二度にわたる政権交代の時も同様であった。これについては後述)。

(2) 自社連立政権の誕生と社会党県連の態度

こうした一九九三年の非自民非共産連立政権の誕生、続く九四年の自社連立政権の誕生という中央政治の荒波は、両政権に参画した社会党の地方支部である沖縄県本にも及ぶことになる。細川非自民非共産連立政権に参画するにあたって社会党は、自民党政権がとってきた旧来の路線、すなわち日米安保条約と自衛隊を支持する路線を追認することになる。これまで「反安保」「反自衛隊」の闘争を他県よりも激しく展開してきた社会党県本は、ここで苦しい立場に立たされることになる。こうした予期せぬ事態に直面した同県本の新垣善春(あらかきぜんしゅん)委員長は、前政権(自民党政権)の外交・防衛政策は「負の遺産」として受け継がざるをえないが、自衛隊は違憲、日米安保条約は平和友好条約に改めるべき、という県本の姿勢は何ら変わらないと述べて、県民にはわかりにくい説明をしつつ、これに対応するのであった。[15]

しかし、一九九四年に自社連立政権ができ、しかも自党の党首である村山富市が総理大臣となり、さらにその村山が「日米安保堅持」「自衛隊合憲」を明確に表明するや、県本の立場はより苦しいものとなる。このいわゆる村山の「政策大転換」を社会党は臨時党大会を開いて追認するが、その党大会で沖縄県本の新垣委員長は、「安保堅持は基地容認につながる」し、「憲法のどの条文を読んでも〔自衛隊が〕合憲というのは出てこない」と述べて、これに強く異議を唱えるのであった。[16]

もっとも、そのような態度をとりはしたが、新垣など県本幹部は、党が政権を担う責任の重さもよく理解しており、たとえば村山総理が国会で「政策大転換」を表明した直後、新垣はこう述べている。「政権を担う以上、外交の条約（ママ）の関係もあり、ただちに安保を廃棄することはできない。政策を継承することが現実的であり、決して積極的な容認ではない……実際に自衛隊の組織がある以上、いきなり解体はできない。違憲でない状態に縮小できるかどうか、これからでしょう」[17]。

また、細川政権で沖縄開発庁長官などを務め、前出の臨時党大会で副委員長に就任した沖縄県選出の衆議院議員上原康助（うえはらこうすけ）も、「国家として防衛力がゼロでいいのかというと、国民の考えはそうではない。安保についてもアジア近隣諸国が描く安保体制をしっかりと認識しないと政権政党としてまずい。沖縄も従来〔反安保・反自衛隊〕の延長線上ではなく、一歩立ち止まって考える時期にきている」と述べて、安保・自衛隊に対してもっと柔軟に対応すべきだと力説するのであった[18]。

このように政権政党となった社会党県本は、現実と理想のはざまで苦しみつつ行動するなかで、実際上は安保や自衛隊の問題で柔軟に対応していくことになる。後述するように、そのことが安保と自衛隊を容認する保守の新進党や中道の公明党と連携していく上での基盤にもなっていくのである。

（3）一九九四年の知事選挙と各党の対応

一方、こうして保守の自民党と連立を組み、しかも安保・自衛隊を容認した社会党に対し、共産党は強く反発し、社共間の対立は激しいものとなる。その最も象徴的な出来事が、自社連立政権の誕生から四カ月半後に行われた沖縄県知事選挙における「革新共闘」体制の崩壊である。同選挙は大田昌秀の圧勝で終わったこともあり、これまでほとんど注目されてこなかったが、政党政治の観点からみれば、沖縄政治を特徴づけてきた保革対立構図のある面での強固さと、ある面での流動化を示す象徴的な選挙であったといえる。

同選挙では、これまでのように革新陣営が共通の選挙綱領をつくって連携して戦うというい わゆる「革新共闘」方式は採られずに、社会、共産、社大の各党それぞれが候補者と別個に政策協定を結ぶというい わゆる「ブリッジ」方式が採られた。社共をつなぐ「接着剤」であった社大党が間に入って共闘体制を構築しようとしたが、結局のところうまくいかず、各党それぞれが大田を支援することとなったのである。選挙後社会党の新垣委員長をして「もう共産党とは組めない」と言わしめるほどに、両党の対立は決定的なものとなっていたのである[19]。その後、両党の対立関係は長きにわたって続き、その両者が本格的に連携するようになるのは、後述するように、実に二〇一〇年代に入ってからのことであった。

一方、自民党であるが、国政レベルでは政権に復帰したとはいえ、県内では仲村派の離党によって弱体化した状態にあり、しかも前回（九〇年）の知事選挙では経済界の一部も離反したため、なかなか今回の知事選挙では候補者を擁立することができなかった。こうしたなか、自民党本部は県連に対し、革新陣営の推す大田昌秀への相乗りを求めることになる[20]。国政において自社連立政権が誕生していたことや、地方政治レベルでは八〇年代から各党の相乗りが常態化していたこと、さらには大田がこの時期までそれほど革新色を出していなかったことなどを考えると、この自民党本部の要求は決して突飛なものではなかったといえる。

しかし、他県と異なり革新勢力と激しく対決してきた沖縄の自民党からすれば、すんなりとこの要求を受け入れられるものではなかった。結局のところ、この大田への相乗り構想は後退し、公示の直前になって西銘県政で副知事を務めた翁長助裕（のちに県知事となる翁長雄志の兄）が立候補し、何とか党としての面目を保つことになる。しかし、県連が一丸となって翁長を支える態勢ができたかというと、決してそうではなく、しかも経済界の自民党離れも進んだ結果、大田に一一万票以上の差をつけられて完敗することになる。最大の政治決戦である県知事選挙で自民党県連は、二連敗したわけである。なお、同県連の敗退はこれにとどまらず、翌九五年の参議院選挙でも大城眞順が革新の照屋寛徳に敗れ、参議院での議席をすべて失うことになる。また、後述するように、翌九六年の衆議院選挙では三選挙区すべてで敗北し、同党の衰退は誰の目にも明らかであった。

　では一方の自民党を離党した保守の仲村派、すなわち新生党沖縄県連は、この一九九四年の知事選挙でどのような態度をとったのだろうか。同県連は、結局のところ大田・翁長をどちらも支持しない、すなわち自主投票という態度をとることになる。これについて同県連幹部の外間政善は、次のように述べている。「わが党は大田支持の方向で検討していたが、結局は安保・自衛隊問題で政策的に受け入れられなかった。また新・新党〔同年一二月に結成される新進党のこと〕結成を前に、党友関係にある公明、日本新党が大田支持を決めている以上、次期衆院選の関連で両党と対決することができない。翁長氏は政策で新生党と違いはないが、中央の政治の流れ、沖縄の政党の枠組みの点から支持できなかった」[21]。

　この新生党県連の態度をみると、保革対立が持続している面と変容している面が同時にみえて、しかもそのはざまにあって同党が苦慮している様子がうかがえる。

3　新しい保革対立へ

(1) 新たな政治的枠組みの形成と県民投票

この大田圧勝で終わった知事選挙の翌月（一二月）、中央では自社連立政権に対抗して野党の新生党、公明党、日本新党などが合流して新しく新進党を結成する。これを受けて沖縄でも翌九五年二月に新進党沖縄県連が結成される。次期衆議院選挙への出馬を念頭に公明党出身の白保台一（しらほたいいち）が新進党県連に参加するが、実態は仲村派が同県連を取り仕切っていた。

一方、公明党は新進党に合流するにあたって「公明」という新しい地方組織を発足させ、同党出身の地方議員はこの「公明」での活動を継続する。地方政治レベルでは自民党と連携していたケースも多かったことから、公明党としては国政レベルでは新進党に合流するも、地方政治レベルでは地域政党の「公明」を基盤に旧来の政治的枠組みを維持させようとしたわけである(22)。前述したように、沖縄では公明党は非自民の立場で革新陣営と協力していたが、新しく発足した「公明沖縄」（幹事長糸洲（いとす）朝則（とものり））は、非自民の立場を維持しつつ、保守の新進党県連と連携していくことになる。

新進党に移るにあたって白保台一は、次のように述べている。「今の自社連立政権は間違っている。昨年、旧連立（細川非自民非共産政権）は三十八年に及んだ自民党政治を清算しようと訴え、国民もそれを望んだ。私自身はこれからも非自民の枠組みが必要と思っており、知事選が終わったばかりの沖縄の政治情勢からして旧連立が望ましい[23]」。このように旧連立の枠組みが望ましいとする白保の念頭には、保守の仲村派との連携だけでなく、革新の社会党との連携も視野に入れたものであった。

一方、次期衆議院選挙に出馬予定の仲村正治も、公明との連携だけでなく、次のように述べて社会党との連携も模索している。仲村はいう。「〔社会党との〕選挙協力については、互いに理解しあえると思っている。上原〔康助〕氏は旧連立のよしみであり、国政でもいろいろな面で共通する考えをもっている[24]」。

こうして新進、公明が社会党に秋波を送るなか、翌九五年一月の公明沖縄の賀詞交歓会に来賓として招かれた社会党県本の新垣善春委員長は、「できうるかぎり旧連立の方向で努力していきたい」と述べ、中央では自社連立政権が続いているにもかかわらず、新進、公明との選挙協力に前向きの姿勢を示す[25]。

こうして保革対立が流動化し、各党が次期衆議院選挙に向けて連携のあり方を模索するなか、沖縄で衝撃的な事件が起こる。同年九月の「少女暴行事件」（米兵三名が小学六年生の女子をレイプした事件）がそれである。この事件が発生するや、沖縄では日米地位協定の見直しや米軍基地の整理縮小を求める運動がうねりをあげて展開され、同年一〇月には超党派の県民大会が開催されることになる。日本復帰後最大の八万五〇〇〇人（主催者発表）の人々が集まった同大会では、「日米安保条約の廃棄」や「基地の即時全面撤去」といった政治的イデオロギーの強い要求ではなく、「米軍の綱紀粛正」「被害者への謝罪と完全補償」「日米地位協定の見直し」「基地の整理・縮小」といった沖縄内部で一致できる四つの要求が掲げられた。この四つの要求に絞られたことによって、この種の運動に及び腰であった自民党や経済界も参加するのであった。

こうした超党派の運動をさらに発展させ、政府の基地政策にも影響を及ぼすことを狙い、労働組合の連合組織である連合沖縄が、「日米地位協定の見直し」と「基地の整理・縮小」の賛否を問う県民投票の実施を考え出し、翌九六年五月に大田知事に対し実施のための条例制定を請求する。

しかし、この連合沖縄主導の県民投票の実施に対し、自民党県連は強く反対の態度を示す。同県連幹事長代理の翁長雄志（県議会議員）は、地元新聞社が企画した賛成派との討論の場で、その反対理由を次のように述べている。「県民大会で採択された四項目要求は、県議会に引き継がれ、米政府や日本政府への要請行動をした。その成果が、ＳＡＣＯの中間報告に表れた。その流れからすると、県議会が県民の意思を体現し、県民の心に沿った形で行動したわけだ。方向が同じなのに、あえて直接民主制という「伝家の宝刀」を抜くのはどうか。しかも県民投票は、戦略的な党利党略にのっとった形となっており、まずいという気がする」[26]。

こうして自民党が反対し、一方で社会、共産、社大、公明などが賛成するなか、同条例案が可決されるか否かの鍵は、保守の新進党（仲村派）の態度にかかっていた。結局のところ同党は、間近に迫る衆議院選挙を睨み、旧連立の枠組み、すなわち公明、社会との連携の枠組みを重視して賛成に回るのであった。かくして、都道府県レベルでは戦後初めてとなる沖縄での住民投票は、保革対立が流動化するという九〇年代の政治的文脈のなかで、保守の新進党が革新陣営と連携したことによって実現されたのである（県民投票は同年九月八日に実施され、八九％が「日米地位協定の見直し」と「基地の整理・縮小」に賛成。投票率は五九％）。

（2）一九九六年の衆議院選挙と各党の対応

さてこの県民投票から一ヵ月半後（九六年一〇月）に行われたのが、衆議院選挙である。小選挙区比例代表制が導入されて初めてとなるこの総選挙は、自民党県連のさらなる衰退と、保革対立の流動化を印象づけるものであった。

まず自民党県連であるが、この総選挙を前に再び内部抗争が勃発し、保守が再分裂することになる。前回の総選挙（一九九三年）では仲村派が離党したが、今回の選挙では西銘順志郎とそのグループが離党し、徳田虎雄の率いる自由連合から出馬する。分裂のきっかけは、沖縄選挙区一区の公認をめぐる下地幹郎（しもじみきお）と西銘順志郎との激しい対決があり、結局のところ自民党本部は下地を党の公認候補と決定したのである。

この党本部の決定に反発した西銘順志郎とそのグループは、自民党を離れ、一区からは当の西銘本人が、また三区からは西銘派の高江洲義政（たかえすよしまさ）が自由連合から出馬し、自民党公認の下地（一区）と嘉数知賢（三区）との間で保守票の奪い合いをする。一区は脳梗塞を患って政界を引退した西銘順治の跡目を狙う西銘派内部の争いであり、また三区は國場派（嘉数）と西銘派（高江洲）の派閥闘争の側面があった。新しい選挙制度に移行したとはいえ、まだまだ五五年体制期の自民党の体質が残っていたのである。

こうした自民党県連内部の対立を横眼でみながら、新進党県連、公明沖縄、社民党県連（九六年一月に社会党が党名を変更）の三党は、細川非自民非共産連立政権の枠組みで連携し、選挙戦を戦うことになる。つまり、新進党公認の白保台一（一区）と仲村正治（二区）を公明沖縄と社民党が支援し、社民党公認の上原康助（三区）を公明沖縄と新進党県連が支援するという構図である。

同選挙に臨むにあたって公明沖縄の糸洲朝則幹事長は、自社連立政権下で与党の上原（社民）と野党の白保・仲村（新進）の三候補を支援することについて、こう述べている。「社民と新進は非自民非共産の枠組みで、細川連立政権で一緒にやった経験がある。その後、与野党に分かれたから仲を解消するのもどうかと思う。……公明が社民と新進の接着剤の役割を果たす一つの構造ができつつあるので、違和感なくやっていける[27]」。

国政選挙でありながらも与党の社民党候補者と野党の新進党候補者を同時に支援するというのは極めてわかりにくいが、一方で事実上仲村派が取り仕切る保守の新進党県連と革新の社民党県連の「接着剤の役割」を果たすという糸洲の言は興味深い。これまで社大党が社会党と共産党をつなぐ「接着剤」、またこの両党と公明党をつなぐ「接着剤」の役割を果たしてきたことを考えると、いまや五五年体制期の政治とは異なる地点に立っているのがわかる。

また、新進党県連幹事長の外間政善も、次のように述べている。「沖縄の政治構図は旧連立の枠組みが理想的だ。一区の白保台一氏は、出身の公明沖縄と社民党が選挙協力を結んでいる。社民・公明の連携はパーフェクト。しかし従来の自民、つまり保守支持層を最大限、票に結びつけることが課題で、〔新進党県連は〕これに最善を尽くす[28]」。

社民、公明、新進が連携するなか、新進が保守層の票を取り込むというこの外間の言も、面白い。社民党県連のもつ労働組合票、公明沖縄のもつ創価学会票、そして新進党（仲村派）のもつ保守票が一つになれば、まさに〝パーフェクト〟となるのである。ただ、日米安保と自衛隊を容認し、基地の全面撤去に難色を示す保守の新進党（仲村派）と、安保・自衛隊・基地に反対の姿勢を示す社民党県連と、さらに安保・自衛隊を容認し、基地の整理縮小をめざす公明沖縄とは、そもそもの基本政策が異なっていたのである。しかしこの三党は、のちに保守と革新を結びつけて「オール沖縄」態勢を築き上げた翁長雄志の言葉を借りて言えば、その基本政策の違いには目をつぶり、「腹八分、腹六分」で連携したのである[29]。

一方、社民党や公明沖縄と対立する共産党は、従来どおり社大党と協力体制を敷き、一区では共産党の古堅実吉（ふるげんさねよし）を、二区では元社大党委員長の仲本安一（なかもとあいち）をそれぞれ支援し、選挙戦を戦うことになる。かくして、保革入り乱れて戦われた衆議院選挙では、一区では白保台一（新進党）が古堅実吉（共産）、下地幹郎（自民）、西銘順志郎（自由連合）などを破って当選し、二区では仲村正治（新進党）が仲本安一（無所属）、金城浩（きんじょうひろし）（自由連合）などを破って当選し、さらに三区では上原康助（社民）が嘉数知賢（自民）、高江洲義政（自由連合）などを破って当選するのであった。保守分裂に助けられた面があったとはいえ、新進、公明、社民の保革を超えた「旧連立の枠組み」が全面勝利したのである。逆に自民党は、三選挙区すべてで敗北するという、まさに歴史的な惨敗を味わうのであった[30]（なお後述するように、自民党は二〇一〇年代にも同じ惨敗を味わう）。

（3）再び保革対立へ

こうして沖縄では新しい政治的枠組みが出現してくるが、それが定着していったかというと、決してそうではなく、再び新しい枠組みが構築されるのであった。九〇年代に入って三つに分かれた保守勢力（自民党、新進党、自由連合）が再び合流し、さらにこの再結集した保守勢力とこれまで非自民であった公明党が連携していったのが、それである。

一九九四年の知事選挙、九五年の参議院選挙、そして九六年の衆議院選挙で敗北を重ねてまさに瀕死の状態にあった自民党県連は、翌九七年に入るや、その態勢の立て直しに向けて動き出すことになる。まず五月には、自由連合に移った西銘順志郎を説得して復党させることに成功する。続いて新進党の仲村正治に対しては、三月ごろから自民党県連が説得工作に入り、また一方の仲村本人も、離党者が続出する新進党に将来展望を見い出せず、自民党への復党を模索する。そして九月に入り仲村は、ついに新進党離党を表明し、自民党へと復党していくのであった。

新進党離党にあたって仲村は、「自ら政策決定の場に入って発言しなければ県益は守れない」と述べて、政権政党である自民党に復党することの意義を強調する[31]。県内では敗北続きの自民党であったが、やはり政権政党である。その政権政党の強みをいま一度噛みしめた仲村は、四年余の新進党での活動に見切りをつけて、再び古巣へと戻ることになる[32]。かくして、一九九〇年代に対立と分裂を繰り返した保守勢力は、ここにきていま一度態勢を立て直すのであった。

一方、革新勢力は、社民党県連と共産党県委の対立が解消されず、まとまりを欠いたままの状態が続くことになる。

こうして保守陣営が再結集し、一方の革新陣営が足並みを乱すなか、翌九八年一一月に最大の政治決戦である県知事選挙が行われることになる。保守陣営は沖縄の有力企業であるりゅうせきの会長稲（いな）

嶺惠一を擁立し、一方の革新陣営は三期目を狙う大田昌秀知事を前回同様に「ブリッジ」方式で支援し、選挙戦に臨むことになる。注目すべきは、これまで大田を支援してきた公明党（新進党の解党によって再び公明党となる）が、事実上稲嶺支持に回ったことである。選挙の結果は、稲嶺が三万七〇〇〇票差で大田を破り、勝利するのであった。この結果について大田選対の議長代行であった瑞慶覧長方（元社大党委員長）は、こう述懐している。「公明党が逃げた差がそっくりそのまま票に表れた」[33]。この知事選挙の翌年に中央政治においても自公の連立政権ができたことによって、沖縄でも両党の連携はより一層進んでいくのであった。

この一九九八年の知事選挙で最大の争点になったのは、二年前（九六年）に日米間で返還合意された普天間基地の移設問題である。現職の大田昌秀があくまで県内移設反対を掲げて戦ったのに対し、一方の稲嶺惠一は条件付きで容認する姿勢を明確にして選挙戦を戦った。つまり、政府と対決してでも県内移設に反対するか、それとも県内移設を条件付きで認めた上で政府と連携して沖縄の経済振興に取り組むか、という争いとなったのである。

九〇年代に入って保革の政策距離は縮まったとはいえ、その縮まった範囲内で、経済をより重視するか、それとも基地問題をより重視するかが問われたわけである。日米安保や自衛隊の存在、そして基地撤去の是非などをめぐって争われた旧来型の保革対立とは異なる、新しい保革対立の構図が出現したといえよう。以後、二〇一〇年代に入るまでの沖縄県の政治は、この新しい保革対立ともいうべき政治構図のなかで、大きくは展開されていくのであった。

この新しい政治構図をいま少し詳しくみると、国政、県政ともに与党の自民党、公明党と、国政、県政ともに野党の社民党、共産党、社大党、民主党などが対決するという構図である。しかも本土においては自民党に対抗する政党として民主党が徐々に力をつけてくるが、沖縄では大きな勢力とはならず[34]、依然として社民、共産、社大の旧来の革新政党が力をもつという状況であった。よって、本土では保革対立という政治構図が現象面でも言説面でも徐々に後退していき、それに代わって保守対リベラルという構図が形成されていくが、一方の沖縄ではその担い手の中心が旧来どおりの革新政党であったことも含めて、保守対革新という政治構図が存続していくのであった。

もっとも、念を押して言っておけば、一九九〇年代に入ってから、これまで経済を重視してきた保守陣営も基地問題をより現実的な課題として視野に入れ始め、一方の基地問題を重視してきた革新陣営も基地返還後の経済振興をより具体的に見据えるという形で、両者の距離が事実上接近してきたことは確かである。ただ、その接近しつつも狭まった範囲内で、両者が対立するという政治構図が形成されていったのである。

さらに言うと、この革新陣営が常に連携して保守陣営と対峙しえたのかというと、決してそうではなく、社共間の対立を残したまま、しかも徐々に力をつけてきた民主党と旧来の革新政党が勢力争いを行うなかで、保守陣営と対決したのである。もちろん、最大の争点が普天間基地の移設問題であったことはいうまでもない。保守陣営が沖縄県北部の名護市辺野古への移設を容認し、一方の革新陣営がそれに反対するという構図である。

こうした構図のなか、保守陣営は九八年の知事選挙に続いて、二〇〇二年の知事選挙でも勝利し（稲嶺が再選）、さらに続く二〇〇六年の知事選挙でも勝利を収めることになる（仲井眞弘多が当選）。

また、衆議院選挙をみても、二〇〇〇年の選挙では三議席のうち二議席を自公が獲得し（一区で白保台一、二区で仲村正治が当選）、また二〇〇三年の選挙では四議席（同選挙から沖縄選挙区は四選挙区となる）のうち三議席を自公が獲得する（一区で白保台一、三区で嘉数知賢、四区で西銘恒三郎が当選）。さらに二〇〇五年の衆議院選挙では、一区で自公の推す白保台一が敗れるものの、元自民党の下地幹郎が当選し、三区、四区では嘉数知賢と西銘恒三郎がそれぞれ再選を果たす。一方、稲嶺・仲井眞両県政下で力を減退させていった革新勢力は、それでも何とか自公と正面から対峙しうる力を温存させ、次節以降でみるように、二〇一〇年代に入ると再び力を盛り返すのであった。

4　民主党政権の誕生と超党派の運動

(1)「県外移設」で各党一致

二〇〇九年八月の衆議院選挙では、民主党が三〇八議席を獲得して大勝し、自民党からの政権奪取に成功する。沖縄選挙区でも四区すべてで自民党候補者が敗れ、一区と二区では民主党と連立を組む国民新党の下地幹郎と社民党の照屋寛徳がそれぞれ当選し、また三区と四区では民主党の玉城デニーと瑞慶覧長敏がそれぞれ初当選を果たす[35]。

この選挙期間中に「最低でも県外」と公言していた鳩山由紀夫は、首相に就任するや、普天間基地の県外移設を模索し、辺野古移設推進の自民党政権とは異なるアプローチをとる。この鳩山政権の動きを受けて、敗北した自民党県連は、その直後から移設問題をめぐって話し合いを始め、翌二〇一〇年一月には「県外移設」に方針転換をする。これまで辺野古移設を認めてきた自民党県連であったが、新しく政権に就いた民主党政権が県外移設をめざすというのであれば、何もみずからが辺野古移設に固執する必要はない、というのが同県連の言い分であった。[36]

この方針転換に関して東京の自民党本部と調整にあたった翁長政俊（おながまさとし）県連幹事長によれば、政権の座から転落した党本部は、この鳩山政権の動きに対し「お手並み拝見」という態度を示し、県連の方針転換にストップをかけるということはなかった。[37] あれほど政権与党の時代には全力で辺野古移設を進めた自民党本部であったが、野党に転落したあとは〝傍観者〟となって県連の方針を容認したのである。

一方、自民党県連と連携して稲嶺・仲井眞両県政の与党として辺野古移設を「追認」してきた公明党県本も、鳩山政権の動きを「歓迎すべき」ものとし、みずからも「県外移設」の方向に舵を切ることになる。当時沖縄県本幹事長であった金城勉（きんじょうつとむ）によれば、「辺野古推進」の立場にある東京の公明党本部は、この県本の方針転換に「一定の距離」を置きながらも、「理解」を示したという。[38] 自民党県連と同様に公明党県本にしても、党本部との間で方針が異なったにもかかわらず、方針一致を求める圧力等はなかったというのである。

こうして自民党県連と公明党県本が態度を変更したことにより、県内のすべての政党は「県内移設反対」で足並みを揃えることになる。これによって一九九〇年代後半から続いてきた最大の対立軸、すなわち辺野古移設を容認するか否かという対立軸は、消えていくのであった。かくして、二〇一〇年二月には県議会で普天間基地の「国外・県外移設」を求める意見書が全会一致で可決され、その二カ月後の四月には、九万人（主催者発表）の人々が参加する超党派の県民大会が開催されるのであった。

共同代表の一人であった翁長雄志那覇市長（元自民党県連幹事長）は、壇上でこう訴えている。「県民が望んで持ち込んだわけではないのに、基地問題で県民同士が争うのは残念でならなかった。保守は革新が、革新は保守が敵であってはいけない。……県民の誇りとアイデンティティーにかけて、力強く、声を大にして沖縄の思いを発信しよう[39]」。

しかし、県民がその「思いを発信」してから僅か九日後の五月四日、鳩山首相が県外移設断念を沖縄で表明し、さらに同月二四日には辺野古移設推進を表明することになる。「県外移設」を模索した鳩山であったが、受入れ可能な自治体を見つけることができず、結局のところ辺野古移設へと回帰したのである。「県外移設」を模索した鳩山への期待が大きかっただけに、県民の絶望と怒りは大きいものがあり、辺野古移設反対の世論はさらなる高まりをみせるのであった。

（2）民主党と社民党の分岐点

こうして鳩山政権が辺野古移設へと回帰したことによって、苦境に陥ったのは「県外移設」を掲げていた民主党県連である。七月には参議院選挙、そして一一月には県知事選挙を目前に控えるなか、民主党県連は新しく発足した菅（直人）政権および党本部と対立することになる。両選挙とも同県連は独自候補の擁立を模索するが、辺野古移設をめぐる方針の違いを理由に党本部がそれを許さず、結局のところ自主投票という態度をとらざるをえなくなる。

前年の衆議院選挙で躍進し、県内政治で力を持ち始めた同県連であったが、党本部と方針の違いが生じるや否や、その存在感を示すことができなかったばかりか、この知事選挙をめぐって内部分裂し(40)、組織としての統合力も大きく減退させていったのである。そして、民主党政権への批判が吹き荒れるなか、二〇一二年六月の県議会議員選挙では民主党候補者が軒並み落選し、また翌七月には民主党国会議員の玉城デニーと瑞慶覧長敏が同党を離党し、民主党県連は県内での政治的影響力を失っていくのであった。

一方、民主党県連とは対照的に、県政野党内での主導的な地位を維持したのが、社民党県連である。鳩山首相が辺野古移設を閣議決定した際、署名を拒否して大臣を罷免されたのは、社民党党首の福島瑞穂である。その二日後（五月三〇日）に同党は、全国幹事長会議と臨時常任幹事会を開催して連立からの離脱を決定する。いまから振り返ると、まさに社民党県連にとってはこの時が分岐点であったといえる。もし社民党が政権から離脱せずに残留していれば、民主党県連と同じように党本部との間で辺野古移設をめぐって〝ねじれ〟が生じていた可能性があったからである。一九九〇年代の自社連立政権の時には、この〝ねじれ〟に悩まされた同党であったが、今回はそれを回避することができたのである。

こうして沖縄では民主党が衰退し、一方の社民党が存続したことによって、旧来型の社民、共産、社大の革新政党が主導的な地位に残り続けることになる。そして国政でも県政でも野党となった社民党県連は、共産党や社大党と連携して七月の参議院選挙と一一月の知事選挙を戦うのであった。

この両選挙の最大の特徴は、自民・公明の推す候補者(参院選は島尻安伊子、知事選は仲井眞弘多)にしても、社民・共産・社大の推す候補者(参院選は山城博治、知事選は伊波洋一)にしても、どちらも普天間基地の県内移設に反対した、ということである。かくして、移設問題で大きな主張の違いがないまま行われた両選挙では、現職の島尻と仲井眞がそれぞれ勝利するのであった。

(3) 超党派の動揺と持続

こうして県知事を含めて沖縄のすべての政治勢力が「県外移設」を求めるなか、いま一つ大きな問題が浮上する。垂直離着陸機オスプレイの沖縄配備問題がそれである。開発段階から墜落事故などが相次いだこのオスプレイの沖縄配備に対し、県議会は二〇一一年七月に配備計画の撤回を求める意見書を全会一致で可決し、さらに県内の市町村議会も次々と反対の意思を表明した。そしてオスプレイの沖縄配備が間近に迫りくる翌二〇一二年九月には、超党派の県民大会が開催され、実に一〇万一〇〇〇人(主催者発表)の人々が集まって「配備反対」を訴えるのであった。

この超党派の県民大会に続けて実行委員会は、大規模な「東京要請行動」を計画するが、しかし準備を進めている最中に野田佳彦首相が突如衆議院を解散し、一二月一六日に総選挙が行われることになる。同選挙によって予定されていた東京行動は延期となり、各党すぐさま選挙戦へと入っていくのであった。

前回(二〇〇九年)の総選挙で四選挙区すべてで議席を失った自民党は、公明党と連携して議席の奪還をめざし、一区では國場幸之助を、二区では宮﨑政久を、三区では比嘉奈津美を、そして四区では西銘恒三郎を擁立し、選挙戦に臨むことになる。同選挙で自民党候補者は普天間基地の「県外移設」を掲げて戦うが、ここで興味深いのは、「辺野古移設」推進の立場にある自民党本部がこれを容認したということである。國場幸之助によれば、党本部からは当初「辺野古移設」を明示すべきだとの意見もあったが、最終的には「何を言ってもいいから勝ちあがってこい」ということであった。[41] 選挙結果は、二区の宮崎が社民党の照屋寛徳に敗北するも（しかし比例で復活）、國場幸之助が下地幹郎を、比嘉奈津美が玉城デニーを、そして西銘恒三郎が瑞慶覧長敏を破り、前回の雪辱を果たすことになる。また全国的にも自民党が二九四議席を獲得して圧勝し、三年ぶりに政権へと復帰するのであった。

ここで重要なことは、この政権交代によって沖縄側の直訴する相手が野田民主党政権から安倍自民党政権に変わったということである。野田民主党政権下では自民党県連も他党と協力して超党派の行動をとりやすい立場にあったが、自民党が政権に返り咲くや、一転して困難な立場に置かれたのである。当時自民党県連会長であった翁長政俊は、「建白書をあげる相手が変わったことによって、自民党県連の立場が若干変化したのもそのとおりです」と当時を振り返り、「的が違ってきた」ことを率直に認めている。[42]

実際、喜納昌春（きなまさはる）県議会議長が毎日克明につけていた日記によると、選挙から三日後の一二月一九日に開かれた「東京要請行動」の常任幹事会では、自民党県連から超党派の実行委員会を「年内」に「解散」し、来年一月に予定される東京行動には「有志での協力ぐらいで臨むべし」という意見が出されることになる。[43] つまり、超党派の実行委員会を年内に解散させ、しかも東京行動に自民党会派としては参加しないという意向を示したのである。

しかし、市長会会長（翁長雄志）、町村会会長（城間俊安）、市議会議長会会長（永山盛廣）などから批判の声があがり、結局のところ自民党県連は翌二〇日、一月予定の東京要請行動に「賛同」し、実行委員会もそれまでは「存続」させる、という方針に転換する[44]。今から振り返れば、超党派の東京要請行動が実現するか否かの分岐点は、まさにこの二日間にあったといえよう。同日の記者会見で共同代表の一人である翁長雄志那覇市長は、次のように述べて東京要請行動の意義を強調している。「政権が代わるからといって、問題の本質は何も変わっていない。オール日本とオール沖縄の主張のねじれなので、自公政権へ「沖縄側の主張は変わらない」「真摯に受け止めて、しっかりと対応してほしい」と伝えることの意味は大きい[45]」。

かくして、総勢一四〇名もの東京要請団が一月二七日に上京し、初日は日比谷野外音楽堂で四〇〇〇人を集めた集会を開き、その後銀座でデモ行進をしたあと、翌二八日には要請団を代表して翁長雄志那覇市長が安倍晋三首相に建白書を手交するのであった。

5　新たな政治構図へ

（1）超党派の崩壊

しかし、この東京要請行動から僅か二カ月後の三月二二日、安倍政権が辺野古沿岸域の埋立て承認申請書を沖縄県に提出する。いよいよ政権に返り咲いた自民党政権が、辺野古移設に向けた具体的な行動をとったのである。これによって厳しい立場に立たされたのは、もちろん党本部とは異なり「県外移設」を掲げていた自民党県連である。移設方針をめぐって党本部と県連との間で〝ねじれ〟があるなか、県連は党本部から「辺野古移設」への態度を明確にするよう求められていく。

衆参合わせて五人の県選出国会議員のうち、早々に辺野古移設容認の態度を示したのは、衆議院議員の西銘恒三郎と参議院議員の島尻安伊子の二人であった。この西銘と島尻がむしろ積極的に政府・自民党本部と歩調を合わせたのに対し、残り三名の国会議員と県連は悩み続けた。しかし、一一月二五日までに態度を明確にするよう求められていた三人の国会議員は、結局「辺野古を含むあらゆる可能性を排除しない」という形で事実上「辺野古移設」を容認することになる。そして二日後の二七日、自民党県連も組織として同様の方針に態度を変え、事実上「辺野古移設」へと回帰するのであった。民主党政権の誕生から四年近く続いた移設方針をめぐる党本部と県連との間の〝ねじれ〟は、こうして県連側の方針転換によって解消されたのである。

もっとも、〝ねじれ〟は解消されたものの、この辺野古回帰によって自民党県連は県民からの支持を失い、その後行われた知事選挙や国政選挙ではことごとく敗北していくことになる。その意味では、自民党県連にとっての分岐点は、まさにここにあったといえよう。この自民党県連にしても、また先にみた民主党県連や社民党県連にしても、この移設方針をめぐる党本部との関係のありかたによってみずからの盛衰が決定づけられたのである。そして、この自民党の辺野古回帰によって二〇〇〇年代の対立軸、すなわち辺野古移設を容認するか否かという対立軸が、再び前面に出てくるのであった。

こうして自民党県連が「辺野古移設」容認へと方向転換したのに対し、あくまで「辺野古移設」反対の態度を維持したのが、公明党県本である。同県本は県外移設を求める提言書を一二月にまとめ、これを仲井眞知事に手交するのであった。

ここで興味深いのは、自民党本部とは対照的に、公明党本部が県本に態度変更を迫らなかったということである。県本幹事長の金城勉らは完成した提言書を説明するために党本部を訪ねるが、そのときの様子を彼は次のように回想している。「党本部としては慎重にしたほうがいいんじゃないの、という思いがありました。しかし我々は、やっぱり県民の思いを体現して行動したいと説明して、党本部のほうもそうかと。無理な話しにはならなかったです[46]」。つまり、政権与党の立場にありながらも同党は、本部・支部間の〝ねじれ〟をそのまま容認したのである。先にみた自民党本部や民主党本部とは異なる態度を同党は示したわけである。

いずれにしても、その後すべての関心は仲井眞知事が辺野古の埋立て申請を認めるか否かに移っていくが、一二月二七日、結局のところ仲井眞は国の埋立て申請を承認することになる。かくして、自民党県連の「辺野古移設」回帰と仲井眞の埋立て承認に対し県民の怒りが高まるなか、沖縄政治のエネルギーはすべて翌年一一月に予定される県知事選挙へと流れ込んでいくのであった。

(2) 再び保革対立へ

まず知事選をめぐる革新陣営の動きであるが、同陣営が出馬を求めたのは、二〇一〇年以後の超党派の運動で常にリーダー的存在として活躍していた、那覇市長の翁長雄志である。候補者選考委員会委員長の新里米吉社民党県連委員長は、翁長を「信用できる」人物とみた理由について、二〇〇九年以降の翁長の発言に「ぶれがない」ことや、保守の側で辺野古反対に「真っ先に踏み出した」ことなどを挙げている(47)。また、共産党の渡久地修県議会議員は、翁長への支持について、次のように述べている。すなわち、共産党と翁長の「一番の違うところ」は日米安保に対するスタンスであるが、今回の選挙はそれが「争点ではない」し、またそれ以外で翁長と考え方もそれほど「違わない」、ということであった(48)。

翁長が保守政治家でありながらも自民党の国会議員や自民党県連のように「辺野古移設」へと回帰せず、それへの反対を貫くことができたのは、もちろん彼自身の個人的な思想信条なども大きかったと思われるが、いま一つ重要なのは、彼が那覇市長という立場にあって、政党組織とは少し距離のとれる立場にあったことが大きかったように思われる。

中央政治においては共産党との連携などをめぐって野党第一党の民進党がのちに分裂していったのに対し、沖縄ではその共産党を含めた革新勢力と翁長ら保守の一部が連携し、その〝壁〟を超えていったのである。かくして、革新勢力と保守系那覇市議団などに推される形で翁長雄志はついに九月一三日、知事選への出馬を表明するのであった。

一方、翁長の出馬表明に先んじて仲井眞知事は、八月七日、三期目をめざして出馬表明をする。当初自民党本部は仲井眞では勝てないとみて彼に出馬をやめるよう働きかけるが(49)、仲井眞の決意は固く、結局のところ同党は彼を支援することになる。一方で公明党は、前年一二月に「県外移設」の提言書を仲井眞に手交するも、その数日後に仲井眞が辺野古移設を容認したことから、彼を支援することはできなかった。かといって、「辺野古移設反対」で同じ方針を掲げ、しかも一四年にわたって翁長那覇市政の与党としてともに歩んできた翁長雄志を支援することも、彼が共産党など革新陣営から推されていることを考えれば、できるものではなかった。そこで公明党は、結局のところ自主投票という態度をとることになる。

かくして、翁長と仲井眞の事実上の一騎打ちとなった二〇一四年一一月の知事選挙では、翁長が仲井眞に一〇万票近くの票をつけて勝利するのであった。県民は辺野古移設を容認した仲井眞ではなく、それに反対する翁長を選んだわけである。また、翌一二月に行われた衆議院選挙でも、四選挙区すべてで翁長陣営（「オール沖縄」陣営）が勝利することになる（一区は共産党の赤嶺政賢、二区は社民党の照屋寛徳、三区は生活の党の玉城デニー、四区は無所属の仲里利信が当選）。全国的には自民党が二九一議席を獲得して圧勝するなかで、沖縄では自民党が小選挙区で全滅し、逆に社民党と共産党が議席を獲得したのである（小選挙区で両党が議席を獲得したのはこの沖縄選挙区だけ）。本土の政治状況とは異なって、いかに沖縄では革新勢力が力をもっているのかを印象づける選挙であった。

こうして新たに発足した翁長県政は、以後三年八カ月にわたって安倍政権と辺野古移設をめぐって対決していくことになるが[50]、そのプロセスのなかで注目すべきは、翁長を支えた「オール沖縄」が革新色をより強めていった、ということである。たとえば、保革連携の象徴でもあった翁長派の那覇市議団が二〇一七年の選挙で惨敗し、保守色が弱まっていく。また、二〇一八年八月に翁長が死去した後は、政府との対決は玉城デニー県政へと受け継がれていくが、しかしその翁長や玉城を支えた経済界の面々も、「オール沖縄」陣営から次々と離れていき、同陣営はより革新色を強めていくのであった。[51]

一方、「辺野古を含めたあらゆる選択肢を排除しない」という方針から二〇一七年四月に「辺野古移設を容認し、（普天間基地の）早期返還を実現する」という方針に切り替えた自民党県連は、いまや明確に辺野古移設を容認する立場となり、政府・与党と連携しながら「オール沖縄」陣営と対峙することになる。かくして、沖縄政治は二〇〇〇年代と同様に、再び辺野古移設をめぐって保革が相争う構図へと変化していくのであった。[52]

おわりに

日本の地方政治においては政党間競争がそれほど活発ではなく、また国政との連動もそれほど強くないことがたびたび指摘されてきたが、本論でみたように、沖縄県の場合は今でも保革を軸に政党間競争が活発に展開され、しかも国政との連動も密になされながら政治が動いてきた。冒頭で触れたように、現在、地方政治レベルで政党間競争を活性化させることや、国政との連動を促進させることの是非が活発に議論されているが、現実にそれが展開されている沖縄県の事例は、こうした議論に新たな論点を付け加えることができるのではないか。以下、本論の内容を改めて整理するのは避け、そこから導かれる知的課題をいくつか述べて、終えることとしたい。

まず政党間競争の活性化に関してだが、沖縄県では国政選挙はもちろんのこと、知事選挙や県議会議員選挙でも、またときに市町村レベルの選挙でも、「保守か革新か」を選択するような選挙が行われてきた。つまり、国、県、市町村の各レベルの選挙が独立して存在するのではなく、その時期や場所によって濃淡はあるにせよ、この三つのレベルの選挙が強く連動してきたのである。その良し悪しも含めてこのことをどう考えればよいのか、という課題である。

しかもここ二〇年余の間、その政党間競争は「辺野古移設」を容認するか否かという一点をめぐって行われてきた面があり、それをどう考えればよいのか、という課題もある。つまり、政党間競争は活発であったものの、その中身の政策論争はどうであったのか、という問いである。

次に国政との連動に関してだが、これはとくに重要な課題を提起しているといえる。本論では政党組織の本部・支部関係からその連動のあり方を考察したが、そこから見えてきたものは、政策をめぐる本部・支部間のねじれや対立である。したがって、それを踏まえて今後考えるべき知的課題は、政党の本部・支部間で政策に違いが出た場合、とくにみずからの政党が政権に就き、それによって「国家の利益」と「地方の利益」が衝突した場合、しかもそれが安全保障のような国家の根幹にかかわる政策をめぐるものであった場合、その対立および解決の仕方をどう考えればよいのか、ということである。またそのことは、地方にとって政党とはいったいいかなる意味をもつのかを問うことでもある。

そしてさらに言えば、同課題は、地方分権が進んで地方の自律性が高まってきている今日において、また中央と地方の政策判断が異なるケースも増えてきている今日において、中央的側面と地方的側面を併せ持つ政党がいかなる役割を果たしえるのか、あるいは果たしえないのか、という問いをも内包しているといえよう(53)。

■注

(1) 保守勢力・革新勢力といっても、その内実は時代によって変化しているというのが筆者の見解である。この保革の内実の変化と沖縄の政治空間そのものの変化に着目して沖縄県の政治を分析したものに、平良好利「地域と安全保障――沖縄の基地問題を事例として」(『地域総合研究』第八号、二〇一五年)、同「沖縄と本土の溝――政治空間の変遷と歴史認識」(五百旗頭薫他編『戦後日本の歴史認識』東京大学出版会、二〇一七年)がある。また、沖縄の保守勢力に関しては、河野康子、平良好利編『対話 沖縄の戦後――政治・歴史・思考』(吉田書店、二〇一七年)も参考になる。本章は上記の研究を踏まえた上で、とくに保革の主たる担い手である政党に注目して分析したものである。なお、保革の内実は時代によって変化しているため、括弧つきで表現したほうがより適切ではあるが、煩雑さを避けるために、括弧なしで使用する。

(2) 曽我謙悟、待鳥聡史『日本の地方政治――二元代表制政府の政策選択』(名古屋大学出版会、二〇〇七年)第二章、辻陽『戦後日本地方政治史論――二元代表制の立体的分析』(木鐸社、二〇一五年)第二章、第三章。

(3) 沖縄県の政治がこのような構図になった背景の一つには、二七年間に及ぶ米軍統治があったといえる。この点については、平良好利「沖縄政治における「保守」と「革新」」(『法学志林』第一一五巻第一・二号合併号、二〇一八年)。

(4) 他の多くの都道府県では米軍基地の問題が存在しないか小さいため、「基地問題をより重視するか、それとも経済問題をより重視するか」といったことが争点とはならず、沖縄県よりは対立軸がはっきりしていない点があると思われる。これについては、今後の研究課題としたい。

(5) 民主主義については、宇野重規『民主主義とは何か』(講談社現代新書、二〇二〇年)。

(6) 現在展開されている地方議員選挙制度改革論に対して最も鋭い批判を投げかけているのは、木寺元の一連の論考である。木寺元「地方選挙制度改革と政治工学」(『自治総研』四七三号、二〇一八年三月号)、同「誰がための選挙制度改革?」(『都市問題』二〇一八年五月号)。なお、政党組織の中央・地方(本部・支部)関係をマルチレベルの政治競争という観点から扱った研究に、建林正彦編『政党組織の政治学』(東洋経済新報社、二〇一三年）がある。

（7）この点については、辻、前掲『戦後日本地方政治史論』第七章、第八章。

（8）中部地域を中心に小渡派（派閥領袖は衆議院議員の小渡三郎）もあったが、広がりには欠けていた。

（9）山梨県がよい例だが、これについては、雨宮昭一『協同主義とポスト戦後システム』（有志舎、二〇一八年）七九頁。

（10）米軍基地が存在しない、あるいはその規模が小さな他の多くの都道府県では、基地の問題が大きな争点とならなかったばかりか、その基地の存在根拠となる日米安保条約についても大きな争点とはならなかったように思われる。また、「資本主義体制か、社会主義体制か」といった体制をめぐる争点については、沖縄県も含めて地方政治レベルでは争点にならなかったように思われる。これらについては、今後の研究課題としたい。

（11）細川政権の誕生については、原彬久『戦後史のなかの日本社会党――その理想主義とは何であったのか』（中公新書、二〇〇〇年）。

（12）この五名とは、外間政善、新垣哲司、具志孝助、仲里利信、伊佐吉秀。

（13）『沖縄タイムス』一九九四年五月三〇日。

（14）自社連立政権の誕生については、原、前掲『戦後史のなかの日本社会党』。

（15）『沖縄タイムス』一九九三年七月二七日。

（16）『沖縄タイムス』一九九四年九月四日。

（17）『沖縄タイムス』一九九四年七月二〇日。

（18）『沖縄タイムス』一九九四年九月六日。

（19）『沖縄タイムス』一九九四年一一月三〇日。

（20）國場幸之助へのインタビュー、二〇一八年一二月一九日、儀間光男へのインタビュー、二〇一九年八月六日。

（21）『沖縄タイムス』一九九四年一一月一七日。

（22）薬師寺克行『公明党――創価学会と五〇年の軌跡』（中公新書、二〇一六年）第六章。

(23)『沖縄タイムス』一九九四年一二月二日。
(24)『沖縄タイムス』一九九四年一二月四日。
(25)『沖縄タイムス』一九九五年一月一一日。
(26)『沖縄タイムス』一九九六年六月一六日。
(27)『沖縄タイムス』一九九六年九月二七日。
(28)『沖縄タイムス』一九九六年九月二五日。
(29)こうした民意を置き去りにしたような政党本位の動きに対して、それぞれの支持団体がどのような態度をとったのかについては、今後の研究課題としたい。
(30)なお、下地幹郎と嘉数知賢は比例で復活当選する。共産党の古堅実吉も同様に当選。
(31)『沖縄タイムス』一九九七年九月一七日。
(32)なお、県議の具志孝助、仲里利信、大工廻朝栄の三名は仲村とともに自民党へ復党するが、外間政善と新垣哲司の両名は新進党に残ることとなる(しかし両人とものちに自民党へ復党)。
(33)瑞慶覧長方へのインタビュー、二〇一八年八月八日。なお、この選挙戦に関する稲嶺自身の回想については、琉球政府研究会編『戦後沖縄の証言』(科学研究費助成事業「琉球政府を中心とした戦後沖縄政治の再構築」報告書、課題番号15K03283、研究代表平良好利、二〇一八年)一三一〜一四一頁。
(34)民主党沖縄県連の結成とその後の展開、およびその歴史的な位置づけについては、別の機会に論じてみたい。
(35)本章の第4節、第5節の内容について詳しくは、平良好利「中央・地方関係から「政党政治」を考える――二〇一〇年代の沖縄政治を事例として」(『総合政策論叢』第一二号、二〇二一年)。
(36)翁長政俊へのインタビュー、二〇一八年一二月二七日。
(37)同前。
(38)金城勉へのインタビュー、二〇一九年一月六日。
(39)『沖縄タイムス』二〇一〇年四月二六日。

(40) 革新陣営の推す候補者を支援する勢力（玉城デニー、瑞慶覧長敏の両衆議院議員など）と、自公の推す現職の仲井眞寄りの姿勢を示す勢力（喜納昌吉代表、新垣安弘幹事長、上里直司政調会長など）に真っ二つに割れた。
(41) 國場幸之助へのインタビュー、二〇一八年一二月一九日。
(42) 翁長政俊へのインタビュー、二〇一八年一二月二七日。
(43)『喜納昌春日記』二〇一二年一二月一九日。
(44)『喜納昌春日記』二〇一二年一二月二〇日。
(45)『沖縄タイムス』二〇一二年一二月二一日。
(46) 金城勉へのインタビュー、二〇一九年一月五日。
(47) 新里米吉へのインタビュー、二〇一九年一月五日。
(48) 渡久地修へのインタビュー、二〇一八年一二月二九日。
(49) 國場幸之助へのインタビュー、二〇一八年一二月一九日、翁長政俊へのインタビュー、二〇一九年四月一六日。
(50) この点については、本書第7章（櫻澤論文）。
(51) もっとも、「オール沖縄」陣営が再び革新色を強めているとはいえ、それでも一部の保守・中道勢力（たとえば、政治団体「新しい風・にぬふぁぶし」など）が加わっていることから、二〇一〇年代に入る頃までの革新勢力よりは中道化しているといってよい。
(52) ただし、このように辺野古移設をめぐって保革が対立する側面が強くある一方で、同問題を除いて両者の間にそれほど政策的な違いがあるわけではないといえる。その象徴的な事例としては、二〇一四年の知事選挙で辺野古移設をめぐって仲井眞陣営と翁長陣営が真っ向から対立したものの、「沖縄21世紀ビジョン」をめぐっては両陣営ともこれを推進する立場をとったことが挙げられる。
(53) 平成期の政治改革を再考した待鳥聡史は、地方自治体の自律性を高める改革が行われた結果、「中央政府と異なった政策判断を行う地方自治体が増え、両者の間の調整が難しくなってきたことも確か」であり、その「中央と地方の調整問題は今後ますます日本政治の重要課題になる可能性が高い」と指摘している（待鳥聡史『政治改革再考――変貌を遂げた国家の軌跡』新潮選書、二〇二〇年、二六〇頁)。本章の議論は、こうした中央と地方の調整問題を政党レベルで考察したものだともいえる。

【付記】本章の作成にあたり筆者のインタビューに応じてくださった方々に、この場を借りてお礼申し上げる。また、注43と44で挙げた『喜納昌春日記』を見せてくださった喜納昌春氏に、深く感謝する。
本章は、科学研究費助成事業 基盤研究(C)「沖縄保守勢力を中心とした戦後沖縄政治の再構築」【18K01416】の助成による研究成果の一部である。

第7章 「オール沖縄」・翁長県政とは何だったのか

櫻澤 誠

はじめに

一九九五年の米兵少女暴行事件を契機とした「島ぐるみ」運動は、一九九八年の沖縄県知事選を経るなかで、再び保革へと分断されたように思われた。大田昌秀知事の誕生から県政運営を含めて、つねに財界側から協調的姿勢を取っていた稲嶺惠一が「保守」側の候補となり、「革新」側の現職大田を破ったことは一見わかりやすい構図であった。しかし、稲嶺知事のブレーンには大田県政期に与党であった社大党（沖縄社会大衆党）や社会党系労組の幹部らが含まれていたことにも表れているように、稲嶺県政期を「五五年体制」的な保革対立で括ることは難しい。このような大田県政、稲嶺県政の人的構成、政策の「近似」性は、それぞれの県政自体の評価に再検討を促すものでもあるだろう。実際、その特質は、稲嶺県政の最終盤に「辺野古移設」をめぐって日本政府との決定的な不和を生じさせ、その問題が解決されないままに、二〇〇六年に県政は「保守」の仲井眞弘多へと引き継がれた。

仲井眞県政が発足してまもない二〇〇七年三月、高等学校歴史教科書の検定結果が公表されたことに端を発して、沖縄では再び「島ぐるみ」運動が起こった。それ以降、二〇一〇年の米軍普天間飛行場の辺野古移設反対、二〇一二年のオスプレイ反対と続き、二〇一三年に「建白書」を第二次安倍政権に手渡すにいたる「島ぐるみ」の運動は、次第に「オール沖縄」と呼称されるようになった。「オール沖縄」の特徴として重要なことは、主要な抗議対象が「米軍」から「日本」へと、明確に変化していることである。仲井眞県政は、稲嶺県政と日本政府との「不和」を先送りされた形で受け継ぐが、「オール沖縄」による県民世論の高揚と政府の圧力との間の板挟みとなっていったといえる。県出身国会議員とともに、政府与党からのあからさまな圧力に屈していく姿は、多くの県民を離反させた。

その「オール沖縄」の旗手として頭角をあらわしたのは、一九九〇年代には県議として大田県政期の野党自民党で県連幹事長を務め、二〇〇〇年には那覇市政を「革新」から三二年ぶりに奪還し、仲井眞県政を誕生から支えた翁長雄志那覇市長であった。その翁長は、仲井眞知事に対する批判的立場を明確にするなかで、「オール沖縄」に支えられて二〇一四年一一月の県知事選に出馬し、仲井眞を破って当選した。さらに、同年一二月の衆院選では沖縄県内四選挙区すべてで「オール沖縄」候補が勝利した。

それでは、二〇一四年の沖縄県知事選・衆院選での「オール沖縄」勝利とは、そして、約三年九カ月の翁長県政とは、何だったのか。歴史的にどのような位置づけが可能なのであろうか。その際、「建白書」にいたった「島ぐるみ」運動としての「オール沖縄」と、選挙活動を含めた政治団体としての「オール沖縄」を単純に同一視することは避けるべきだろう。

結論を先に言えば、二〇一四年の沖縄県知事選・衆院選での「オール沖縄」勝利とは、沖縄社会に新たな分断形成をもたらす決定的な亀裂の発生だったのではないだろうか。翁長県政期に起きたのは、「オール沖縄」とそれに対峙する勢力による沖縄社会のさらなる分断であった。二〇一五年に登場する「チーム沖縄」という親自公政権・反「オール沖縄」の県内市長連合はその象徴的役割を果たしていく。とくに、二〇一八年二月の名護市長選において、翁長知事とともに「オール沖縄」の看板であった現職の稲嶺進を「チーム沖縄」側の候補が破ったことは、政府与党を勢いづかせた。しかし、翁長知事急逝により約二カ月早められることになった二〇一八年九月の県知事選では、「オール沖縄」候補の玉城デニーが「チーム沖縄」から出馬した佐喜眞淳（宜野湾市長）に約八万票差で勝利した。

二〇一八年の県知事選は、「オール沖縄」圧勝という評価が一般的だろう。だが、玉城三九万六六三二票、佐喜眞三一万六四五八票という得票差は、単に圧勝というだけでなく、二〇一四年県知事選・翁長県政期に生じた分断が、さらなる選挙をくぐるなかで、「オール沖縄」優位の形で固定化したことを示すもの、ととらえることもできるのではないだろうか。それはまた、一九九〇年代末から「保革対立」に替わる分断を模索してきた自公政権の一つの到達点だともいえるのではないか。

そして、そうであるとすれば、戦後沖縄で歴史的に培われてきた「島ぐるみ」運動を前提に、「オール沖縄」として展開した運動が、「運動の季節」を終えた後に分断して／されていった、その対立要素とは何だったのであろうか。本章では、一九九〇年代を転換期と位置づけた上で、「島ぐるみ」の前提となる四要素（経済構想、基地認識、帰属・アイデンティティ、沖縄戦）の変遷に着目しつつ、新たな分断の構造について検討していく。

本章の構成は以下のとおりである。第1節では、冷戦終結という世界史的動向をふまえつつ、それが日本および沖縄の政治構造にどのような影響を及ぼしたのかについて概観する。第2節では、戦後沖縄において「島ぐるみ」を可能にしてきた四要素が、一九九〇年代以降、どのように変容し、新たな楔が打ち込まれることになったのかを検討する。第3節では、二回の沖縄県知事選（二〇一四年、二〇一八年）を経るなかで、新たな楔が亀裂を生み、それが拡がっていく過程をみていく。

1　沖縄にとっての冷戦終結と「五五年体制」崩壊——転換期としての一九九〇年代

(1)　世界史的動向と日本

日本では、冷戦終結および湾岸戦争を契機とした「国際貢献」論の登場によって、旧来の保革対立が成り立たなくなるなかで「五五年体制」が崩壊し、小選挙区制、政党交付金の導入によって、派閥政治の「解体」、政界再編が行われた。バブル崩壊後の長期不況のなか、過剰な公共投資はさらなる財政悪化を生じさせ、大規模な省庁再編を伴う行財政改革にいたる。民間においても、日経連の「新時代の「日本的経営」」（一九九五年）以降、派遣労働の規制緩和が進み、労働環境は劇的に変化した。一九九七年に始まったアジア通貨危機はこうした動きをさらに加速させた。

一方、一九九〇年代は、長期不況や安全神話の崩壊（一九九五年の阪神淡路大震災、オウム真理教事件）などがもたらす社会の不安定感が増していく時代であったともいえる。アジア諸国との関係変化、戦争責任追及の動き、北朝鮮核開発問題なども、「安定」を揺るがすものであった。そうした不安定感の裏返しとして、日米同盟肯定論（「沖縄問題」の沖縄一県への矮小化）や、原発「安全神話」の強化、歴史修正主義論、さらには、平成の天皇制のあり方の肯定化などを位置づけることができるだろう。

このような、冷戦終結にともなう政治・経済・外交などの複合的な構造変化、あるいは、上述した社会の不安定感などに示される一九九〇年代は、今後、歴史的な画期として、前後とは異なる特異な時期として、検討される対象になっていくと思われる。言い換えれば、冷戦終結後、突然社会構造が転換したわけではなく、一九九〇年代という転換期が必要だったのであり、それは二〇〇〇年代以降とも区分することが可能なのではないかということである[1]。

そうしたことをふまえたとき、一九九九年一〇月に成立し、民主党政権期を挟んで現在まで二〇年以上も続く自公連立は、一九九〇年代前半の内外における混迷期を経て、「一九九五年」（阪神淡路大震災、オウム真理教事件、米兵少女暴行事件など）と「一九九七年」（アジア通貨危機、翌年戦後二度目のマイナス成長）に対する「ショック・ドクトリン[2]」として形成された政治体制だとみることができるのではないか。そして、それは「二〇一一年」（東日本大震災・福島第一原発事故）によってさらに加速したように思われる。

（2）日本のなかの沖縄の位置

それでは、そのような世界史上の大変革のなかにおける日本にあって、沖縄はどのように位置づけられるだろうか。政治構造への影響を中心にみておきたい。

「五五年体制」崩壊から自公連立へといたる一九九〇年代の政界再編・行財政再編のなかで、沖縄県内においても政界再編が生じた[3]。中央・地方のいずれにおいても保革対立が消滅していくなか、沖縄でもその傾向は大田県政期に表れていた[4]。

一方、冷戦終結後の安保再定義（一九九六年）にいたるまでの過程では、「安定」回帰が志向され、日米同盟肯定論がマジョリティとなっていった。一九九五年に沖縄から出された米軍基地縮小、地位協定改定などの要求は、世論調査などを見る限り、日本全体においても受け入れられていたと考えられるが[5]、その後の米軍基地問題は、〝日本の問題〟から〝沖縄の問題〟へと矮小化が進んでいったように思われる。

自公連立については、一九九八年沖縄県知事選での自公協力が前提となったことが指摘される。ただ、自公連立発足時の小渕首相は、沖縄との密な人脈を形成してきた経世会出身でもあり、小渕個人も学生時代以来、沖縄への関心が高く、それが九州・沖縄サミットなどに結びつくことになったといわれる。だが、それ以降、清和会系の首相が続き、沖縄返還前後の実務に関わった官僚が退職を迎えて入れ替わるなかで、二〇〇〇年代に入る頃から、日本の政官界における沖縄認識は大きく変容したように思われる。

そして、一九九〇年代という「不安の時代」において登場し、のちに沖縄にも影響を与えていくと考えられるのが、日本会議（一九九七年設立）の動向である。また、日本青年会議所（ＪＣ）出身の保守系政治家の動向も無視できない。「チーム沖縄」に加わった県内市長には、一九九〇年代以降のこれら組織での活動経験が政治活動の前提となっている者もいるといわれる。[6] それはまた、日本側との密な関係の前提ともなっているだろう。

2 「島ぐるみ」から「オール沖縄」へ――四要素の変遷

私は以前、米軍統治期（一九四五～七二年）における「島ぐるみ」の要素として、経済構想、基地認識、帰属・アイデンティティ、沖縄戦の四つを例に検討した。[7] そして、その議論を西銘(にしめ)県政期（一九七八～九〇年）にも敷衍し、米軍統治期に形成された「島ぐるみ」の要素が、一九八〇年代にも保革対立軸という表層の底流においても存在していたことを確認した。[8]

さらには、一九九五年の米兵少女暴行事件から県民総決起大会にいたる経過についても、保革双方の動向をふまえて再検討を行った。そこで確認したように、国内外の情勢変化は沖縄内部における保革対立の融解をもたらしつつあったのであり、そうした歴史的前提があって、「島ぐるみ」による一九九五年の沖縄県民総決起大会がもたらされたのである。[9]

本節では、それらの拙稿などをふまえつつ、四要素について、それぞれ米軍統治期における形成過程や西銘県政期の展開を確認しつつ、一九九〇年代～二〇一〇年代の変遷をみていく。[10]

（1） 経済構想

一九五〇年代初頭以来、「自立経済」実現は一貫して戦後沖縄の重要課題となってきた。それは、沖縄側にとって、米国からの経済的自立が政治的自立の前提だとみなされていたからである。さらには、「沖縄戦」後、「本土」支配から沖縄経済が解放されたなかで、沖縄人の「民族資本」育成が重視された。

一九五八〜六〇年頃にかけての統治政策転換によって「本土」との経済関係は重要性を増し、さらに、復帰運動高揚のなかで、一九六〇年代後半には復帰が具体化していく。そのようななかで沖縄側に意識されるようになるのは、「本土」からの経済的自立であり、「自立経済」を達成した上での復帰であった。その際に強調されたのは第二次産業の育成であった。米国側もまた、沖縄の自由経済推進の姿勢を強め、「本土」からの経済的自立を後押ししようとしたが、石油精製・アルミ産業などの大型外資（米国資本）導入は、「本土」政府・財界の介入により挫折することになる。

米軍統治期における「自立経済」構想は、一九五〇年代には「対米」、一九六〇年代以降は「対本土」と相手をシフトしながらも一貫して追求されていた。そこにある「県益」重視の姿勢は、「県民」による「島ぐるみ」の総意となりうるものであった。[11] 実際、復帰後の屋良（やら）革新県政期に策定された「（第一次）沖縄振興開発計画」（一九七二〜八一年度）の沖縄県案においても、「基地依存経済から自立経済への移行」が明記されたが、成案では「自立的発展」のみに書き換えられた。[12]

西銘県政期に策定された「第二次沖縄振興開発計画」（一九八二〜九一年度）は、製造業強化が後景に退き、公共事業、観光業をベースとしてそれを維持拡大しようというものであった。そのため、さらなる財政依存や建設業肥大化がもたらされた。二度の沖縄振興開発計画のなかで、沖縄の経済構造は大きく変化したのである。

ただ、そのなかで、次につながる基盤整備が着実に進んだことも事実である。一九七二年度と一九九〇年度を比較した場合、県民総所得は約五・八倍となり、県民総所得に占める基地関係収入（軍関係受取）の割合は一五・五％から四・九％にまで低下した。それに対して、県民総所得に占める観光収入の割合は六・五％から九・二％まで上昇する。観光収入は、一九七五年度の海洋博特需を除くと、一九七八年度に基地関係収入を抜き、一九九〇年度には二倍弱となるまでに成長したのである。さらには、社会資本整備も大きく進んだ。こうした成果によって、一九九〇年代には復帰前後で困難となっていた「島ぐるみ」での「自立経済」への希求が再び展望されるようになるのである[13]。

それでは、「転換期としての一九九〇年代」は、「経済構想」に関してどのような変化を生じさせたのだろうか。

大田県政期に策定された「第三次沖縄振興開発計画」（一九九二〜二〇〇一年度）では、「南の国際交流拠点の形成」が打ち出されていた。単なる格差是正の時代は終わり、日本経済全体に寄与するイニシアティブ発揮の方向性がみられるようになるのである。

大田県政期には、基地問題と経済問題の融合ともいえる状況が生じていた。一九九〇年代になると、基地の整理縮小、返還地再開発という具体的プランが俎上にのぼり、基地と経済がリンクして議論されるようになることで、沖縄においても保革対立は不鮮明になりつつあった。実際、大田県政は、将来的な基地撤去を前提とした総合的な経済計画を策定し、国土庁が所管する次期全国総合開発計画のなかに位置づけた上で、沖縄県主導の開発計画として実現させることを目指していた。従来の沖縄開発庁による沖縄振興開発には、基地問題と関わる外交・防衛が除外されていたが、基地問題と経済問題を合わせることによって冷戦終結にともなう「平和の配当」を具体化させようとしたのである。大田県政は、吉元政矩（政策調整監→副知事）を中心に「国際都市形成構想」を検討していく。さらに、大田は一期目に自ら三度訪米したほか（一九九一年七月、九三年五月、九四年六月）、日本政府に対しては「軍転特措法」制定を重ねて要請した（一九九五年五月一九日成立）[14]。

沖縄県民総決起大会後の一九九五年一一月、大田知事は村山首相との会談において、総決起大会に基づく要請に加えて、「国際都市形成構想」の枠組みと、その前提となる基地の段階的撤去（最終的にはゼロへ）を求める「基地返還アクションプログラム」の基本的考えを初めて示した。だが、その後進行した日本政府の対応は、島田懇談会事業・北部振興事業による県内分断、「辺野古移設」という本島内での基地再編強化であり、大田県政最後の一年間にわたる関係冷え込みであった。

稲嶺知事は、就任後一年間の再検討を経て、北部地域振興策、住民生活・自然環境への配慮、「軍民共用」、「一五年使用期限」などを条件に辺野古移設受け入れを表明する。さらに、二〇〇〇年八月に出された沖縄政策協議会の「沖縄経済振興二一世紀プラン」最終報告では、政策の基本的理念の一つとして、「経済振興と基地問題とのバランスある解決」が打ち出されており、大田県政での基地ゼロを前提とした「国際都市形成構想」からの明確な離脱が意識されていた。確かに「基地ゼロ」は急進的であり、次項で検討する当時の「基地認識」からみても、理想的ではあるが、そこで現実的なコンセンサスを取ることは難しかっただろう。とはいえ、大田県政期の政策ベースには、基地の整理縮小、返還地再開発があったのであり、その点では、大田県政と稲嶺県政の経済政策は正反対ではなく、同じベクトル上に存在するものだといえる。それに加えて、稲嶺県政期に策定された「沖縄振興計画」（二〇〇二～一一年度）では、「アジア・太平洋の結節点」の主張を強く押し出しており、情報通信関連産業を重点産業に位置づけ、世界レベルの大学院大学（沖縄科学技術大学院大学として設立）の設立がうたわれていた。さらに、一九九〇年代～二〇〇〇年代の「沖縄ブーム」は本土からの観光客誘致にも寄与し、観光産業はますます重要度を増した。

仲井眞知事は、新たな沖縄振興計画について、県主導での計画策定、一括交付金実現を政府に要求し、「沖縄二一世紀ビジョン基本計画」（二〇一二～二一年度）が策定される。同計画では米軍基地は「沖縄振興を進める上で大きな障害」と明記され、普天間飛行場など駐留軍用地の跡地活用が重要な前提とされた。そして、その政策に対する支持を一層高める役割を果たしたのが、跡地利用（那覇新都心地区、北谷町北前地区、小禄金城地区など）の進展であったといえる。

「沖縄二一世紀ビジョン基本計画」は、二〇一四年の県知事選において、現職仲井眞だけでなく、「オール沖縄」候補の翁長もその経済政策の基盤と位置づけたものである。一九九〇年代の転換がもたらした、基地問題と経済問題の融合の到達点とみることも可能だろう。

(2) 基地認識

一九五六年の島ぐるみ闘争は、「島ぐるみ」での基地認識が確立したからこそ成立しえたということができる。「土地を守る四原則」（一括払い反対、適正補償要求、損害賠償請求、新規接収反対）は、基地自体への反対を意図していない米軍圧政下におけるギリギリの異議申し立てであり、そうしたなかで、「島ぐるみ」の団結が可能になったのである。(15)

私は、その立場を「「保守」的立場」と位置づけた上で、「「現実主義」的に米軍基地を受忍するが、拡張には反対し、経済的援助および適正補償、適正運用を要求していく立場」と評したことがある。近年の「オール沖縄」にいたるまで、基地問題において「島ぐるみ」の総意が形成される際には、この認識が前提となっていると考えられる。一九六〇年代に入り、沖縄県祖国復帰協議会を中心に復帰運動が展開されるにあたっても、当初は米軍基地に関しては「「保守」的立場」が前提となっており、一九六七年に「基地反対」の姿勢を明確化することで、「「保守」的立場」にとどまらず、米軍基地被害の問題性を重視し、基地自体への反対、撤去を志向していくという「「革新」的立場」を採るに至るのである。ただし、両立場は完全に相反するものではなく、「「革新」的立場」の人物、組織であっても、条件闘争を展開するにあたっては、「「保守」的立場」で共闘可能であるということが重要である[16]。

復帰時点では、安保・基地問題を最大の争点とした形で、沖縄の保革対立軸はすでに明確化していたが、基地がもたらす諸問題に対しては、保守も革新もなく、現実的な対応が求められることになる。それは、西銘県政期の事例に顕著に表れている。たとえば、一九七九年三月には在沖米軍・那覇防衛施設局・沖縄県による「三者連絡協議会」設置を要請し（七月発足）、同年五月には革新県政と同様に「五・一五メモ」公開を要求した。さらには、下水道料金問題、対米放棄請求権問題、都市型訓練施設問題などにおいても、県益・県民世論を重視するなかで、米軍および日本政府に対して強い姿勢で臨んだ。第二次沖縄振興開発計画の調整時には、結局受け入れられなかったものの、日本政府に対して、「米軍基地の計画的整理縮小」の明文化を要請している。基地整理縮小については、西銘県政期に返還・再開発が進められた地域として、那覇新都心地区、北谷町北前地区、小禄金城地区などがある。これらは近年、いずれも再開発の経済的成果として取りあげられる地域である。

さらに、西銘知事は、一九八五年五～六月、一九八八年四～五月の二度訪米し、実弾演習中止、綱紀粛正、普天間飛行場返還などを要求している。日本政府に対しても、知事および基地関連市町村長による沖縄県軍用地転用促進・基地問題協議会として、一九八六年に一三施設二〇件（約二〇〇〇ha）の早期返還を要求している。

西銘県政期の基地対策は、あくまで安保・基地容認の上での負担軽減要望であり、全面返還ではなく整理縮小を前提とした返還・再開発であった。だが、個別の案件では譲歩を引き出し、返還・再開発を進め、さらに返還リストを提出させるにいたったことなどは、不十分ながらも西銘県政の一定の成果とみてよいだろう[17]。そしてそれは、保革を超えた世論、県益を重視した姿勢であったといえる。

それでは、「転換期としての一九九〇年代」は、「基地認識」に関してどのような変化を生じさせたのだろうか。

すでに前項の「経済構想」で述べたとおり、一九九〇年代前半には基地の整理縮小、返還地再開発という具体的プランが俎上にのぼり、基地と経済がリンクして議論されるようになる。だが実際には、沖縄米軍基地の機能強化・演習強化がさらに進んだ。一九九四年九月には、米軍基地や自衛隊基地の視察のために来沖していた宝珠山昇（ほうしゅやまのぼる）防衛施設庁長官が「沖縄は基地と共生・共存してほしい」と述べた「宝珠山発言」問題が起こり、沖縄側から保革を超えた抗議の声が上がった。一九九五年二月には米国防総省「東アジア・太平洋安全保障戦略」（「ナイ・レポート」）が出されてアジア太平洋地域における「一〇万人体制維持」がうたわれ、翌三月には那覇防衛施設局が一九九七年五月に使用期限を迎える軍用地の強制使用手続きを開始する。こうした県民の期待とは逆行する動きが続き、九月四日の事件が起こったのである(18)。

九月二八日には大田知事が代理署名拒否の方針を表明する。一九九一年には選挙公約を破って公告・縦覧代行に応じていた大田知事の決断には、「島ぐるみ」による県民世論高揚があったといえる(19)。一九九六年四月には日米両政府が普天間飛行場返還で合意し、普天間飛行場の県内移設が既定路線化していくなかで、県内政財界も再び分断されることとなる。同年九月の県民投票によって、全有権者の過半数が日米地位協定見直し・基地縮小に賛成票を投じたにもかかわらず、そのわずか五日後に大田知事が公告・縦覧代行の受け入れを表明する。さらに、「国際都市形成構想」と同時に「基地返還アクションプログラム」が示されるなかで、一九九八年二月に大田知事が普天間飛行場の県内移設先としての海上基地受け入れ拒否を表明すると、日本政府と大田県政との関係は一気に冷え込んだ。

替わって県民が受け入れ可能な妥協点を打ち出したのが、稲嶺知事である。稲嶺は選挙戦のなかで、普天間飛行場移設先について、「軍民共用」「使用期限一五年」「陸上案」を打ち出し、移設先については改めて検討すると主張して当選した。移設先については、結局、辺野古となるが、付した条件がいずれも受け入れられないまま、二〇〇六年五月に現行案（沿岸埋立によるV字案）が閣議決定された。稲嶺知事は反発するが、同年一一月の県知事選には出馬せず、後継として仲井眞が当選する。

一九九〇年代末以降、「辺野古問題」が混迷を深めていく一方で、「基地見直し論」が公然化していく。県民の基地認識は次第に現実主義的になってきたといえる。それまでは保革対立のなかで、相容れないイデオロギー対立が繰り広げられてきた。だが、沖縄の地元メディアを含め、より広範なレベルで、対日講和条約と沖縄の関係や、繰り返されてきた「密約」、積み重ねられ増大してきた「思いやり予算」、海兵隊の役割の変化などについて、研究成果をふまえつつ、安保・米軍基地の歴史過程や現状を客観的に認識した上で、基地縮小、県外・国外移設の可能性を含めた議論がなされるようになってきたのである。

さらには、二〇〇一年九月のアメリカ同時多発テロによる観光産業への打撃や、二〇〇四年八月の沖縄国際大学米軍ヘリ墜落事件、そして、跡地利用の進展などは、米軍基地への問い直しを一層促すことになったといえる。

二〇〇七年九月の「教科書検定意見撤回を求める県民大会」（「沖縄戦」の項で後述）という経験を経た県民が、再び「島ぐるみ」での基地認識を一気に運動へと組織化することになった契機が、二〇〇九年九月の「政権交代」であった。

「最低でも県外」実現を掲げた鳩山内閣の登場によって、県民世論は「国外・県外移設」支持に急速に傾いた。二〇一〇年一月の名護市長選で「辺野古移設」容認の現職を破り稲嶺進が当選、二月には県議会が「米軍普天間飛行場の早期閉鎖・返還と県内移設に反対し、国外・県外への移設を求める意見書」を自民・公明を含めた全会一致で可決する。県内全四一市町村議会中二九議会で意見書が可決されるなか、四月二五日には「米軍普天間飛行場の早期閉鎖・返還と県内移設に反対し国外・県外移設を求める県民大会」（於読谷（よみたん）村運動広場、同実行委員会主催）が開催され、九万三七〇〇人（主催者発表、三七〇〇人は宮古・八重山（やえやま）会場）が参加する。全四一市町村長（二名代理）に加えて仲井眞知事が登壇し、名実ともに超党派による県民大会となった。二〇〇九年以降、辺野古への基地「移設」は負担軽減ではなく、実質上の基地機能強化、恒久基地建設であるとする考えが拡がり、次第にそれが「オール沖縄」という県民の総意となっていく。そのようななか、米軍基地問題を扱っているにもかかわらず、矛先は日本政府、ヤマトへと向けられていく。

さらに、二〇一一年六月、米国防総省が普天間飛行場へのオスプレイ配備を翌年後半に実施する旨を正式発表すると、七月には県議会が配備計画の撤回を求める意見書と抗議決議を全会一致で可決し、県内全四一市町村が反対決議を挙げていく。そして、二〇一二年九月九日には「オスプレイ配備に反対する沖縄県民大会」（於宜野湾海浜公園、同実行委員会主催）が開催され、一〇万三〇〇〇人（主催者発表、二〇〇〇人は宮古・八重山会場）が参加する。前回に続き、全四一市町村長（代理含）が参加したが、仲井眞知事は「メッセージ参加」にとどまった。

二〇一三年一月二八日には、県民大会実行委員会、県議会、県市町村関係四団体（市長会、町村会、市議会議長会、町村議会議長会）、全四一市町村長・議会議長の連名による「建白書」が安倍首相に手渡される。だが、同年一一月、沖縄県選出自民党国会議員五名が「辺野古移設」容認を表明、自民党沖縄県連も「辺野古移設」容認方針を決定する。そして一二月、仲井眞知事は埋立申請を承認する。結果、二〇一四年一一月の県知事選で普天間飛行場移設問題が争点となり、「建白書」実現を掲げる「オール沖縄」候補の翁長に仲井眞は敗れることになる。

（３）帰属・アイデンティティ

かつて琉球王国という独立国であり、明治に入り日本に併合された沖縄にとって、日本への帰属は自明ではない。それは、米国と日本にとっても同様である。沖縄戦の際、米国は、琉球列島は朝鮮半島や台湾と同様、近代日本が獲得した植民地であり、沖縄人は解放される対象とみなしていた。一方、日本にとっては、本土決戦準備および終戦工作のための時間稼ぎ、持久戦（「捨石作戦」）の場であり、琉球列島は「外地」とみなされた。米国の態度もあって、戦後数年間は、復帰論よりも独立論が優位であったとされる。

それが講和交渉期（一九五一年）になると、琉球列島住民の大多数が日本復帰を希望し、各群島（奄美群島、沖縄群島、宮古群島、八重山群島）ごとに復帰署名運動が展開されることになる。それでは、この時点で少数派となっていた独立論と復帰論との対立点は何だったのか。沖縄は日本によって搾取された、日本からの援助は期待できない、「琉球処分」は略取であって日本が主権を喪失するのは当然である、たとえ同一民族であっても復帰する必要はない、というような理解が独立論者にはあった。もちろん、復帰論と独立論はいずれも多様な考え方のバリエーションがありうるが、少なくとも主要な対峙の場においては〝「沖縄人」か「日本人」か〟ではなく、〝「沖縄人」であり「日本人」である〟という前提があり、その上での沖縄人にとってどちらがよりよい選択なのかという対立だったのである。

復帰論は、「革新ナショナリズム」の民族論によって「科学」的にも正当化されていく。ただ、一九六〇年代の復帰協を中心とした復帰運動では、憲法適用、人権擁護要求が一貫して追求された。それはすなわち、復帰はそれ自体が「目的」ではなくあくまでも「手段」であったことを意味している。だが、「七二年復帰」は、主義主張を超えて沖縄住民の大多数が望まない形で実施される。「保守」と位置づけられる人々は、経済的に時期尚早として反対していた。一方、「革新」と位置づけられる人々は、「即時・無条件・全面返還」による「完全復帰」ではないとして反対していた。復帰直前には、このほかにも、反復帰論、独立論、自治論など、多様な主張があったが、それらも現実に進行する復帰には反対であった[20]。

復帰過程で生じた日本政府への疑心は、歴史認識のとらえなおしを生じさせる。「琉球処分」の再評価がなされるなかで、「七二年復帰」は対日講和条約第三条による切り捨て（第二の琉球処分）に続く第三の琉球処分だとする見方も一定の拡がりを見せた。さらには、次項で確認するように、住民の視点による沖縄戦認識が確立するのもこの時期である。

実際、NHKの意識調査によれば、一九七二年五月には復帰に「期待する」五一％、「期待しない」四一％だったものが、翌七三年四月には復帰について「よかった」三八％、「よくなかった」五三％と逆転していた。しかし、八二年には復帰をして「よかった」六三％と、「よくなかった」三二％を再び上回り、肯定的評価は西銘県政を通じて高くなっていく[21]。

西銘県政期には、歴史・文化に関わる重要な施策がいくつも行われた。沖縄の伝統文化・芸能の保存・発展を意識した県立芸術大学設置（一九八六年四月、第一回入学式）、そして、琉球大学が首里城跡から移転を始めるなか、県側の強い要望で実現することになる「首里城公園」の整備（一九九二年一部開園）がそれである。県立芸大設置と首里城復元は、日本政府側の消極的姿勢に対して、西銘県政の強いイニシアティブが目立つ。

さらに同時期には、沖縄学の進展のなかで、沖縄文化や琉球王国の肯定的な再評価がなされ、それが県民全体の歴史認識にも反映されていくことになる。かつては「棄民」としてネガティブにとらえられがちだった移民も、「海外雄飛」、「世界のウチナーンチュ」としてポジティブに転換されていく。西銘県政期の文化行政には、西銘自身の意思が反映されていたとされる。西銘県政期は、沖縄の独自性が見直され、否定的な評価から肯定的な評価へと変わっていく転換期でもあった[22]。

それでは、「転換期としての一九九〇年代」は、「帰属・アイデンティティ」に関してどのような変化を生じさせたのだろうか。

冷戦が終結し、「革新ナショナリズム」の民族論は影響力を低下させ、帰属・アイデンティティは相対的に論じられるようになる。「琉球王国」は、既述した一九八〇年代からの流れに、二〇〇〇年の「琉球王国のグスク及び関連遺産群」世界遺産登録が加わることで、独立国としての歴史が県民にとって、文化への誇り、アイデンティティ形成に寄与することとなる。「琉球処分」は、民族的統一ではなく武力併合だったとする理解が一般化し、「琉球併合」の呼称が用いられることも多くなる。「日本復帰」についても批判的な検討が行われるようになり、「反復帰」論が見直されるようになる。そして、もう一つの焦点は、次項で改めて確認する「沖縄戦」である。こうした歴史認識のとらえなおしは、復帰前後と同様、一九九五年以降に生じた日本政府への疑心のなかで拡がり、「自立」論、「独立」論の高揚をもたらすことになる。

近年、「沖縄ナショナリズム」は一段と強くなっているように思われる。二〇〇七年の教科書問題以降の三つの大規模な県民大会は、一九九五年の県民総決起大会以降に出てきた思想的波及のなかで可能となったものだと考えられるが、「建白書」提出前日の集会・パレードに浴びせられたヘイトスピーチは、沖縄と日本とのコントラストを当事者に鮮明にする出来事ともなった。二〇一一年三月一一日以降、原発問題と組み合わさることで、沖縄が日本社会における「構造的差別」を受けている地域の一つとして、普遍的に理解されるようになった。独立を公然と掲げた政党や学術団体も活動を展開している。国連によって立て続けに出されている勧告などは、国際的に琉球民族の独立を正当化しうるものだといえる。

一方で、道州制への期待に表れたように、日本国家にとどまりながらも、自立を志向する立場がある。「沖縄イニシアティブ」論もそうした立場の一つであろう。尖閣諸島問題や自衛隊配備問題に表れるように、「日本」としての「沖縄」を強く志向する立場もある。二〇一一年に起きた八重山教科書問題はそうした文脈に位置づけることができる。さらには二〇〇〇年代以降、「県」をバイパスして「国」から市町村や区、組合、企業などへと交付金などの資金投入が行われることが常態化したことによって、「沖縄」という「帰属・アイデンティティ」が希薄化する側面もあるだろう。

（4）沖縄戦

沖縄戦認識が「島ぐるみ」の要素となるのは、復帰前後であり、他の三要素と比して最も時期が遅れる。それは、凄惨な原体験にあって、住民の戦争体験を中心にして沖縄戦の全体像を構築しようとする試みを開始するまでに、それだけの時間を要したということを意味するだろう。

沖縄戦認識は、まず「本土」側からの「軍隊の論理」として登場する。一九五三年一月に公開された今井正監督『ひめゆりの塔』（東映）は、「唯一の地上戦」「悲惨な戦場」「幾多の悲劇」といったフレーズのなかで未曽有の大ヒットとなる。映画は同時期に沖縄でも公開され、そのイメージは当事者以外の沖縄住民にも共有されていく。さらに、戦傷病者戦没者遺族等援護法が米国統治下の沖縄にも適用され、一九五七年八月に手続きが開始されたことも重要である。軍人・軍属だけでなく、「準軍属」として一般住民の戦闘協力者にも適用されることとなり、いかに日本軍に協力したのかが適用基準とされ、当事者の沖縄戦認識までもが「軍隊の論理」によってワクをはめられていくことになるのである。一九六〇年代に起きた都道府県慰霊塔の乱立は、「軍隊の論理」を可視化させる現象でもあった。

それに対して、復帰前後には沖縄側から「住民の論理」による沖縄戦認識が打ち出されるようになる。とくに、『沖縄県史』編纂で沖縄戦が重視された意義は大きく、その過程で初めて本格的な沖縄戦研究が始まった。現実に進行する復帰に対する違和感、批判は、語り出す重要なきっかけの一つであったとされる。渡嘉敷（とかしき）島、座間味（ざまみ）島の集団自決、西表（いりおもて）島（マラリア）への強制移住、住民虐殺など、日本軍の犯罪的行為に対する証言が重ねられ、一部の問題ではなく、組織的問題であったことがはっきりしてくるのである。

そうしたなかで、たとえば、一九七〇年三月、集団自決や住民虐殺が起きた渡嘉敷島で二五周年慰霊祭が行われた際、それに参加しようとした赤松（大尉）元隊長の来島を拒否する抗議運動が起こった。さらに、復帰前後の自衛隊配備反対闘争も、自衛隊と沖縄戦時の日本軍が結びつけられるなかで展開されていくことになるのであり、運動を展開したのは革新側だが、保守的な人であっても感情的には同調していたともいわれる。

一九七八年にリニューアルオープンした沖縄県平和祈念資料館の新展示に県史などの成果が取り入れられて、「住民の論理」はさらに一般に広く認知される。ただ一方で、「軍隊の論理」も一定存続していくため、その後も教科書問題などの火種となり続けていく(23)。

西銘県政期に生じた一九八二年の歴史教科書問題は、文部省の教科書検定において、日本軍による沖縄戦住民虐殺が削除されたことから生じたものである。また、出典とされた聞き取り成果に基づく『沖縄県史』が一級資料ではないと評価された。それに対して、沖縄県内では検定への抗議、住民殺害記述の復活を求める運動が展開され、県議会も全会一致決議で抗議する。「島ぐるみ」の抗議を受け、文部省は翌一九八三年度の改訂検定で、「住民虐殺」だけでなく、「集団自決」の記述を加えるよう修正意見を付した。

米軍統治期に形成された沖縄戦認識は、復帰後も沖縄アイデンティティの重要な核心であり続けており、その核心に触れる問題が生じた際には、こうした保革を超えた「島ぐるみ」での取り組みが起こるのだといえよう(24)。

それでは、「転換期としての一九九〇年代」は、「沖縄戦」に関してどのような変化を生じさせたのだろうか。

一九九五年には沖縄戦終結五〇周年記念事業の一環として、摩文仁(まぶに)に「平和の礎(いしじ)」が建立されるが、敵味方問わず刻銘するということ、沖縄県出身者については沖縄戦に限定せず刻銘したこと、旧植民地出身者の刻銘がわずかにとどまったことなど、刻銘者をめぐって沖縄戦のとらえ方についての議論も活発に行われた。また、八重山戦争マラリア補償問題も沖縄戦認識を拡げ、さらに深化させることになったといえる。

ただ、戦後五〇年を経て、次第に当事者が少なくなっていくなかで、記憶の継承をめぐる困難に「沖縄戦」も直面していったように思われる。沖縄戦認識は、住民虐殺や集団自決に触れることによって必然的にヤマトとの緊張関係を生む要因となる。そのため、保守県政下において「自主規制」が生じることもあった。稲嶺県政下の一九九九年八月には、沖縄県平和祈念資料館のリニューアル展示において監修委員と協議せずに県の事務方が展示変更を行っていたことが明らかとなり、抗議の声が強まり再修正された。それをきっかけに同年五月に開館した八重山平和祈念館の展示でも写真・パネルの削除や書き替えが行われたことが発覚している。さらに、仲井眞県政下の二〇一二年二月には、首里城地下の第三二軍司令部壕の説明板を設置する際、有識者による検討委員会でまとめられた文案から、県が「慰安婦」「日本軍による住民虐殺」の文言を削除したことが明らかとなる。

そして、二〇〇七年三月、高等学校歴史教科書の検定結果が公表され、沖縄戦における集団死・「集団自決」について記述した五社、七点に対し、日本軍による命令・強制・誘導などが「沖縄戦の実態について、誤解する恐れのある表現」であるとして削除・修正させていたことが判明し、「島ぐるみ」の抗議行動が展開される。六月二二日には県議会が「教科書検定に関する意見書」を可決（七月一一日に再度可決）、六月二八日までに県内全四一市町村議会で検定意見撤回を求める意見書が可決する。そして、九月二九日には「教科書検定意見撤回を求める県民大会」（於宜野湾海浜公園、同実行委員会主催）が開催され、一一万六〇〇〇人（主催者発表、六〇〇〇人は宮古・八重山会場）が参加する。この県民大会が二〇一〇年・一二年の県民大会の前提となったことはすでに述べた。

超党派によって組織された県民大会実行委員会の委員長は、自民党の仲里利信（なかざととしのぶ）県議会議長が務め、仲井眞知事も大会に参加した。一九九五年以来、しかも保守県政のなかで超党派による県民大会が行われたのである。ただ、仲里によれば、直ちに自民党県議団が全員一致で賛同したわけではなかった。反対理由は、「大江・岩波裁判」が係争中であることであり、自衛隊に近いということも共通点としてあった。結局、この時には仲里の説得も功を奏して全会一致となるものの、「オール沖縄」への転換点といえる二〇〇七年県民大会において、すでに楔が存在していたとみることも可能であろう。[25]

戦後五〇年頃までは、沖縄戦認識は、沖縄県民のアイデンティティの根幹、琴線に触れるものであり、保革対立のなかにあって、本土同様の「軍隊の論理」でとらえる県民は少数派であり、「住民の論理」に基づく沖縄戦認識のなかでほとんど対立点はなかったといえる。しかしながら、日本全体と軌を一にした、戦争をめぐる記憶継承の困難性、および、自衛隊認識の変化は、沖縄においても着実に生じてきているように思われる。また、沖縄においては、米軍基地と自衛隊基地に対する認識は同じベクトルにあったように思われる。だが、沖縄戦認識と自衛隊認識が直結しなくなるなかで、米軍基地の整理縮小は求めつつも、自衛隊配備やむなしとすることが同時に成り立つようになっている。米軍基地認識を考える上でも、二〇一〇年頃から尖閣諸島問題を直接の契機として、県民世論にも新たな変化が生じているように思われるのである。

3 〝「オール沖縄」対「チーム沖縄」へ〟の再分断

(1) 二〇一四年県知事選

二〇一四年一一月一六日実施の沖縄県知事選には、下地幹郎（しもじみきお）（前衆院議員）、喜納昌吉（きなしょうきち）（前参院議員）も出馬したが、事実上、現職仲井眞弘多と翁長雄志（那覇市長）の一騎打ちだった。

両候補が選挙スローガンとして掲げたのは、仲井眞が「流れをとめるな！沖縄二一世紀ビジョン！」、翁長が「誇りある豊かさを！」であり、どちらも「経済構想」に関するものであった。(26) ただし、翁長は「沖縄二一世紀ビジョンの実現」も掲げており、「米軍基地は沖縄の経済発展の最大の阻害要因」であると強く訴えた。(27)

選挙の最大の争点は、まさにその「基地認識」であった。仲井眞は、「辺野古移設」による普天間飛行場の「五年以内の運用停止」と「嘉手納（かでな）基地より南の早期返還を実現」を掲げた。(28) 一方の翁長は、「あらゆる手法を駆使して辺野古に新基地を造らせない」との公約を掲げ、明確に新基地建設反対を打ち出した。(29)

さらに、「帰属・アイデンティティ」に関しては、翁長は「イデオロギーよりアイデンティティ」をうたい、「オール沖縄」による二〇一三年一月の普天間県外移設を要求した「建白書」の実現を主張した。(30)「沖縄戦」に関しては、「オール沖縄」の動向が、まさに二〇〇七年の歴史教科書の「沖縄

2014年11月16日の沖縄県知事選挙で初当選し、手をつないで万歳する翁長雄志(中央)〔写真＝毎日新聞社提供〕

戦」記述をめぐる県民大会に始まったこと、その際、実行委員長となり実現に尽力した仲里元県議会議長が翌月の衆院選沖縄第四区に「オール沖縄」候補として立候補し当選することなどからも連続性がみてとれる。加えて、翁長は、政治家として出発した那覇市議選以来、選挙告示日の早朝に、父・翁長助静(おながじょせい)が建立にたずさわった「魂魄の塔」に訪れるのを慣例としていたことはよく知られる(31)。

「オール沖縄」候補である翁長は、まさに「島ぐるみ」四要素を政治的に体現した人物であったといえる。加えて重要なのは、翁長が、戦後沖縄保守の中心を歩んできたということである。翁長は日米安保条約・在日米軍基地を否定していたわけではない。一九六八年の主席公選以来、保革対立として行われてきた(主席)知事選とは明らかに異なるのであり、翁長知事の誕生によって、不可逆的に保革対立が終わったと言っても過言ではないだろう。翁長知事誕生以降の政治的対立はもはや「保革」ではないのである。

とはいえ、「基地認識」以外の翁長と仲井眞の差は、二〇一四年県知事選では、選挙の争点としては見えにくかった。それは、県民が「オール沖縄」を支持しているなかで、差異を強調した場合、戦えないからともいえる。だが、選挙後、政府与党の分断策が展開されるなかで、「基地認識」を軸としつつ、新たに作り出された両陣営の対立が次第に明確となっていく。[32]

（2）翁長県政期―二〇一五年

二〇一五年五月一七日、「戦後七〇年　止めよう辺野古新基地建設！沖縄県民大会」（於沖縄セルラースタジアム那覇、同実行委員会主催）が開催され、三万五〇〇〇人（主催者発表）が参加する。[33]同月二七日から翌月五日まで翁長が県知事として初めて訪米するのを前にして開催されたものだが、前年の沖縄県知事選での翁長の支持母体が主催したものであり、二〇一二年までのような文字どおりの「県民大会」とはならなかった。

五月下旬には、下地敏彦（しもじとしひこ）宮古島市長の呼びかけで、県内一一市のうち那覇市・名護市を除く九市の市長が「沖縄の振興を考える保守系市長の会」（チーム沖縄）を結成し、下地が会長となっている。九市長は前年の県知事選で現職仲井眞を支援しており、翁長知事の対抗勢力が結集した形となった。当時、先島への自衛隊配備が進められようとするなかで、下地宮古島市長は他に先駆けて容認の姿勢を示し、八月二九日には「チーム沖縄」として菅官房長官に要請を行うなど、県を介さずに政府との直

接交渉を行っていく。(34)

二〇一五年五月から九月にかけての国政上の重大事案となったのが、いわゆる安全保障関連法案であった。七月六日、衆議院平和安全法制特別委員会の地方参考人会が那覇市内で開かれると、稲嶺進名護市長は反対の立場から、古謝景春(こじゃけいしゅん)南城市長、中山義隆(なかやまよしたか)石垣市長は賛成の立場から、それぞれ陳述している。(35) だが、七月一六日に法案が衆議院を通過し、参議院での審議が始まるのを前に、沖縄タイムス社が行った法案に対する賛否などを聞くアンケートには、四一市町村長のうち、古謝南城市長、中山石垣市長を含む七名が全設問に回答しなかった。(36) こうした傾向はその後も続いている。

後日のタイムス記事によれば、首長アンケートでの無回答は、二〇一三年末の仲井眞知事による辺野古埋め立て承認が契機であり、「翌一四年三月の集団的自衛権をめぐる調査は四首長が回答せず、同年八月の名護市辺野古での海上作業の賛否を問う調査も九首長が無回答。全員が仲井真氏を支持する保守系首長だった。(37) ／そうした保守系首長の多くは自民と連携し、一四年一一月の知事選では仲井真氏を支持した」という。また、「市長の一人は「調査で辺野古賛成と答えれば、批判の標的になる危惧がある」と本音を明か」し、「紙面で目にする「オール沖縄」の表記に対しても、「私たち保守系の首長は沖縄県民ではないのか」といら立ちを隠さな」かったという。「帰属・アイデンティティ」の面でも「沖縄アイデンティティ」を「オール沖縄」が一手に体現しているかにみられることへの反発があったといえる。

ここで示されているのは、政府方針と県民世論の大勢(政治団体としてではなく真の意味での「オール沖縄」としての意思)がことごとく対峙するなかにあって、それでも「チーム沖縄」が政府与党と連携していこうとする際の隘路ともいうべきものであろう。加えて、そうした対立点を鮮明化しようとする地元紙への反発も感じられる。

一〇月一三日、翁長知事は、「普天間飛行場代替施設建設事業に係る公有水面埋立承認手続に関する第三者委員会」の報告書に基づき、辺野古埋め立て承認を取り消す。[38] その後、訴訟が三件乱立し、国と県との訴訟合戦の様相を呈する。一二月一四日には、「辺野古新基地を造らせないオール沖縄会議」（共同代表：稲嶺進、高里鈴代、呉屋守將）が発足し、翁長知事の与党として、「オール沖縄」の側も政治組織としての形を明確にしていく。[39]

（3）翁長県政期―二〇一六年

二〇一六年三月四日、福岡高裁那覇支部において辺野古訴訟「和解」が成立し、双方が「協議を行う」ことで合意、工事は一時中止される。こうした動きは、翁長知事誕生、新基地建設反対運動による成果として沖縄県内でも歓迎された。[40] しかし、すぐさま一六日に国が埋め立て承認取り消し撤回を求める是正指示を行うなど、[41] 対等な立場で「協議を行う」姿勢が国側にはみられず、政府与党の分断策のなかで、年内をかけて県内の分断がより鮮明になっていく。

四月二八日には、うるま市女性暴行殺害事件が発生する。凄惨な事件を前にして、二〇一二年以来、再び超党派による結束が図られようとする動きもあらわれた。しかしながら、市町村議会での抗議決議が続くなかで、五月二六日に沖縄県議会が海兵隊の沖縄からの撤退などを求める抗議決議と意見書を決議した際には自民党系会派などが採決前に退席した。[42] 六月一九日の「元海兵隊員による残虐な蛮行を糾弾！　被害者を追悼し、海兵隊の撤退を求める県民大会」（於奥武山公園陸上競技場）についても、団体も個人参加もあり、老若男女が思い思いに参加する様子は、二〇一二年までの県民大会と同様であり、六万五〇〇〇人（主催者発表）が参加したものの、主催者は「辺野古新基地を造らせないオール沖縄会議」であり、自民党沖縄県連と公明党沖縄県本部は参加を見送った。[43]　県議会決議、県民大会と従来からふみ込んだ在沖海兵隊撤退などを続けて決議したこと自体は画期的ではあったが、その後の動向から顧みた時、この時に再度文字どおりの「オール沖縄」としてまとまれなかったこと（政府与党からすれば「まとまらせなかった」こと）は、大きな分水嶺であったように思われる。

七月一〇日実施の参議院議員選挙・沖縄選挙区では、現職の沖縄担当大臣・島尻安伊子（自民公認、公明・維新推薦）と「オール沖縄」候補・伊波洋一との事実上の一騎打ちとなる。島尻陣営では「チーム沖縄」市長をはじめとする保守系首長が各支部長となり、「オール沖縄」対「チーム沖縄」の全面対決となった。[44]

結果は、伊波洋一が大差を付けて島尻安伊子に勝利する。沖縄の世論は再度明確に示されたが、その翌日（一一日）には、二年ぶりに高江へリパッド工事が再開され、[45]　さらに二二日には、福岡高裁那覇支部に対し、国（国土交通大臣）が沖縄県知事の違法確認訴訟を提起する。[46]　参議院選挙を前に、県民大会に至る経緯によって県内分断を決定的にしていた政府与党は、むしろ選挙結果（沖縄世論＝多数意見）を無視して、基地建設を推進するとともに、政府側に立つ少数派への支援をより露骨に行うようになるのである。九月一六日には、福岡高裁那覇支部が国の主張を認める判決を出し、県は上告したものの、一二月二〇日には最高裁が県の上告を棄却し、県の敗訴が確定する。[47]　そして、二七日、沖縄防衛局は、約九カ月ぶりに辺野古埋め立て工事を再開するのである。[48]

（4）翁長県政期―二〇一七年

二〇一七年に入ると、宮古島市長選（一月）、浦添市長選（二月）、うるま市長選（四月）と地方首長選で「オール沖縄」候補が反「オール沖縄」候補に続けて敗れる。翁長知事率いる「オール沖縄」と、県をバイパスして官邸と直結した「チーム沖縄」が対峙する構図が県内市長選においても徹底されていく。

ただ、この時期の辺野古問題についての県民世論調査をみた場合、依然として、翁長知事率いる「オール沖縄」が掲げた政策に支持が集まっていたことがわかる。沖縄タイムス社・朝日新聞社・琉球朝日放送の二〇一七年四月調査によれば、「辺野古に移設すること」に「反対」六一%、「賛成」二三%、琉球新報社の二〇一七年五月調査によれば、普天間飛行場の「県外・国外移設と即時撤去」が計七四・一%、「辺野古新基地建設を容認・推進」一八・〇%となっていた。加えて翁長知事の支持率をみた場合でも、沖縄タイムス社ほかが「支持する」五八%、「支持しない」二二%、琉球新報社が「支持する」六六・七%、「支持しない」一九・三%と、翁長知事は依然として県民から高い支持を得ていた。[49]

翁長知事誕生以来、政府と県の双方が対決姿勢を鮮明にするという状況のなかで、大田県政期と異なり、県内の支持が急減しなかった最大の要因は経済状況の違いであろう。「自公」対「反自公」（「オール沖縄」）という対立軸が鮮明化した二〇一〇年以降の観光業についてみてみると、入域観光客

表1　自公・反自公各統一候補の市郡別得票数推移（2010 ～ 18 年）

（票）

		2010 年 知事選	2013 年 参院選	2014 年 知事選	2014 年 衆院選	2016 年 参院選	2017 年 衆院選	2018 年 知事選
那覇市	自公	**76,327**	67,660	53,449	50,600	54,740	51,998	65,524
	反自公	68,108	**74,401**	**90,284**	**56,517**	**85,147**	**59,177**	**92,624**
宜野湾市	自公	21,412	16,495	19,066	14,734	17,833	19,026	**26,644**
	反自公	**24,010**	**19,385**	**21,995**	**20,919**	**24,496**	**22,382**	22,379
石垣市	自公	**11,175**	**9,052**	**9,363**	**9,010**	**8,985**	**9,919**	**11,648**
	反自公	8,279	7,497	8,992	8,255	8,688	9,098	11,015
浦添市	自公	**25,101**	19,242	19,173	17,217	18,977	20,528	25,319
	反自公	24,004	**23,926**	**27,673**	**25,572**	**28,069**	**26,655**	**30,622**
名護市	自公	**15,213**	11,384	12,274	10,097	11,577	11,621	15,013
	反自公	13,040	**11,535**	**17,060**	**13,976**	**15,146**	**14,655**	**16,796**
糸満市	自公	**14,384**	**10,566**	11,113	10,889	9,644	**12,471**	12,550
	反自公	10,937	10,528	**14,088**	**11,571**	**13,387**	11,419	**15,708**
沖縄市	自公	**29,442**	22,309	24,958	20,308	23,178	22,077	27,321
	反自公	25,680	**25,958**	**31,549**	**30,984**	**31,502**	**34,179**	**35,947**
豊見城市	自公	**12,677**	10,603	10,503	10,341	10,447	**12,933**	13,039
	反自公	11,951	**11,353**	**14,796**	**12,360**	**14,977**	12,917	**17,442**
うるま市	自公	**28,774**	19,980	23,366	17,440	20,542	19,907	26,407
	反自公	22,834	**22,346**	**27,788**	**27,369**	**27,782**	**29,569**	**35,011**
宮古島市	自公	**13,982**	**10,154**	**8,826**	**10,899**	**9,646**	**17,738**	**13,314**
	反自公	8,516	6,916	6,879	7,402	8,596	9,647	10,961
南城市	自公	**10,569**	8,140	8,348	8,715	8,258	9,927	9,773
	反自公	9,163	**8,909**	**11,559**	**9,765**	**11,407**	**10,308**	**12,642**
国頭郡	自公	**18,218**	12,151	14,077	10,885	12,984	12,078	15,069
	反自公	13,187	**13,309**	**17,601**	**16,206**	**16,291**	**16,589**	**18,354**
中頭郡	自公	32,809	23,137	26,657	20,205	23,673	24,639	30,632
	反自公	**35,684**	**36,604**	**42,311**	**39,290**	**43,044**	**43,106**	**45,597**
島尻郡	自公	**23,405**	18,582	18,177	17,345	17,572	20,295	22,037
	反自公	20,259	**20,371**	**26,741**	**22,427**	**26,333**	**23,163**	**29,763**
宮古郡	自公	**388**	**357**	**248**	**355**	**323**	**370**	**421**
	反自公	226	133	142	158	145	103	191
八重山郡	自公	**1,832**	**1,580**	**1,478**	**1,686**	**1,576**	**1,860**	**1,747**
	反自公	1,204	1,249	1,362	1,282	1,345	1,185	1,580
合計	自公	**335,708**	261,392	261,076	230,726	249,955	267,387	316,458
	反自公	297,082	**294,420**	**360,820**	**304,053**	**356,355**	**324,152**	**396,632**
（投票率）		60.88%	53.43%	64.13%	52.36%	54.46%	56.38%	63.24%

注：衆院選は1区～4区の合計。2010 年参院選、2012 年衆院選は反自公の統一候補が擁立されていないため省いたが、2010 年参院選では自公候補が当選し、2012 年衆院選では全4区のうち3区で自公候補が当選している。
出典：『琉球新報』『沖縄タイムス』により作成。

数は、五八五・五万人（二〇一〇年）から九八四・八万人（二〇一八年）へと約一・六八倍に増加し、うち、外国人観光客は、二八・五万人（二〇一〇年）から二九〇・四万人（二〇一八年）と約一〇倍に急増している。(50) このほか、流通業、情報通信関連産業、建設業（民需）、小売業なども堅調であった。

八月一二日には、「翁長知事を支え、辺野古に新基地を造らせない県民大会」（於奥武山公園陸上競技場、辺野古新基地を造らせないオール沖縄会議主催）が開催され、四万五〇〇〇人（主催者発表）が参加したが、(51) あたかも翌年の県知事選挙に向けての決起大会の様相を呈していた。一〇月一一日には、元「新風会」と市町村議会の保守・中道議員が「新しい風・にぬふぁぶし」を結成している。(52)

一〇月二二日実施の衆議院議員総選挙において、「オール沖縄」候補は沖縄県一区・二区・三区で議席を維持した。四区では敗れたが、宮古・八重山という反「オール沖縄」地盤の強い地域を含んだ選挙区であり、「オール沖縄」は一～四区を合わせた得票総数では、前回（二〇一四年）からは縮められたものの、依然として反「オール沖縄」に五万票以上の差をつけていた（表1参照）。

二〇〇九年の「政権交代」によって、県民世論が普天間飛行場の「国外・県外移設」支持に急速に傾いて以降の知事選および衆院選・参院選の選挙区における市郡別得票数を表1からみてみると、一貫して「自公」が優勢なのは、石垣市、宮古島市、宮古郡、八重山郡であり、一貫して「反自公」が優勢なのは、中頭郡である。それに対して、「オスプレイ配備に反対する沖縄県民大会」（二〇一二年九月）、「建白書」（二〇一三年一月）という「オール沖縄」の集大成を経て、「自公」から「反自公」優勢に変わったのが、那覇市、浦添市、名護市、糸満市、沖縄市、豊見城市、うるま市、南城市、国頭郡、島尻郡であった（このうち、糸満市、豊見城市は二〇一七年に再逆転）。

秋に県知事選が予定された二〇一八年は沖縄にとって「選挙イヤー」であった。県知事選でさらに再逆転する市郡が増えるのか否か。二〇一六年七月以降、政府与党による攻勢が続き、対立軸がより先鋭となるなかで、「オール沖縄」は正念場を迎えていたといえる。

(5) 二〇一八年県知事選

「選挙イヤー」年初の南城市長選（一月）では「オール沖縄」候補が辛勝したものの、名護市長選（二月）、石垣市長選（三月）、沖縄市長選（四月）と立て続けに「オール沖縄」候補は敗れ、「チーム沖縄」候補が勝利した。とくに、名護市長選で、翁長知事とともに「オール沖縄」の顔であった、現職の稲嶺市長が敗れたことは、大きな衝撃であった。三月には、名護市長選敗北の責任などを取るとして、呉屋守將（金秀(かねひで)グループ）がオール沖縄会議の共同代表を辞任、さらに、四月には、県民投票が実施困難になったこと、特定の政党色が強くなったことを理由に、かりゆしグループがオール沖縄会議からの脱会を表明する。[53] 政府与党の攻勢の前に、「オール沖縄」は追い込まれていた。

だが、そのような最中、県内政局を揺るがす大事件が起こる。翁長知事の発病である。四月二一日、翁長知事は膵臓腫瘍を手術、五月一五日に退院する。[54] 憶測が飛び交い、秋の県知事選への出馬の有無が取りざたされるようになる。七月一七日、「辺野古」県民投票の会（元山仁士郎(もとやまじんしろう)代表）は、署名が条例制定を求めるための法定署名数を上回る数に達したと発表。[55] 翁長知事は、七月二七日、辺野古埋め立て承認撤回を表明したが、八月八日に死去する。[56]

八月一一日には、「土砂投入を許さない！ジュゴン・サンゴを守り、辺野古新基地建設断念を求める県民大会」（於奥武山公園陸上競技場、辺野古新基地を造らせないオール沖縄会議主催）が開催され、七万人（主催者発表）が参加する。[57] 県民大会は三日前に亡くなった翁長知事の追悼集会、そして、県知事選に向けた決起集会の様相を呈するものとなった。八月三一日、沖縄県（副知事が知事職務代理者）は埋め立て承認を撤回する。[58]

翁長知事急逝により約二カ月早められることになった、二〇一八年九月三〇日実施の沖縄県知事選では、「オール沖縄」候補の玉城デニーが「チーム沖縄」の中心である佐喜眞淳（宜野湾市長）に約八万票差で勝利する。佐喜眞が玉城を上回った市郡は、二〇一〇年以降、すべて「自公」勝利の石垣市、宮古島市、宮古郡、八重山郡と地元宜野湾市のみであり、前年に再逆転していた糸満市、豊見城市も玉城が勝利して取り返した（表1参照）。

翁長の後継である玉城の主張には、「島ぐるみ」四要素のうち、「経済構想」、「基地認識」、「帰属・アイデンティティ」が全面に出ていた。一方、「チーム沖縄」は、「島ぐるみ」四要素と相いれず、それが政権寄りの主張ともなってきた。

最大の争点は、二〇一四年県知事選と同様に「基地認識」であった。佐喜眞は辺野古賛否に言及しなかったが、県民には知事選の争点として認知されただろう。そして、とくに「沖縄戦」については、県知事選の争点としては表れないものの、自衛隊認識とも重なりながら、その対応の違いとして表出されていた。「平和・女性政策」の公約として、玉城が冒頭で「沖縄戦の記憶を継承」することを掲げるのに対し、同じく佐喜眞が冒頭で「尖閣諸島は沖縄県の一部」だとして「自衛隊の先島配置」を掲げ、沖縄戦には触れていないことには、その差異が明快に表れているといえよう。[59]

おわりに

二〇一八年九月の沖縄県知事選で、沖縄の民意は「オール沖縄」の継続を支持した。しかし、安倍政権下でつくられた従来の保革対立とは異なる新たな分断は、「オール沖縄」の要素自体を批判する動きでもある。

一〇月二六日に県議会で「辺野古米軍基地建設のための埋立ての賛否を問う県民投票条例」が成立し、三一日に公布されたのに対し、一二月から二〇一九年一月にかけて、「チーム沖縄」の宮古島市、宜野湾市、石垣市、沖縄市、うるま市の各市長が県民投票への不参加表明を行った。県内分断がさらに拡がるかと思われたが、元山仁士郎（「辺野古」県民投票の会代表）による宜野湾市役所前でのハンガーストライキを契機とした政局転換によって、結局、二月二四日に全県下で県民投票が実施された[60]。これにより、分断のスピードは緩んだように思われる。だが、政府の「辺野古移設」方針はまったく揺るがないなかで、その後も、参議院議員選挙や県議会議員選挙、市町村長選挙などにおいて、「オール沖縄」対「反「オール沖縄」」の対峙は繰り返されている。

首里城火災に対する復旧・復興、新型コロナウイルス感染症拡大にともなう観光業対策、そして、二〇二一年度で期限を迎える一〇カ年振興計画の更新などは、いずれも政府との密接な連携を必要とするものである。だが、辺野古問題をめぐって県と政府との対峙が続く間は、それを前提に形成された沖縄県内の新たな分断も続くこととなろう。

■注

（1）第1節（1）のここまでは、櫻澤が企画運営に関わった、二〇一八年度同時代史学会大会（二〇一八年一二月八日）・全体会「転換期としての一九九〇年代」の「趣旨説明」を基にしている。一九九〇年代論として参照したものとして、『現代思想』三三－一三（青土社、二〇〇五年）「特集：1990年代――規律から管理へ」、小熊英二編『平成史【増補新版】』（河出書房新社、二〇一四年）、大澤聡編『1990年代論』（河出書房新社、二〇一七年）などがある。

（2）ナオミ・クライン（幾島幸子・村上由見子／訳）『ショック・ドクトリン――惨事便乗型資本主義の正体を暴く』上・下（岩波書店、二〇一一年）参照。

（3）本書第6章（平良論文）を参照。

（4）櫻澤誠「沖縄・島ぐるみ運動の復活――「一九九五年」はどう準備されたか」（広川禎秀・山田敬男編『戦後社会運動史論③――軍事大国化と新自由主義の時代の社会運動』大月書店、二〇一八年）。

（5）たとえば、一九九五年一〇月に朝日新聞社、沖縄タイムス社、米国ルイス・ハリス社が行った共同世論調査では、地位協定について、「運用の仕方を変えるだけで十分」は全国、沖縄で八％にとどまったのに対して、「協定の条文を変えるべき」は全国七八％、沖縄七七％と多数を占めた（『朝日新聞』一九九五年一一月一一日）。

（6）たとえば、佐喜眞淳は日本会議のメンバーであり（『琉球新報』二〇一八年七月一五日）、中山義隆は八重山青年会議所理事長、日本青年会議所沖縄地区会長を務めている（『琉球新報』二〇一〇年二月二二日）。さらに、二〇一八年県知事選で立候補を最終的に取り止め、二〇一九年参院選に出馬した安里繁信は、沖縄から初めての日本青年会議所会頭となっている（『琉球新報』二〇一九年七月四日）。

（7）櫻澤誠「沖縄現代史のなかの「島ぐるみ」の系譜」（『歴史学研究』九四九、二〇一六年）。

（8）櫻澤誠「戦後沖縄政治史の再検討――西銘県政期の歴史的位置をめぐって」（『歴史科学』二三三、二〇一八年）。

（9）櫻澤、前掲「沖縄・島ぐるみ運動の復活」。

(10) とくに注記していない事実関係の記述については、櫻澤誠『沖縄現代史——米国統治、本土復帰から「オール沖縄」まで』(中公新書、二〇一五年)による。
(11) 櫻澤、前掲「沖縄現代史のなかの「島ぐるみ」の系譜」。
(12) 沖縄県案と成案との比較については、櫻澤誠「沖縄復帰前後の経済構造」(『社会科学』四四-三、二〇一四年)を参照。
(13) 櫻澤、前掲「戦後沖縄政治史の再検討」。
(14) 櫻澤、前掲「戦後沖縄政治史の再検討」。
(15) 櫻澤、前掲「沖縄現代史のなかの「島ぐるみ」の系譜」。
(16) 櫻澤誠『沖縄の保守勢力と「島ぐるみ」の系譜——政治結合・基地認識・経済構想』(有志舎、二〇一六年)、第三章。
(17) 櫻澤、前掲「戦後沖縄政治史の再検討」。
(18) 櫻澤、前掲「戦後沖縄政治史の再検討」。
(19) 櫻澤、前掲「沖縄・島ぐるみ運動の復活」。
(20) 櫻澤、前掲「沖縄現代史のなかの「島ぐるみ」の系譜」。
(21) 本書第3章(秋山論文)を参照。
(22) 櫻澤、前掲「戦後沖縄政治史の再検討」。
(23) 櫻澤、前掲「沖縄現代史のなかの「島ぐるみ」の系譜」。
(24) 櫻澤、前掲「戦後沖縄政治史の再検討」。
(25) 櫻澤誠「沖縄戦記と戦後への問い——「本土」への懐疑と希求」(『シリーズ戦争と社会　第4巻　言説・表象の地場』岩波書店、二〇二二年刊行予定)。
(26) 『沖縄タイムス』二〇一四年一一月一六日。
(27) 『沖縄タイムス』二〇一四年一〇月二二日。

(28)『琉球新報』二〇一四年一〇月三〇日。
(29)『琉球新報』二〇一四年一〇月二三日。
(30)『沖縄タイムス』二〇一四年九月二一日。
(31)『沖縄タイムス』二〇一四年一二月一三日。
(32)翁長知事誕生以降の「オール沖縄」（とその対抗軸）を考えるということは、翁長知事誕生までを扱った、櫻澤、前掲『沖縄現代史』以降を考えるということでもある。
(33)『沖縄タイムス』二〇一五年五月一八日。
(34)『琉球新報』二〇一五年六月二六日、『沖縄タイムス』二〇一五年八月三〇日。
(35)『琉球新報』二〇一五年七月七日。
(36)『沖縄タイムス』二〇一五年七月二三日。「保守系市長の会」では、ほかに佐喜眞淳宜野湾市長、宜保晴毅豊見城市長、下地敏彦宮古市長が無回答。
(37)『沖縄タイムス』二〇一五年一〇月一七日。
(38)『沖縄タイムス』二〇一五年一〇月一四日。
(39)『沖縄タイムス』二〇一五年一二月一五日。
(40)『沖縄タイムス』二〇一六年三月五日。
(41)『沖縄タイムス』二〇一六年三月一七日。
(42)『沖縄タイムス』二〇一六年五月二七日。
(43)『沖縄タイムス』二〇一六年六月二〇日。
(44)『沖縄タイムス』二〇一六年七月二日。
(45)『沖縄タイムス』二〇一六年七月一二日。
(46)『沖縄タイムス』二〇一六年七月二三日。
(47)『沖縄タイムス』二〇一六年一二月二一日。

(48)『沖縄タイムス』二〇一六年一二月二八日。
(49)『沖縄タイムス』二〇一七年四月二五日、『琉球新報』二〇一七年五月九日。二〇一五年六月の沖縄タイムス社・朝日新聞社・琉球朝日放送合同調査では、「支持」六四%、「不支持」一八%、となっている(『沖縄タイムス』二〇一五年六月一七日)。
(50)『観光要覧(令和元年版)』(沖縄県、二〇二〇年)、九八頁。
(51)『沖縄タイムス』二〇一七年八月一三日。
(52)『沖縄タイムス』二〇一七年九月二三日、一〇月一三日。
(53)『沖縄タイムス』二〇一八年三月二日、四月四日。
(54)『沖縄タイムス』二〇一八年五月一六日。
(55)『沖縄タイムス』二〇一八年七月一八日。
(56)『沖縄タイムス』二〇一八年八月九日。
(57)『沖縄タイムス』二〇一八年八月一二日。
(58)『沖縄タイムス』二〇一八年九月一日。
(59)『琉球新報』二〇一八年九月一三日。
(60)『沖縄タイムス』二〇一九年二月二五日。

あとがき

本論集の執筆者は、「琉球政府研究会」のメンバーからなる。この研究会がスタートする経緯をまず述べて、論集として結実に至る苦労譚を披露したい。そして、論集のあとがきとしては異例だが自画自賛に終わらず、今後の課題を述べて、最後まで読み進めた読者への慰労を兼ねて「おまけ」のあとがきとしたい。

琉球政府研究会の出発は、高江洲が、川手摂の『戦後琉球の公務員制度史』（東京大学出版会、二〇一二年）の書評（『沖縄タイムス』二〇一三年三月三〇日）を書いたことを嚆矢とする。川手は同書のあとがきに「どうか本書が少しでも多くの人の目に止まり、琉球政府研究という「山」への興味を掻き立てるものとならんことを」と書いている。販売促進の意図もあるかもしれないが、琉球政府を研究することの魅力を述べているので、高江洲は書評で「「あとがき」の決意表明に賛意を表す」と応答した。川手に面識のない高江洲は、旧知の平良好利とともに二〇一三年の五月、日比谷にある後藤・安田記念東京都市研究所に川手を訪ね、琉球政府研究をはじめ、戦後沖縄研究の状況等について相談をした。課題等について大いに盛り上がり、琉球政府研究の意義を確認することができた。このことが、研究会発足の契機となった。

こうして発足した琉球政府研究会は、科学研究費助成事業として採択された「琉球政府を中心とした戦後沖縄政治の再構築」によって、聞き取り中心の研究活動を行った。復帰から四〇年を超えたことは、それまでは語れなかったことも、口を開くことが可能になる時の流れでもあった。もちろん、何事も両義的であり、この長い月日の経過は、話を聞きたい人の多くが「幽冥界」へ旅立つことでもあった。かように話が聞ける有難みを感じつつ聞き取りを始めたが、相手は琉球政府から復帰後の県政でも要職を占めた方もいたので、話の内容は広がりをもつものであった。そして、この成果は『戦後沖縄の証言』(JSPS科研費15K03283研究成果報告書、二〇一八年)として刊行した。興味のある方は、手に取って確認していただきたい(同書は市販されていないので、図書館での閲覧となる)。

聞き取り成果を刊行しただけなので、研究成果としての論集刊行を目指し、引き続き研究会を続けることにした。その際、聞き取り者も琉球政府に限定せず復帰後の県庁時代の経歴に話が及んでいたので論集も琉球政府の時期に限定せず、復帰後も視野に入れることにした。こうした射程の広がりと、それぞれの関心による各自の報告は、当然多方面に及び、そこから共通点を探すのは、知的刺激がありながら、無事まとまるのか、徒労と不安も感じる不思議な研究の場であった。よく空中分解せず論集刊行を迎えたと思う。

たしかに、論集刊行に向けての研究会は、一面では個別報告に対する実証の精度と論の立て方を強固にする実りあるものであった。共同研究の常かもしれないが、個々の素材をそろえてみたら、この研究チームは何を明らかにするためにやってきたのか、全体を貫くキーワードを提示する議論はかなり難儀を極めた。こうした議論の終着点は、本のタイトルをめぐるやりとりにもなる。若手の気負いにありがちな「新視点」、「再構築」、「転換点」など様々なキーワードが浮かんだ。副題にある「保守と革新」はその議論の反映である。よく言えば真摯な対応、悪く言えば寄り合い所帯のなせる業かもしれないが、それぞれのバックボーンと知見の違いを踏まえつつ、現代沖縄の抱える問題を深くとらえようとする格闘の故であろう。

このメンバーは沖縄出身者と本土出身者が学問を介して対等に沖縄の現況に向き合ってきた。安易な当事者性を跳ねのける議論の真剣さがあった。つまり、沖縄に寄り添いつつ、沖縄に寄り添わない議論（つまり沖縄を単純化しない議論）になっていたと思う。また、一人に相応しいキーワードが全員に相応しいということでもない。つまり、タイトルをめぐる議論は、一語で納得させることができない、沖縄問題の複雑さ、沖縄把握の多様性によるところもある。「終わりのない知的格闘」とは学問の金言である。そのため、議論時に出てきた課題は、執筆者一人一人の宿題でもあるが、本論集の刊行を機会に、読者とともに新たな議論がみつかることを期待したい。

ちなみに、この研究会が続いたのは、平良のリーダーシップと議論のサンドバックになる度量によるところが大きい。メンバーは平良の意見に追従せず、果敢に異議をはさみ、議論は研究会から懇親会へと続き、どこにそのエネルギーがあるのかと思うほど長時間にわたった（議論が活発になった主な貢献者は櫻澤と小松である）。エネルギーの弱い高江洲は最後まで見届けることはあまりなかったが、後日談によると、終電を逃したりするような武勇伝もあったようである。

先に「今後の課題」と書いたので、ここから、本論集の成果を踏まえた課題を述べて、「あとがき」の責を果たしたいと思う。

高江洲論文（第1章）は、人民党の活動と選挙結果に注目した論文であり、今後は五〇年代、六〇年代といった各時期と地域の特性解明も重要であるが、「冷戦」下の沖縄にとって、「反共」がどのようなものであったのか、その内実の深化が望まれる。

小濱論文（第2章）は、外資に注目しつつ、まとめの部分で述べていた「峻別」されたアジア系資本の役割を特記している。このことは、「自立経済」という自己完結的な視点が、自由化経済において「他者」の存在は不可欠であり、「自立」の相対化が必要なことを示している。

秋山論文（第3章）は、復帰後の沖縄の人が求めた「豊かさ」を保守系の雑誌から可視化しようと試みている。沖縄では個人の「豊かさ」を求める「立身出世」の大衆化が復帰後に実現したことを前提としているのだろうか。そうすると、秋山論文の影の主題は、その「豊かさ」の背後にある「貧困」問題の行方であろう。また、小濱論文と秋山論文をつなげれば、この論文では言及していないが、アメリカ統治期を特色づける農業経済と基地経済とが、復帰後の沖縄社会の「豊かさ」とどのように関連しつつ展開してきたのか、今後の課題の一つとしてあげておきたい。

小松論文（第4章）は、自治体外交と中台問題ということで、高江洲論文と同じく「沖縄と冷戦」を考える上で一つの視点を提示し興味深い。小松は保革の違いを指摘しつつも、共通点として、琉球王国の記憶を提示している。だが、政治的な中台問題に自治体外交がどこまで「自立性」を保持できるのか、不言及の尖閣と絡めて気になるところである。

川手論文（第5章）は、政治任用であった統治期時代の局長クラスの人事が、復帰後どのように変化したのか、その変化と論理を明らかにすることを目的としている。復帰後の沖縄県庁の詳細な人事データを積み重ねて、知事の意向と組織の意向の「融合」を人事の論理として提示した。別の視点からの検証が今後の課題である。また、川手は、人事にあった「保革の論理」が普天間基地移転問題を契機に「普天間の論理」に代わったと指摘している。この「普天間」のインパクトが、次の平良論文、櫻澤論文につながるであろう。

平良論文（第6章）は、政党政治に注目し、「国家の論理」と「地方の論理」の衝突というダイナミズムから、一九九五年以降の普天間基地移転をめぐる日本政府と沖縄県との対立や五五年体制崩壊以降の沖縄政治を分析している。平良論文は国政選挙が中心のため知事や県議会議員という県政に関する選挙との関連は見えにくくなっているが、その欠を櫻澤論文が担っている。

櫻澤論文（第7章）は、県知事選挙に注目し、とくに「オール沖縄」の翁長県政の意味づけを目指し、「オール沖縄」の勝利を、「新たな分断形成」として、筆者独自の四要素をもとに分析している。平良と同じく一九九〇年代を沖縄政治の転換点としている。ところで櫻澤は「安倍政権下でつくられた……新たな分断」と、やや他律的な表現になっているが、この間の沖縄自民党の動きは平良論文とうまく補完していないのでよくわからない。一枚岩ではない「自民党」の動向を把握することが、沖縄政治を解明する今後のカギになるであろう。

以上が編者の特権で高江洲なりにまとめた課題である。もちろん個々の論文は、数行で総括できる作品ではないので、読者各自が各論の成果と課題を読み取ってほしい。

研究書によくあるような「今後の方針」を述べれば、より資料を博捜し、個別事例を増やして、実証度を高めていくということになる。とはいえ、このメンバーの持ち寄ったテーマだけで戦後沖縄の全体像がわかるわけではない。たとえばジェンダーや思想、教育など重要な議論が抜けているので、本書の欠を埋める課題は多い。また、本書には、研究の進む基地問題を正面から扱った論考を収録していない。だが、基地問題を照射するような論考をそろえ、理解を深めるように試みている。ともかく、パズルのように決まった課題（テーマ）のパーツがあって、それを埋めていくと全体像がわかるのかといえば、そんなことはない。この論集も、絶えざる全体的把握をめぐる一作業の成果である。このように書けば、研究から縁遠い人が聞いたら「不毛」に感じるかもしれない。

もちろん、研究とは粋狂でやっているものではなく、知的関心や社会貢献などを考えながら行い、ある程度の研究成果（意義）を見越して進めている。研究成果（意義）がわかっているのなら、タイトルはおのずと決まりそうなものであるが、先ほど述べたように、タイトルをめぐって議論百出であった。その際、高江洲が「苦悩する沖縄」といったとき、すかさず平良が「我々のほうが苦悩している」と返答した。もちろん、タイトルに限定した話かもしれないが、これは大事な切り返しだろう。

高江洲は一九九〇年代以降に研究の世界に入ったが、その頃は、「知的搾取」や「誰のための研究か」といった、学問のありように厳しい眼差しを向ける潮流があった。その影響を受けていたのか、沖縄研究でも参加資格を問う通過儀礼のようなものがあった。高江洲の学部時代の恩師は復帰前後の沖縄社会を見ながら、沖縄を学問することの意味を考えつつ研究の世界に入ったと述べていた。どうやら、学問として沖縄に向き合うやり方も持続と変容を重ねながら今日に至っているようである。

本書のメンバーは、沖縄政治における保守と革新など、分析枠組みの有効性をめぐって議論していた。学問は、現在の課題をクリアにする、解決策の提示のように、その学問の存在意味を確認するところにある。だが、自分たちも「苦悩」しているとするならば、その実践は、効果の確認ではなく、自分たちも何かに囚われていることを確認する作業といえる。そうすると、「不毛」な実践の別言は、「囚われ」の可視化をめぐる実践となり、それなりの意味を有しているといえる。

気負いともどかしさを併せ持つ論集であるが、現場と学問が一緒に悩みながら進んでいることを刻印した内容になっている。こうした論集を読者に提供できることを嬉しく思う。

研究会の開始から本書の刊行に至るまでの間、実に多くの方々にお世話になった。一人ひとりお名前を挙げることはできないが、この場を借りてお礼申し上げる。また、本書刊行に当たって、吉田書店の吉田真也氏は、快く出版を引き受け、細かい作業である編集の労をお取りいただいた。深く感謝申し上げる。

二〇二一年一一月

高江洲　昌哉

小松 寛（こまつ・ひろし）　［第4章執筆］
成蹊大学アジア太平洋研究センター主任研究員
1981年生まれ。早稲田大学大学院社会科学研究科博士後期課程単位取得退学、博士（学術）
〈主要業績〉
『日本復帰と反復帰――戦後沖縄ナショナリズムの展開』（早稲田大学出版部、2015年）、『東アジアの重層的サブリージョンと新たな地域アーキテクチャ』（共著、勁草書房、2020年）

川手 摂（かわて・しょう）　［第5章執筆］
後藤・安田記念東京都市研究所主任研究員
1979年生まれ。国際基督教大学大学院行政学研究科博士前期課程修了、博士（法学）〔北海道大学〕
〈主要業績〉
『戦後日本の公務員制度史――「キャリア」システムの成立と展開』（岩波書店、2005年）、『戦後琉球の公務員制度史――米軍統治下における「日本化」の諸相』（東京大学出版会、2012年）

櫻澤 誠（さくらざわ・まこと）　［第7章執筆］
大阪教育大学教育学部准教授
1978年生まれ。立命館大学大学院文学研究科博士課程後期課程修了、博士（文学）
〈主要業績〉
『沖縄現代史――米国統治、本土復帰から「オール沖縄」まで』（中公新書、2015年）、『沖縄観光産業の近現代史』（人文書院、2021年）

編者・執筆者紹介

平良 好利（たいら・よしとし）　［**編者　第 6 章執筆**］
中京大学総合政策学部准教授
1972 年生まれ。法政大学大学院社会科学研究科博士後期課程修了、博士（政治学）
〈主要業績〉
『戦後沖縄と米軍基地――「受容」と「拒絶」のはざまで 1945 ～ 1972 年』（法政大学出版局、2012 年）、『対話 沖縄の戦後――政治・歴史・思考』（共編、吉田書店、2017 年）

高江洲 昌哉（たかえす・まさや）　［**編者　第 1 章執筆**］
神奈川大学等非常勤講師
1972 年生まれ。神奈川大学大学院歴史民俗資料学研究科博士後期課程修了、博士（歴史民俗資料学）
〈主要業績〉
『近代日本の地方統治と「島嶼」』（ゆまに書房、2009 年）、「近代沖縄の歴史経験と変遷する歴史像」（『歴史学研究』949 号、2016 年）

小濱 武（こはま・たける）　［**第 2 章執筆**］
沖縄国際大学経済学部経済学科講師
1986 年生まれ。東京大学大学院農学生命科学研究科農業・資源経済学専攻博士課程修了、博士（農学）
〈主要業績〉
『琉球政府の食糧米政策――沖縄の自立性と食糧安全保障』（東京大学出版会、2019 年）、『沖縄経済入門　第 2 版』（共著、東洋企画、2020 年）

秋山 道宏（あきやま・みちひろ）　［**第 3 章執筆**］
沖縄国際大学総合文化学部准教授
1983 年生まれ。一橋大学大学院社会学研究科博士後期課程修了、博士（社会学）
〈主要業績〉
『基地社会・沖縄と「島ぐるみ」の運動―― B52 撤去運動から県益擁護運動へ』（八朔社、2019 年）、『地域研究へのアプローチ――グローバル・サウスから読み解く世界情勢』（共著、ミネルヴァ書房、2021 年）

戦後沖縄の政治と社会
「保守」と「革新」の歴史的位相

2022年1月11日　初版第1刷発行

編　　者　平良好利
　　　　　高江洲昌哉
発 行 者　吉田真也
発 行 所　合同会社 吉田書店
102-0072　東京都千代田区飯田橋 2-9-6 東西館ビル本館 32
TEL：03-6272-9172　FAX：03-6272-9173
http://www.yoshidapublishing.com/

装幀　野田和浩　　印刷・製本　藤原印刷株式会社
DTP　閏月社
定価はカバーに表示してあります。

ISBN978-4-905497-99-8